CURRÍCULO NARRATIVO
PEDAGOGIAS, IDENTIDADES E EXPERIÊNCIAS DE PEDAGOGAS

Editora Appris Ltda.
1ª Edição - Copyright© 2025 da autora
Direitos de Edição Reservados à Editora Appris Ltda.

Nenhuma parte desta obra poderá ser utilizada indevidamente, sem estar de acordo com a Lei nº 9.610/98. Se incorreções forem encontradas, serão de exclusiva responsabilidade de seus organizadores. Foi realizado o Depósito Legal na Fundação Biblioteca Nacional, de acordo com as Leis nᵒˢ 10.994, de 14/12/2004, e 12.192, de 14/01/2010.

Catalogação na Fonte
Elaborado por: Josefina A. S. Guedes -
Bibliotecária CRB 9/870

A663c 2025	Araújo, Leyvijane Albuquerque de
	    Currículo narrativo: pedagogias, identidades e experiências de pedagogas / Leyvijane Albuquerque de Araújo. – 1. ed. – Curitiba: Appris: Artera, 2025.
	    293 p. ; 23 cm. – (Educação tecnologias e transdisciplinaridades).
	
	    Inclui referências.
	    ISBN 978-65-250-7534-1
	
	    1. Currículos. 2. Educação. 3. Pedagogos. I. Título. II. Série.
	
	                                                                    CDD – 375

Livro de acordo com a normalização técnica da ABNT

Appris editora

Editora e Livraria Appris Ltda.
Av. Manoel Ribas, 2265 – Mercês
Curitiba/PR – CEP: 80810-002
Tel. (41) 3156 - 4731
www.editoraappris.com.br

Printed in Brazil
Impresso no Brasil

Leyvijane Albuquerque de Araújo

CURRÍCULO NARRATIVO

PEDAGOGIAS, IDENTIDADES E EXPERIÊNCIAS DE PEDAGOGAS

Appris
editora

Curitiba, PR
2025

FICHA TÉCNICA

EDITORIAL
Augusto Coelho
Sara C. de Andrade Coelho

COMITÊ EDITORIAL
Ana El Achkar (Universo/RJ)
Andréa Barbosa Gouveia (UFPR)
Antonio Evangelista de Souza Netto (PUC-SP)
Belinda Cunha (UFPB)
Délton Winter de Carvalho (FMP)
Edson da Silva (UFVJM)
Eliete Correia dos Santos (UEPB)
Erineu Foerste (Ufes)
Fabiano Santos (UERJ-IESP)
Francinete Fernandes de Sousa (UEPB)
Francisco Carlos Duarte (PUCPR)
Francisco de Assis (Fiam-Faam-SP-Brasil)
Gláucia Figueiredo (UNIPAMPA/ UDELAR)
Jacques de Lima Ferreira (UNOESC)
Jean Carlos Gonçalves (UFPR)
José Wálter Nunes (UnB)
Junia de Vilhena (PUC-RIO)

Lucas Mesquita (UNILA)
Márcia Gonçalves (Unitau)
Maria Aparecida Barbosa (USP)
Maria Margarida de Andrade (Umack)
Marilda A. Behrens (PUCPR)
Marília Andrade Torales Campos (UFPR)
Marli Caetano
Patrícia L. Torres (PUCPR)
Paula Costa Mosca Macedo (UNIFESP)
Ramon Blanco (UNILA)
Roberta Ecleide Kelly (NEPE)
Roque Ismael da Costa Güllich (UFFS)
Sergio Gomes (UFRJ)
Tiago Gagliano Pinto Alberto (PUCPR)
Toni Reis (UP)
Valdomiro de Oliveira (UFPR)

SUPERVISORA EDITORIAL Renata C. Lopes

PRODUÇÃO EDITORIAL Bruna Holmen

REVISÃO Pâmela Isabel Oliveira

DIAGRAMAÇÃO Andrezza Libel

CAPA Carlos Eduardo Pereira

REVISÃO DE PROVA Juliana Turra

COMITÊ CIENTÍFICO DA COLEÇÃO EDUCAÇÃO, TECNOLOGIAS E TRANSDISCIPLINARIDADE

DIREÇÃO CIENTÍFICA Dr.ª Marilda A. Behrens (PUCPR)

Dr.ª Patrícia L. Torres (PUCPR)

CONSULTORES
Dr.ª Ademilde Silveira Sartori (Udesc)
Dr. Ángel H. Facundo
(Univ. Externado de Colômbia)
Dr.ª Ariana Maria de Almeida Matos Cosme
(Universidade do Porto/Portugal)
Dr. Artieres Estevão Romeiro
(Universidade Técnica Particular de Loja-Equador)
Dr. Bento Duarte da Silva
(Universidade do Minho/Portugal)
Dr. Claudio Rama (Univ. de la Empresa-Uruguai)
Dr.ª Cristiane de Oliveira Busato Smith
(Arizona State University /EUA)
Dr.ª Dulce Márcia Cruz (Ufsc)
Dr.ª Edméa Santos (Uerj)
Dr.ª Eliane Schlemmer (Unisinos)
Dr.ª Ercilia Maria Angeli Teixeira de Paula (UEM)
Dr.ª Evelise Maria Labatut Portilho (PUCPR)
Dr.ª Evelyn de Almeida Orlanco (PUCPR)
Dr. Francisco Antonio Pereira Fialho (Ufsc)
Dr.ª Fabiane Oliveira (PUCPR)

Dr.ª Iara Cordeiro de Melo Franco (PUC Minas)
Dr. João Augusto Mattar Neto (PUC-SP)
Dr. José Manuel Moran Costas
(Universidade Anhembi Morumbi)
Dr.ª Lúcia Amante (Univ. Aberta-Portugal)
Dr.ª Lucia Maria Martins Giraffa (PUCRS)
Dr. Marco Antonio da Silva (Uerj)
Dr.ª Maria Altina da Silva Ramos
(Universidade do Minho-Portugal)
Dr.ª Maria Joana Mader Joaquim (HC-UFPR)
Dr. Reginaldo Rodrigues da Costa (PUCPR)
Dr. Ricardo Antunes de Sá (UFPR)
Dr.ª Romilda Teodora Ens (PUCPR)
Dr. Rui Trindade (Univ. do Porto-Portugal)
Dr.ª Sonia Ana Charchut Leszczynski (UTFPR)
Dr.ª Vani Moreira Kenski (USP)

AGRADECIMENTOS

Ao ETERNO YHWH.

À minha mãe querida, amiga de todos os momentos, agradeço pelas orações. Você tem uma ligação forte com o Eterno. Ao meu amado esposo, pela compreensão de minha ausência em muitos momentos em virtude do trabalho e dos estudos.

À professora Lívia Borges, orientadora do doutorado, pelas contribuições e preciosa expertise de conhecimentos partilhados com profissionalismo, dedicação e estimada amizade.

A todos os/as professores/as que contribuíram com valiosos conhecimentos na jornada de minha pesquisa: Iria Brzezinski; Maria Isabel da Cunha; Veleida Anahi da Silva Charlot; Wivian Weller e Rodrigo Matos de Souza.

Aos/as professores/as que ministraram brilhantemente disciplinas que cursei no doutorado da Faculdade de Educação (FE) da Universidade de Brasília (UnB): Lívia Borges; Liliane Machado; Raquel Moraes; Ormezinda Ribeiro-Aya; Rodrigo Matos; Gilberto Lacerda; José Juarez Tuchinski; Wivian Weller; Kátia Curado e José Luiz Villar *(in memoriam)*.

À Universidade de Brasília, à direção da FE e ao Programa de Pós-Graduação em Educação (PPGE/FE-UnB) pelo apoio ao desenvolvimento de minha pesquisa.

Às universidades estaduais brasileiras que me receberam na pesquisa de campo: Universidade Estadual de Campinas (UNICAMP); Universidade do Estado da Bahia (UNEB); Universidade do Estado de Mato Grosso (Unemat); Universidade Estadual do Paraná (UNESPAR); Universidade do Estado do Amazonas (UEA) e a Universidade Estadual do Pará (UEPA).

Às pedagogas que me concederam as entrevistas, quero registrar a minha gratidão e satisfação em tê-las conhecido. Foram momentos de narrativas inesquecíveis acerca de suas histórias de vida e experiências do exercício da profissão no ambiente universitário.

Às amigas Lourdinha e Carla, pela amizade e trabalho na assessoria pedagógica da FE-UnB. Às amigas Ana Cristina, Lila, Mariana, Kelly, Adriana e Alda, pela amizade no grupo de pesquisa de Currículo.

Aos colegas técnicos da FE-UnB pela luta por dias melhores, por sempre apoiarem aos que querem avançar na formação continuada para novas conquistas.

A vocês, minha gratidão!

Narrar é humano.

(Maria Conceição Passeggi)

PREFÁCIO

Com grande alegria, acolho o convite para prefaciar a obra referencial escrita por Leyvijane, resultante da sua tese de doutorado, intitulada "Currículo narrativo de uma Pedagogia narrativa: identidade de pedagogos que atuam em Universidades Estaduais Brasileiras", cuja pesquisa tive a grata satisfação de orientar, no âmbito do Programa de Pós-Graduação em Educação da Faculdade de Educação da Universidade de Brasília.

A releitura do manuscrito, agora em formato de livro, trouxe-me a reverência da leitura primeira, embalada por fortes emoções, ao constatar o crescimento de uma potente pesquisadora, pedagoga, mulher, servidora pública, na qual se tornou Leyvijane ao longo da sua formação doutoral.

A autora traduz, com maestria, profícuas trajetórias acadêmicas e laborais no campo da Pedagogia Universitária. Materializou a feliz escolha de pesquisar as experiências de pedagogas em universidade públicas estaduais, analisando e desvelando os processos formativos e as respectivas atuações profissionais dos seus pares, nos diversos quadrantes regionais do nosso país. Temos, diante de nós, um maduro trabalho de investigação acadêmica, de uma pedagoga que reflete e retrata a própria profissão.

O que podemos encontrar na presente obra? Um texto didático, contendo novas e importantes reflexões sobre a Pedagogia, de um modo geral, e a Pedagogia Universitária de forma específica. Uma importante contribuição para a atualidade dos estudos curriculares sobre a Pedagogia no Brasil, com recorte teórico robusto, e um trabalho empírico construído com base nas narrativas das interlocutoras de pesquisa.

A presente obra acadêmica inaugura uma nova fase na vida de uma pedagoga referencial, que salta do degrau da experiência profissional em diferentes contextos institucionais e níveis de ensino, descritos em seu memorial de tese, para o grupo das pessoas que traduzem suas trajetórias laborais para os textos acadêmicos no campo da Educação. E ela nos brinda com sua escrita única, plasmando o nosso desejo de que os profissionais da Pedagogia deem publicidade aos seus significativos feitos em prol da educação, das instituições formadoras, das pessoas em processos formativos e do nosso país.

Autora e obra, a pessoa e seus feitos vistos de forma inseparável, são uma boa tradução dos meus registros mentais para começar a descrever a relevante pesquisa aqui retratada em formato de livro. Um texto escrito cuidadosamente nas combinações entre ideias e palavras originadas das diferentes narrativas capturadas nas revivências laborais consignadas em universidades estaduais das pedagogas que, generosamente, deram a conhecer suas ações cotidianas em prol dos fazeres pedagógicos.

Quem tem o privilégio de desfrutar da sua companhia, do seu coleguismo, e até mesmo da sua amizade, sabe que reside nesse ser humano, de existência feminina, uma alma generosa e de muita solidariedade. Na sua trajetória acadêmica no curso do doutorado em Educação, na Faculdade de Educação da Universidade de Brasília, durante o período que pude orientar Leyvijane, paulatinamente, revelou-se uma pessoa que pratica o processo pedagógico em todos os lugares, a todo momento, sempre que tem uma oportunidade. Ela torna pedagógico até no próprio silêncio.

Sem fazer alardes e com uma dedicação singular no campo da investigação educacional, Leyvijane sempre esteve disposta a cooperar com outros pesquisadores ao seu derredor. Meticulosa, organizada, dedicada à formação de futuros/as pedagogos/as, tem a sua presença marcada pela profundidade das leituras de obras referenciais no campo do Currículo e da Pedagogia, que resultam em uma produção intelectual contributiva para o fortalecimento da nossa profissão.

Uma capacidade ímpar para captar temas educacionais candentes, para eleger pautas investigativas da atualidade, cuja problematização agrada tanto aos leitores de diferentes graus de interesse nos assuntos educacionais, e mais especificamente pedagógicos, quanto aos avaliadores mais atentos e exigentes.

Com um espírito pragmático, nossa autora não se apega aos penduricalhos, aos adereços que transfiguram a realidade investigada. A despeito disso, ela opta por uma linguagem essencialmente pedagógica, recorrendo a importantes referenciais teóricos e metodológicos, para dialogar com os dados produzidos na empiria. O cuidado e o respeito com o qual tratou dos dados construídos na base empírica da sua investigação são dignos de nota. Sem fazer arrodeio, mas indo direto ao ponto, ela nos apresenta, ao longo da sua tessitura textual, o foco das suas inquietações pedagógicas, e nos explicita os resultados, de forma brilhante e peculiar, instigando seus leitores ao aprofundamento dos processos formativos no âmbito da Pedagogia.

Da sua genialidade discursiva, a narrativa distinta, cunhada em estudos aprofundados a respeito da Pedagogia no Brasil, desvelada pelo cuidadoso trabalho empírico de âmbito regional, que retrata as ricas e diversificadas experiências laborais de pedagogas que atuam em Universidades Públicas Estaduais. Uma façanha investigativa que difunde pesquisa genuína do trabalho pedagógico desenvolvido na educação superior por profissionais da Pedagogia.

Decantar e categorizar, metodológica e teoricamente, as categorias textuais advindas das narrativas das pedagogas, que generosamente aceitaram colaborar com a pesquisa, foi um trabalho meticuloso, que só poderia ter sido feito por uma pesquisadora dedicada, atenta aos fatos e com grande responsabilidade ética para a construção dos dados advindos desse processo investigativo de natureza acadêmica.

Intencionando conhecer a fundo como a Pedagogia se expressa no cotidiano dessas universidades, Leyvijane viajou o Brasil. Contemplou, em sua tese doutoral, a Pedagogia Universitária nas cinco regiões do nosso país. Trouxe, ao conhecimento público, o profícuo trabalho que a Pedagogia representa na qualificação dos serviços públicos que os estados oferecem à população em suas respectivas universidades.

O relato de pesquisa de Leyvijane, aqui retratado em formato de livro, coloca uma lupa sobre o trabalho desenvolvido pelos profissionais da Pedagogia na educação superior, dando ênfase à relevância do trabalho pedagógico nas instituições formativas, reforçando a relevância da presença dos/as profissionais da Pedagogia em todos os espaços nos quais desenvolvemos ações de cunho pedagógico.

Brasília, inverno de 2023

Lívia Freitas Fonseca Borges
Prof.ª Dr.ª Associada da FE-UnB

APRESENTAÇÃO

Este livro busca conceituar a temática do currículo narrativo, começando a jornada pelo entendimento do currículo do curso Pedagogia, que tem como desafio histórico a construção de uma sólida formação com base nos conhecimentos que se esperam ser aprendidos pelos futuros profissionais pedagogos que vão atuar nos diferentes espaços educacionais da sociedade, inclusive em universidades.

A pesquisa indaga sobre o problema de que os pedagogos atuantes nos espaços universitários estão agregando a outros conhecimentos para além daqueles estudados na formação inicial, se considerarmos que no curso de Pedagogia não se aborda a especificidade da atuação na educação superior ou se discutem alternativas de estudos aos que vão desempenhar a profissão nos espaços universitários. Nesse sentido, a pesquisa objetivou investigar qual é o currículo narrativo que vem de pedagogias, identidades e experiências de pedagogos que atuam em universidades estaduais brasileiras.

Como percurso metodológico, a obra fundamenta-se na hermenêutica ricoeuriana, a qual articula uma confluência da tripla *mímesis* de Ricoeur com as etapas da entrevista narrativa de Schütze, entendendo a pesquisa narrativa como um método de geração e análise de dados, a fim de explorar os eventos e sua temporalidade inter-relacionadas às experiências das pedagogas entrevistadas, bem como suas concepções acerca das questões propostas para o alcance dos objetivos geral e específicos almejados.

São trazidos os estudos hermenêuticos para o campo do Currículo, tendo os conceitos de currículo narrativo de Ivor Goodson dialogando com a hermenêutica de Paul Ricoeur. A pesquisa narrativa realizada proporciona uma interpretação de significações, vozes narrativas, saberes e experiências que constroem diferentes percepções ontológicas, ressignificações epistemológicas, pedagógicas e profissionais no vislumbre de um currículo narrativo de uma pedagogia narrativa de identidades das pedagogas entrevistadas. O lócus de pesquisa acontece nas universidades estaduais, das quais identificam-se 41 universidades e apresenta-se um panorama da quantidade de pedagogos que atuam nessas instituições por região administrativa. Desse universo foram entrevistadas seis pedagogas, tendo simbolicamente uma representação de cada região brasileira: Nordeste; Centro-Oeste; Sudeste; Sul; e duas pedagogas do Norte do país.

Com base em Triviños, foi realizada uma triangulação de dados do mapeamento dos históricos curriculares da formação inicial em Pedagogia das entrevistadas com os projetos pedagógicos atuais do curso de Pedagogia das universidades onde as participantes estudaram, as Diretrizes Curriculares Nacionais de Pedagogia, instituídas pela Resolução n.º 1/2006, e as entrevistas narrativas.

Os resultados do mapeamento, da triangulação e das análises das narrativas das pedagogas revelam que o currículo narrativo tem como base o currículo da formação inicial do curso de Pedagogia e percorre diversos processos formativos no ambiente profissional, utilizando várias pedagogias, como ciência, narrativa, crítica e universitária, que vão construindo uma identidade profissional e narrativa mesclada às experiências do "ser pedagoga" em universidades. A partir dos resultados, a obra faz uma proposição teórica de um espiral hermenêutico do currículo narrativo composto pelos eixos pesquisados.

Aponta-se que o currículo centrado no conhecimento, como defendido por Young, tenha eixos estruturantes, embasados em Borges, para uma construção social do currículo — conforme Goodson —, e inter--relacione os conteúdos e conhecimentos que vêm das experiências do cotidiano por meio das narrativas (auto)biográficas. Assim, é no cotidiano que os conteúdos/conhecimentos são pesquisados, estudados, refletidos, e depois de recontextualizados — como postula Bernstein — retornam reconfigurados — Ricoeur e Pinar — como saberes experienciais.

Como apontamentos futuros, a obra prospecta que os achados sinalizam ao campo dos estudos curriculares contribuições para as discussões a respeito da construção de currículos do curso de Pedagogia que precisam considerar como referenciais as pesquisas narrativas provindas de profissionais pedagogos que trabalham em universidades brasileiras, pois essas descobertas potencializam a inovação do campo do Currículo, da Pedagogia e das identidades contemporâneas que se reconfiguram diante das demandas globais reverberadas nas trajetórias de vidas que se renovam e narram novos contextos e conhecimentos do cotidiano universitário.

A autora

LISTA DE ABREVIATURAS E SIGLAS

ANFOPE	Associação Nacional pela Formação dos Profissionais da Educação
ANPEd	Associação Nacional de Pós-Graduação e Pesquisa em Educação
ASSERS	Associação dos Supervisores de Educação do Estado do Rio Grande do Sul
BDTD	Biblioteca Digital Brasileira de Teses e Dissertações
CNE	Conselho Nacional de Educação
DCN	Diretrizes Curriculares Nacionais
DCNEI	Diretrizes Curriculares Nacionais da Educação Infantil
Enade	Exame Nacional de Desempenho dos Estudantes
ENDIPE	Encontro Nacional de Didática e Práticas de Ensino
FE-UnB	Faculdade de Educação da Universidade de Brasília
GEAPU	Grupo de Estudos e Pesquisa de Assessorias Pedagógicas Universitárias
INEP	Instituto Nacional de Estudos e Pesquisas Educacionais Anísio Teixeira
LDB	Lei de Diretrizes e Bases da Educação Nacional
PUC Minas	Pontifícia Universidade Católica de Minas Gerais
Sinaes	Sistema Nacional de Avaliação da Educação Superior
UDESC	Universidade do Estado de Santa Catarina
UEA	Universidade do Estado do Amazonas
UEAP	Universidade do Estado do Amapá
UECE	Universidade Estadual do Ceará
UEFS	Universidade Estadual de Feira de Santana

UEG	Universidade Estadual de Goiás
UEL	Universidade Estadual de Londrina
UEM	Universidade Estadual de Maringá
UEMA	Universidade Estadual do Maranhão
UEMASUL	Universidade Estadual da Região Tocantina do Maranhão
UEMG	Universidade do Estado de Minas Gerais
UEMS	Universidade Estadual de Mato Grosso do Sul
UENF	Universidade Estadual do Norte Fluminense Darcy Ribeiro
UENP	Universidade Estadual do Norte do Paraná
UEPA	Universidade do Estado do Pará
UEPB	Universidade Estadual da Paraíba
UEPG	Universidade Estadual de Ponta Grossa
UERGS	Universidade Estadual do Rio Grande do Sul
UERJ	Universidade do Estado do Rio de Janeiro
UERN	Universidade do Estado do Rio Grande do Norte
UERR	Universidade Estadual de Roraima
UESB	Universidade Estadual do Sudoeste da Bahia
UESC	Universidade Estadual de Santa Cruz
UESPI	Universidade Estadual do Piauí
UFFS	Universidade Federal da Fronteira do Sul
UFSM	Universidade Federal de Santa Maria
UnB	Universidade de Brasília
UNCISAL	Universidade Estadual de Ciências da Saúde de Alagoas
UnDF	Universidade do Distrito Federal
UNEAL	Universidade Estadual de Alagoas

UNEB	Universidade do Estado da Bahia
UNEMAT	Universidade do Estado de Mato Grosso
UNESP	Universidade Estadual Paulista "Júlio de Mesquita Filho"
UNESPAR	Universidade Estadual do Paraná
UNICAMP	Universidade Estadual de Campinas
UNICENTRO	Universidade Estadual do Centro-Oeste
UNIMONTES	Universidade Estadual de Montes Claros
UNIOESTE	Universidade Estadual do Oeste do Paraná
UNITINS	Universidade do Tocantins
UNIVESP	Universidade Virtual do Estado de São Paulo
UNIVIMA	Universidade Virtual do Estado do Maranhão
UPE	Universidade de Pernambuco
URCA	Universidade Regional do Cariri
USP	Universidade de São Paulo
USP/Esalq	Escola Superior de Agricultura Luiz de Queiroz da Universidade de São Paulo
UVA	Universidade Estadual Vale do Acaraú

SUMÁRIO

INTRODUÇÃO..21
    I. Questões, eixos e objetivos da pesquisa 22
    II. Organização dos capítulos do livro 24

1
PERCURSO DA PESQUISA 27
    1.1 Abordagem hermenêutica: um giro epistêmico-metodológico para a pesquisa narrativa.. 27
        1.1.1 Paul Ricoeur: a tripla *mímesis* 36
        1.1.2 Paul Ricoeur: a hermenêutica da consciência histórica.....................41
    1.2 Pesquisa narrativa... 45
    1.3 Entrevista narrativa 52
        1ª Etapa: *análise formal do texto* (Schütze, 2010) 55
        2ª Etapa: *descrição estrutural do conteúdo* (Schütze, 2010)...................... 56
        3ª Etapa: *abstração analítica* (Schütze, 2010) 57
        4ª Etapa: *análise do conhecimento* (Schütze, 2010) 57
        5ª Etapa: *comparação contrastiva* (Schütze, 2010)............................. 57
        6ª Etapa: *construção de um modelo teórico* (Schütze, 2010) 58
    1.4 Distribuição das etapas do método nos capítulos do livro: analogia confluente 59
    1.5 Lócus da pesquisa: um panorama das universidades estaduais brasileiras 61
    1.6 Os sujeitos da pesquisa... 90

2
CURRÍCULO: TEORIAS FUNDANTES DO CAMPO EPISTEMOLÓGICO.... 97
    2.1 Currículo: considerações sobre as teorias fundantes do campo epistemológico 99
    2.2 O currículo como prescrição 111
    2.3 Goodson e Ricoeur: aproximações entre o campo do Currículo e as narrativas 115
    2.4 O currículo do curso de Pedagogia das pedagogas da pesquisa................118
        2.4.1 Descrição (Triviños, 2008).......................................121
    2.5 Análise das entrevistas narrativas – 1ª etapa: análise formal do texto (Schütze, 2010)..135
    2.6 Análise das entrevistas narrativas – 2ª etapa: descrição estrutural do conteúdo (Schütze, 2010) 138
        2.6.1 Explicação (Triviños, 2008) 144
        2.6.2 Compreensão (Triviños, 2008) 146

3

PEDAGOGIAS: CIÊNCIA, NARRATIVA E CRÍTICA................151

3.1 O que é Pedagogia? A Pedagogia como Ciência................151

3.2 O curso de Pedagogia no Brasil: breve percurso histórico................158

3.3 Pedagogia narrativa................170

3.4 Análise das entrevistas narrativas – 3ª etapa: abstração analítica de conteúdos (Schütze, 2010)................173

3.5 Pedagogia crítica................178

4

IDENTIDADE PROFISSIONAL E NARRATIVA: EXPERIÊNCIAS................187

4.1 Identidade profissional................187

4.2 Análise das entrevistas narrativas – identidade profissional: 3ª etapa: abstração analítica (Schütze, 2010)................193

4.3 Identidade narrativa................201

4.4 Análise das entrevistas narrativas – identidade narrativa: 3ª etapa: abstração analítica (Schütze, 2010)................204

4.5 Experiências................210

4.6 Análise das entrevistas narrativas – experiências: 3ª etapa: abstração analítica (Schütze, 2010)................213

5

CURRÍCULO NARRATIVO DE UMA PEDAGOGIA NARRATIVA................221

5.1 O currículo narrativo................221

5.2 Análise das entrevistas narrativas – 4ª etapa: análise do conhecimento (Schütze, 2010)................224

5.3 Análise das entrevistas narrativas – 5ª etapa: comparação contrastiva (Schütze, 2010) – refiguração (Ricoeur, 2010a)................239

5.4 Construção de uma proposição teórica do currículo narrativo – 6ª etapa de análise (Schütze, 2010) – refiguração (Ricoeur, 2010a)................246

CONSIDERAÇÕES FINAIS................257

REFERÊNCIAS................267

INTRODUÇÃO

No Brasil as diretrizes curriculares instituídas para os cursos de licenciaturas sempre reverberam em alterações nos projetos pedagógicos que formam docentes, inclusive no curso de Pedagogia. Os desafios lançados ao campo do Currículo para a formação de professores estão no bojo das principais preocupações de educadores e pesquisadores acerca do que se pretende ensinar e de quais conhecimentos devem ser compostos o caminho da formação para o aprendizado, considerando que as demandas internacionais tensionam os debates nos territórios curriculares nas diferentes vertentes teóricas de pensamentos. São abordagens muito complexas e que se multiplicam nas publicações recentes no intuito de responder com alternativas e possibilidades que possam gerar um melhor ensino e aprendizado tanto com base no currículo estudado como na utilização da pesquisa narrativa.

No âmbito da atuação de pedagogos profissionais em diferentes áreas de trabalho, temos percebido, a partir de nossa vivência em ambientes universitários, que o debate acerca de qual a identidade profissional (Brzezinski, 1996, 2011a, 2011b; Pimenta, 2002, 2006; Libâneo, 2002; Franco, 2008) que os pedagogos precisam ter para as diferentes demandas da sociedade ainda é muito presente e tende a continuar crescendo, considerando as recentes tentativas políticas de alteração da composição do curso de Pedagogia de modo a regredir a uma discussão que vem acontecendo desde a década de 1980 (ANFOPE, 1983; Brzezinski, 1996, 2011b).

Nas condições contemporâneas da educação, Goodson (2013a) acredita que forças educacionais emergentes do interior das escolas podem influenciar mudanças dirigidas a agentes externos que elaboram a macropolítica, sendo possível uma "crença confiante na mudança interna gerada profissionalmente até a mudança externamente comandada e triunfalmente proclamada" (Goodson, 2013a, p. 71). Esse movimento pode ser uma perspectiva frutífera para levantar questões identitárias sobre a formação dos pedagogos a partir de seus currículos. O autor discorre em sua obra sobre o potencial da narrativa e do trabalho da história de vida para a Pedagogia e a aprendizagem.

São, portanto, evidências recentes em relação a uma possível reestruturação do campo da Pedagogia por meio da pesquisa narrativa (auto) biográfica, das quais envolvem as identidades e narrativas profissionais.

Essa configuração se faz presente nos debates acadêmicos e se expande pelas demandas globais e das mudanças na formação do pedagogo originada no curso de Pedagogia, o que se tornam necessários novos estudos no campo do Currículo e da profissão do pedagogo.

Sabemos da função essencial do currículo com a seleção, organização e composição de conteúdos para o percurso da formação inicial na licenciatura, o que influencia diretamente na "produção" da identidade do futuro profissional e oferece subsídios teóricos em suas funções e posicionamentos diante das experiências da profissão e no meio social de atuação. Isso nos remete à investigação de novos olhares sobre o currículo e da existência de um currículo gerado a partir de narrativas das identidades dos pedagogos.

Indagamos, portanto, quais os conhecimentos que os pedagogos formados e egressos das Faculdades de Educação estão lidando hoje, no dia a dia da contemporaneidade? Essa questão nos leva ao **problema de pesquisa**: os pedagogos atuantes nos espaços universitários estão agregando a outros conhecimentos para além daqueles estudados na formação inicial, se considerarmos que no curso de Pedagogia não se aborda a especificidade da atuação na educação superior ou se discutam alternativas de estudos aos que irão desempenhar a profissão nos espaços universitários. Logo, indagamos a questão central da pesquisa: *"afinal, qual é o currículo que vem da pedagogia narrativa e identidade de pedagogos que trabalham em universidades estaduais brasileiras?"*.

Dado o problema, investigamos o potencial da pedagogia narrada por pedagogas que atuam nas universidades estaduais brasileiras e assim identificamos os conhecimentos gerados que compõem um possível currículo narrativo (Goodson, 2007, 2013a, 2019) desses profissionais e a relação com a constituição de identidades, a profissional e a narrativa, e de quais as experiências oriundas desses saberes.

I. Questões, eixos e objetivos da pesquisa

O trabalho teve como **objetivo geral** de pesquisa "investigar qual é o currículo narrativo que vem de pedagogias, identidades e experiências de pedagogos que atuam em universidades estaduais brasileiras". Com vistas a alcançar esse objetivo, construímos um caminho percorrido em cada capítulo do livro que integra as **questões e objetivos específicos**:

Quadro 1. Questões e Objetivos Específicos

Questões Específicas	Objetivos Específicos
1. O que há de comum nos currículos do curso de Pedagogia da formação inicial dos pedagogos participantes da pesquisa?	1. Investigar quais as disciplinas comuns nos currículos do curso de Pedagogia da formação inicial dos pedagogos participantes.
2. Qual a área de atuação profissional (pedagogia narrativa) e atividades desenvolvidas na função dos pedagogos?	2. Investigar a pedagogia narrativa do campo de atuação profissional e atividades desenvolvidas na função de pedagogo.
3. Qual a identidade profissional, narrativa e experiências dos pedagogos das universidades estaduais participantes?	3. Investigar a identidade profissional, narrativa e experiências de pedagogos das universidades estaduais participantes.

Fonte: elaborado pela autora

Para a construção da Resposta (R) a essas questões, sistematizamos o estudo das fontes teóricas e empíricas para a construção do *corpus* de nossa pesquisa utilizando os eixos de análise: 1) Currículo; 2) Pedagogia narrativa; 3) Identidade profissional; 4) Identidade narrativa; 5) Experiências; e 6) Currículo narrativo. Como mostra o quadro a seguir:

Quadro 2. Eixos e Questões Gerativas da Pesquisa

Eixos da Pesquisa	Questões Gerativas das Entrevistas Narrativas	Questões Específicas relacionadas aos Objetivos Específicos
Eixo 1: Currículo	1) Fale sobre seu currículo do curso de Pedagogia (formação inicial), quais as disciplinas que marcaram sua trajetória profissional	1) O que há em comum nos currículos do curso de Pedagogia da formação inicial das pedagogas participantes da pesquisa?
Eixo 2: Pedagogia Narrativa	2) Comente sobre quais conteúdos que você convive diariamente na profissão, que não estavam no seu currículo do curso de Pedagogia e que você gostaria de que fossem parte dessa formação.	2) Qual a área de atuação profissional (pedagogia narrativa) e atividades desenvolvidas na função das pedagogas participantes?
Eixo 3: Identidade Profissional	3) Fale sobre o trabalho que você desenvolve na universidade (a especificidade da Pedagogia na educação superior).	

Eixos da Pesquisa	Questões Gerativas das Entrevistas Narrativas	Questões Específicas relacionadas aos Objetivos Específicos
Eixo 4: Identidade Narrativa	4) Como você se percebe ou se identifica como pedagogo/a no seu ambiente de trabalho.	3) Qual a identidade narrativa e experiências das pedagogas das universidades estaduais participantes?
Eixo 5: Experiências	5) Narre alguma experiência profissional que passou a fazer parte da Pedagogia cotidiana.	
Eixo 6: Currículo Narrativo	Sistematização das Análises e Resultados	Proposição do Currículo narrativo

Fonte: elaborado pela autora

É importante destacar que os eixos trabalhados com as questões gerativas trazem amplo arcabouço teórico desenvolvidos com vasta pesquisa bibliográfica e analisados em cada capítulo de acordo com os objetivos alcançados. Na continuidade desta introdução, apresentaremos um detalhamento da organização dos capítulos do livro.

II. Organização dos capítulos do livro

No intuito de atingir o objetivo geral e específicos da pesquisa, organizamos o livro em cinco capítulos que versam sobre os respectivos eixos investigados como descreveremos a seguir.

No **Capítulo 1**, apresentamos o percurso da pesquisa no qual nos inspiramos na abordagem hermenêutica ricoeuriana (Ricoeur, 1990, 2006, 2010a, 2010b, 2010c, 2011, 2013, 2016; Palmer, 2018; Flickinger, 2014) como metodologia e adotamos a pesquisa narrativa como método de investigação realizada por meio da técnica da entrevista narrativa de Fritz Schütze (2010) para a geração e análise de dados. Corroboram nossos estudos da entrevista narrativa: Jovchelovitch e Bauer (2002); Weller (2009); Flickinger (2014); Hernández-Carrera, Matos-de-Souza e Souza (2016); Rosenthal (2014); e Clandinin e Connelly (2011).

Além desses autores, no que tange à pesquisa narrativa, também referenciamos outras fontes de estudos: Goldenberg (2007); Nóvoa (1997, 2013); Passeggi (2011, 2010); Souza (2010); Pineau (2014, 2016); Delory-Momberger (2006, 2012a, 2012b, 2016); Abrahão (2004, 2006, 2013);

Porta-Vázquez *et al.* (2019); Arfuch (2010); Yunes (2012); Bruner (2008); Cunha (2009, 2014); Goodson (2013a, 2013c, 2015, 2019); Goodson e Gill (2011, 2014); Pinar (2007, 2017); Conle (2014); Breton (2020); Rodrigues e Prado (2015); Rabelo (2011); Bragança (2011); Bolívar, Domingo e Fernández (2001).

Temos como lócus de investigação as universidades estaduais brasileiras, de onde pesquisamos a presença ou não de pedagogos atuantes nessas instituições. Realizamos seis entrevistas narrativas com pedagogas que trabalham nessas universidades. As interlocutoras representam, simbolicamente, cada região administrativa, sendo que da Região Norte entrevistamos duas participantes, e nas demais regiões, Nordeste, Centro-Oeste, Sudeste e Sul, realizamos uma entrevista em cada uma, respectivamente.

No **Capítulo 2**, abordamos sobre o eixo de *Currículo.* Explicitamos os fundamentos epistemológicos do campo do Currículo, em que se apresentam contínuos e permanentes debates multirreferenciais acerca de sua definição (Sacristán, 2000; Silva, 2017; Goodson, 1995, 2001, 2013a, 2020; Young, 2010; Borges, 2012, 2015; Bernstein, 1996, 1998; Pinar, 2011, 2007; Lopes, 2005a, 2005b, 2008).

Discutimos um pouco sobre as teorias críticas e pós-críticas de Currículo e com base em autores estudados, evidenciamos uma terceira via teórica, a teoria híbrida que dialoga tanto com os aportes das teorias críticas quanto das pós-críticas. Das teorias críticas, destacamos: Silva (2017); Sacristán (2000, 2013); Goodson (1995, 2019, 2020); Young (2010, 2011, 2016); Borges (2015); Arroyo (2013); Bernstein (1996, 1998); e Stenhouse (2003). E das teorias pós-críticas: Pinar, (2007, 2011, 2016, 2017); Gabriel e Mendes (2019); Lopes (2005a, 2005b, 2008); Oliveira e Süssekind (2017).

Em relação ao primeiro objetivo específico, realizamos um mapeamento dos históricos curriculares das interlocutoras, balizados pelos projetos pedagógicos atuais das universidades onde elas cursaram o curso de Pedagogia, tendo como referencial normativo as Diretrizes Curriculares Nacionais do curso de Pedagogia em vigor (Resolução n.º 01/2006). Para esse mapeamento, foi utilizada a técnica de triangulação de dados fundamentada em Triviños (2008).

No **Capítulo 3**, do eixo de *Pedagogia*, argumentamos acerca de conceitos e percursos estudados concernentes: à Pedagogia como ciência (Saviani, 2012; Libâneo, 2002; Franco, 2008; Pimenta, 2002; 2008); ao curso de Pedagogia (Brzezinski, 1996; Sokolowski, 2013; Saviani, 2012; Silva, 2003; Pimenta, 2006); à Pedagogia narrativa (Goodson, 2013c, 2015; Goodson; Gill, 2011; Goodson *et al.*, 2010), e a Pedagogia crítica (Freire, 2017; Giroux; McLaren, 2001; Goodson; Gill, 2014).

No **Capítulo 4**, abordamos sobre os eixos da *"Identidade profissional; narrativa e experiências".* Entre outros autores estudados, destacamos:

- Do eixo **Identidade profissional**: Brzezinski (2011a, 2011b); Libâneo (2006); Nóvoa (1997, 2013); Cunha (2009, 2010, 2014, 2018); Tardif (2014); Pimenta (2012); Goodson (2015); Zeichner (2008); Delory-Momberger (2016); Stenhouse (2003);

- Do eixo **Identidade narrativa***:* Ricoeur (2010c, 2006); Yunes (2012); Abrahão (2006); Bruner (2008);

- Do eixo **Experiências***:* Larrosa (2014); Passeggi (2011); Mèlich (2012); Souza (2010); Delory-Momberger (2006, 2016); Abrahão (2006); Porta-Vázquez *et al.* (2019).

Arguímos sobre os conceitos atribuídos às identidades profissional e narrativa, às experiências e analisamos as entrevistas seguindo a sequência do método de Schütze (2010).

E no **Capítulo 5**, do eixo *Currículo narrativo,* pontuamos o conceito de currículo narrativo em Ivor Goodson e sistematizamos os dados das análises das entrevistas narrativas, que foram sendo realizadas por eixos, conforme as etapas do método de Schütze (2010), organizadas e distribuídas em cada capítulo, compondo assim, uma proposição de currículo narrativo a partir da pesquisa, realizando articulações entre o currículo, currículo narrativo e a pedagogia narrativa, com as ideias de Goodson (2007, 2013a, 2019); Goodson e Gill (2011, 2014); Ricoeur (2010c); Pinar (2007, 2017); Bernstein (1998); Borges (2015); Young (2010, 2011, 2016); Conle (2014); Rodrigues e Prado (2015); Bragança (2011); Rabelo (2011); Bolívar, Domingo e Fernández (2001).

A seguir, no Capítulo 1, desenvolvemos o percurso da pesquisa.

PERCURSO DA PESQUISA

1.1 Abordagem hermenêutica: um giro epistêmico-metodológico para a pesquisa narrativa

A presente pesquisa inspira-se na abordagem hermenêutica-fenomenológica desenvolvida por Paul Ricoeur (1990, 2006, 2010a, 2010b, 2010c, 2011, 2013, 2016) no que tange, principalmente, aos conceitos elaborados de sua teoria narrativa: a tripla *mímesis* até a *identidade narrativa*.

No intuito de elucidarmos o percurso da hermenêutica até Ricoeur, fazemos alguns destaques seguindo a ótica desse autor e de outras fontes como Dilthey (1999); Schleiermacher (2015); Heidegger (2015) e Gadamer (1997). E para uma compreensão acurada a respeito desse recorte hermenêutico em tela, dialogamos com os aportes teóricos trazidos de Bruner (1991); Weller (2010); Matos-de-Souza (2011); Flickinger (2014); Palmer (2018); Ghedin (2004); Martins e Bicudo (1983); e Hermann (2002).

Como explicação preliminar, Bruner (1991, p. 7) aponta que ao termo *hermenêutica* "implica haver um texto ou algo semelhante *por meio do qual* alguém esteja tentando expressar um significado e alguém esteja tentando extrair um significado. Isso por sua vez, implica uma diferença entre o que é *expresso* no texto e o que o texto poderia *significar*". A hermenêutica situa-se na linguagem, e por ela que se processam significados, pelas formas de manifestação do ser humano no mundo, de sua existência (Ghedin, 2004).

> Mais do que tudo, a hermenêutica é este esforço humano de compreender a sua própria maneira em que compreende. Ela se processa na direção do sentido que significa a própria existência humana no mundo. Este horizonte, que não é imaginário, mas a busca de compreender como o ser humano significa a si próprio e a realidade que se coloca diante dele. O pensar da hermenêutica é uma busca da razão das significações do ser (Ghedin, 2004, p. 2).

Ghedin assume a epistemologia hermenêutica como "paradigma reflexivo", no sentido de que o ser humano procura compreender e explicar o mundo, entende-se que ela não deixa de ser crítica em relação a suas análises e fornece instrumentos importantes para a pesquisa em educação e compreensão da própria realidade.

Palmer (2018, p. 29) discorre sobre o significado moderno do antigo uso da palavra grega *hermeios* com o verbo *hemeneuein* e conceitua três orientações significativas, a primeira, de "exprimir", "afirmar" ou "dizer" algo, relacionado a "exprimir em voz alta". A segunda orientação hermenêutica diz respeito a "explicar" uma situação, no aspecto discursivo, de clarificar algo, e a terceira, "traduzir", como a tradução de uma língua estrangeira.

Na primeira orientação, a palavra é uma realidade que deve ser compreendida "como um relato histórico, é um acontecimento para ser ouvido", dessa forma o antigo uso da *hemeneuein*, da interpretação de como dizer e como exprimir levou à afirmação de alguns princípios fundamentais de interpretação, de forma que a função da linguagem se torna como um som vivo, "detentor do poder de uma fala significativa" (Palmer, 2018, p. 36-37).

A segunda orientação do referido autor é que a "interpretação como explicação dá ênfase ao aspecto discursivo da compreensão; aponta para a dimensão explicativa da interpretação, mais do que para sua dimensão expressiva" (Palmer, 2018, p. 37). Existe, portanto, um processo dialético para a compreensão de uma obra literária, o que ele chama de "círculo hermenêutico".

> Para que o intérprete faça uma *performance* do texto tem que o compreender; te que previamente compreender o assunto e a situação antes de entrar no horizonte do seu significado. [...] Uma obra literária fornece um contexto para sua própria compreensão [...]. Um problema fundamental em hermenêutica é explicar como é que um horizonte individual ser pode acomodar ao horizonte da obra. É necessário um certo conhecimento prévio, sem o qual não haverá qualquer comunicação (Palmer, 2018, p. 44, grifo do autor).

As observações de Palmer continuam na terceira orientação da *hemeneuein*, de "como traduzir". Para ele "interpretar" também significa "traduzir", analisar uma temática de uma obra com significado humano é parte da fase explicativa. Defende uma abordagem que "encare a obra como um objeto afastado dos sujeitos que a percepcionam, automaticamente foge ao problema daquilo que na verdade constitui o significado humano de uma obra" (Palmer, 2018, p. 49).

Nesse sentido, explana-se sobre o processo de "decifração" e "compreensão" do significado de uma obra "é o ponto central da hermenêutica" (Palmer, 2018, p. 21). Para o autor, a hermenêutica é

> O estudo da compreensão, é essencialmente a tarefa de compreender textos. As ciências da natureza têm métodos para compreender os objetos naturais; "as obras" precisam de uma hermenêutica, de uma "ciência" da compreensão adequada a obras enquanto obras. É certo que os métodos de "análise científica" podem e devem ser aplicados às obras, mas ao proceder deste modo estamos a tratar as obras como objetos silenciosos e naturais. Na medida em que são objetos, são redutíveis a métodos científicos de interpretação; enquanto obras, apelam para modos de compreensão mais subtis e compreensíveis. O campo da hermenêutica nasceu como esforço para descrever estes últimos modos de compreensão, mais especificamente "históricos" e "humanísticos" (Palmer, 2018, p. 21).

O referido autor defende que uma obra literária é uma voz que devemos ouvir, e ouvindo-a (mais do que a vendo), compreendemo-la. Para ele, a "compreensão" é "simultaneamente um fenômeno epistemológico e ontológico [...] que foge da existência para um mundo de conceitos; é o encontro histórico que apela para a experiência pessoal de quem está no mundo" (Palmer, 2018, p. 24). Assim, a hermenêutica é fundamental para todas as humanidades que se ocupam com a interpretação das *"obras"* humanas (Palmer, 2018, p. 24-25).

Segundo Weller (2010, p. 289), a hermenêutica pode ser compreendida como um vasto campo com diferentes objetivos, posições filosóficas e variados métodos de interpretação de textos "inspirados em teóricos como Schleiermacher (1893-1947), Dilthey (1833-1911), Weber (1864-1920), Mannheim (1893-1947), Heidegger (1889-1976), Gadamer (1900-2002), Habermas (1929) e Ricoeur (1913)".

Em Ricoeur (1990, p. 17), adota-se a seguinte definição de trabalho: "a hermenêutica é a teoria das operações da compreensão de sua relação com a interpretação dos textos". O autor desenvolve um relato conciso da jornada recente da hermenêutica em dois movimentos: desde "o primeiro lugar" da interpretação, chamada de uma hermenêutica regional à hermenêutica geral — Schleiermacher e Dilthey — até a passagem, ou transição dos estudos epistemológicos aos ontológicos — Heidegger e Gadamer (Ricoeur, 1990, 2016).

Ricoeur propõe um balanço hermenêutico resgatando da particularidade de cada pensador uma resposta à sua jornada com fins uma universalidade hermenêutica, dedicando-se a revisar e revolver o problema hermenêutico, sobre a oposição de explicar e compreender (Ricoeur, 1990, 2016), visto que "a hermenêutica exige uma complementaridade dessas duas atitudes e uma superação de tão nefasto dualismo epistemológico" (Japiassu, 1990, p. 11).

Para Matos-de-Souza (2011, p. 20), a hermenêutica pode ser definida como ciência da interpretação do sentido e surgiu como "disciplina filosófica, epistemologia e metodologia da compreensão das ciências do espírito, recentemente, apesar de suas origens remontarem ao início do século XIX" com o alemão Schleiermacher, que estabeleceu o primeiro projeto da hermenêutica enquanto método investigativo. Matos-de-Souza (2011) explicita que Schleiermacher desenvolveu dois planos metodológicos de interpretação: a interpretação gramatical e a interpretação técnica, consideradas por Ricoeur como uma aporia, que jamais conseguiu transformar em obra acabada (RICOEUR, 1990).

Em relação à interpretação gramatical, Schleiermacher (2015, p. 70) conceitua como "a arte de encontrar o sentido determinado, pela linguagem e com o auxílio da linguagem, de um determinado discurso". Quanto à interpretação técnica, o autor faz um paralelo com a interpretação gramatical, afirmando que a interpretação técnica é a "compreensão como exposição do pensamento", a composição pelo e a partir do ser humano (Schleiermacher, 2015, p. 93). Entende-se que a intepretação técnica depende "intrinsecamente da gramática, já que todo intuito hermenêutico repousa na linguagem" (Matos-de-Souza, 2011, p. 21).

Hernández-Carrera, Matos-de-Souza e Souza (2016, p. 25, tradução nossa) sustentam o significado da busca da hermenêutica, no sentido geral, que "[...] é prover as razões da interpretação, e não somente decidir como interpretar um ou outro texto". Em Schleiermacher (2015), preceitua-se que a hermenêutica seja interpretada do universal ou da totalidade para o particular. Ele reivindica que para a "inteira operação da interpretação" pela hermenêutica:

[...] nós devemos dizer que, progredindo pouco a pouco desde o início de uma obra, a compreensão gradual, de cada particular e das partes do todo que se organiza a partir delas, sempre é apenas provisória; um pouco mais completa, se nós podemos abarcar com a vista uma parte mais extensa, mas também começando com novas incertezas [...] (Schleiermacher, 2015, p. 49).

Para o autor, é difícil apreender a articulação como todo, mas acredita que essa articulação do todo "deve procurar seus traços a partir do particular; quanto mais o singular é denso e significativo, tanto mais se deve procurar apreendê-lo em todas as suas relações por meio do todo" (Schleiermacher, 2015, p. 52). Sobre o projeto de Schleiermacher de uma hermenêutica geral, Palmer (2018) explica o "círculo hermenêutico":

[...] o círculo como um todo define a parte individual, e as partes em conjunto formam o círculo. [...] Por uma interação dialética entre o todo e a parte, cada um dá sentido ao outro, a compreensão é, portanto, circular. E porque o sentido aparece dentro deste "círculo", chamamos-lhe o "círculo hermenêutico" (Palmer, 2018, p. 121).

Palmer acredita que Schleiermacher deixou um fator parecido com esse tipo de análise porque considerou como uma compreensão partilhada, que suas intenções para a hermenêutica eram "postular a ideia de que a compreensão opera de acordo com leis que podem ser descobertas; seguidamente, enunciar algumas das leis ou princípios a partir dos quais ocorre a compreensão. Esta esperança pode resumir-se na palavra "ciência" (Palmer, 2018, p. 125). Com isso, Schleiermacher não procurava um conjunto de regras, mas sim um "conjunto de leis pelas quais a compreensão opera — uma ciência da compreensão" (Palmer, 2018, p. 126).

Nesse sentido, Ricoeur (1990, p. 24) salienta que "é do lado da psicologia que Dilthey procura o traço distintivo do compreender", é nele que a hermenêutica ganha um estatuto de um método de investigação "especificamente apto para dar conta do fator humano [...]". Dilthey tentou generalizar o conceito de hermenêutica, ancorando-o na teleologia de vida com significados adquiridos de acordo com as três dimensões temporais do passado, presente e futuro. "O homem só aprende sobre si mesmo através de seus atos, através da exteriorização de sua vida e através dos efeitos que produz sobre os outros" (RICOEUR, 2016, p. 12, tradução nossa).

Para Ricoeur (1990, p. 26), Dilthey reteve de Schleiermacher o lado psicológico de sua hermenêutica, que reconhecia seu próprio problema: "o da compreensão por transferência a outrem", ainda com a preocupação hermenêutica de uma objetivação da compreensão, de contrapor-se ao positivismo.

> Para ele, a objetivação começa muito cedo, desde a interpretação de si mesmo. O que eu sou para mim mesmo só pode ser atingido através das objetivações de minha própria vida. O conhecimento de si mesmo já é uma interpretação que não é mais fácil que a dos outros; provavelmente, é mais difícil, porque só me compreendo a mim mesmo pelos sinais que dou de minha própria vida e que me são enviados pelos outros. Todo conhecimento de si é mediato, através de sinais e de obras (Ricoeur, 1990, p. 27).

Ricoeur explica que depois de Dilthey o avanço decisivo não foi aperfeiçoar a epistemologia das ciências humanas, mas sim questionar se essas ciências poderiam competir com as ciências da natureza (o positivismo), por meio de uma metodologia própria (Ricoeur, 1990, 2013, 2016). Afirma que esse pressuposto presente no trabalho de Dilthey "implica que a hermenêutica é uma variante da teoria do conhecimento e que o debate entre explicação e compreensão pode ser contido dentro dos limites de uma disputa metodológica [...]" (Ricoeur, 2016, p. 14, tradução nossa). Como o próprio Dilthey coloca:

> Num tratado anterior eu analisei como a apresentação da individuação no mundo humano é criada pela arte, especialmente pela poesia. Então se nos surgiu o desafio com respeito à questão do conhecimento *científico (wissenschaftlich)* das pessoas individuais, propriamente das grandes formas de existência humana singular. É um tal conhecimento possível? E que meios temos para alcançá-lo? [...]
> E ainda que as ciências humanas *(Geisteswissenschaften)* sistemáticas derivem relações de leis gerais e conexões abrangentes desta concepção objetiva do singular, mesmo assim também para elas os processos de compreensão e interpretação permanecem sendo a base. Por isso, estas ciências dependem para sua certeza tanto quanto a história da questão de se a compreensão do singular pode ser elevada à *validade universal.* Assim se nos surgiu no princípio do estudo das ciências humanas um problema que lhe é próprio, em distinção a todas as formas de conhecimento da natureza (Dilthey, 1999, p. 12, grifos do autor).

Dilthey sinaliza uma mudança da dita hermenêutica "regional", individual, para uma "geral", que transcende a finitude do conhecimento absoluto, para um modo interpretativo. Dá-se um passo ao rumo de uma hermenêutica universal "[...] que prepara o deslocamento da epistemologia em direção à ontologia [...]" (Ricoeur, 1990, p. 23). Outrossim, é nesse "caminho, de uma Hermenêutica compreendida como epistemologia e ontologia, que se desenvolvem as teorias de Martin Heidegger e Hans--Georg Gadamer [...]" (Matos-de-Souza, 2011, p. 22). Matos-de-Souza (2011, p. 21) destaca que Heidegger "produz uma revolução no bojo da filosofia da interpretação".

Assim, a partir de *Ser e Tempo* Heidegger aponta que se deve buscar a essência ou a natureza constitutiva dos seres humanos, uma ontologia do ser, colocando em evidência a experiência, o ser humano em seu estado básico (Martins; Bicudo, 1983).

Segundo Ricoeur, em Heidegger a hermenêutica não é uma reflexão sobre as ciências humanas, mas uma explicação do terreno ontológico sobre o qual essas ciências podem ser construídas (Ricoeur, 2016). "*A compreensão de ser é em si mesma uma determinação de ser da presença*. O privilégio ôntico que distingue a presença está em ela *ser* ontológica" (Heidegger, 2015, p. 48, grifos do autor).

> Fenomenologia da presença é *hermenêutica* no sentido originário da palavra em que se designa o ofício de interpretar. [...] A hermenêutica da presença torna-se também uma "hermenêutica" no sentido de elaboração das condições de possibilidade de toda investigação ontológica (Heidegger, 2015, p. 77).

Heidegger defende uma hermenêutica que deve elaborar ontologicamente a "historicidade da presença como condição ôntica de possibilidade da história fatual" (Heidegger, 2015, p. 78), situando o sentido do ser no mundo, de existência, tendo a verdade como desvelamento do tempo aberto às possibilidades do ser (Hermann, 2002), de uma preocupação com o *estar-no-mundo* do seu próprio ser e como *ser* dos outros, em uma realidade vivida (Martins; Bicudo, 1983).

O pensamento de Heidegger tem importância para a educação no sentido de que é preciso integrar uma reflexão do ser sobre o "experienciar a experiência", visto que o estudante tem sua individualidade como pessoa, com todas "as disposições, sentimentos, frustações, inferências e satisfações" (Martins; Bicudo, 1983, p. 43).

Na sequência histórica, Gadamer (1997, p. 400) elabora os traços fundamentais de uma teoria da experiência hermenêutica e defende que uma vez resolvidas as inibições ontológicas do problema da objetividade da ciência, "a hermenêutica pôde fazer jus à historicidade da compreensão", demonstrando que "a interpretação antes de ser um método, é a expressão de uma situação do homem", ou seja, dos sujeitos (Matos-de-Souza, 2011, p. 22). Como assinala Ricoeur, a filosofia de Gadamer expressa a síntese de dois movimentos: da hermenêutica regional à hermenêutica geral e da epistemologia das ciências humanas à ontologia (Ricoeur, 2016).

Sobre o pensamento de Gadamer[1], Flickinger (2014, p. 42) explicita que "o saber gerado pela experiência hermenêutica abraça as próprias pessoas, a sua história, o seu saber prévio, seus preconceitos e suas expectativas".

> Com o reconhecimento do círculo hermenêutico, Gadamer aponta a mais um aspecto importante, a saber, a recuperação do conceito de experiência. O filósofo atribui a esse conceito um duplo papel: só através da contestação do conhecimento em vigor (eis o aspecto negativo) chegaríamos à construção de um saber novo (o aspecto positivo). Isso significa que somente mediante uma postura crítica nasce algo novo (Flickinger, 2014, p. 47).

Flickinger retrata a imensa contribuição da hermenêutica articulado ao campo da Educação. Ele exemplifica que em determinadas situações se demanda dos educadores uma reação de como resolver determinados dilemas, e se perguntam a qual tipo de saber recorrer.

No que tange ao saber provindo de experiências, esse é um dos componentes significativos para o processo de construção da identidade profissional de pedagogos, em face do conceito de experiência: "[...] não se refere somente à experiência no sentido que esta ensina sobre tal ou qual coisa. Refere-se à experiência em seu todo" (Gadamer,1997, p. 525-528). Sustenta-se uma "experiência hermenêutica", sendo também o saber, adquirido nessa experiência, a compreensão do outro, uma correlação com a chamada *consciência histórica*.

Dessa feita, Gadamer contribui com o pensamento de formação por meio de saberes advindos tanto da técnica como de suas experiências práticas vividas em situações anteriores: "[...] não basta o conhecimento adquirido ao longo de sua formação profissional. Como não há receita

---

[1] Flickinger (2014) referencia a obra de GADAMER, H.-G. *Verdade e Método*. 2. ed. Petrópolis: Vozes, 1998.

geral, à qual ele possa recorrer, resta-lhe confiar na sua capacidade de adequar o conhecimento teórico ao contexto e às condições concretas de sua intervenção" (Flickinger, 2014, p. 58).

Para Gadamer (1997, p. 527), "[...] a experiência ensina a reconhecer o que é real. Conhecer o que é, vem a ser, pois, o autêntico resultado de toda experiência e de todo querer saber em geral".

> A reação profissional tem de recorrer, portanto, a um saber que nasce da reflexão acerca do sentido das normas e dos princípios, nos quais a atuação concreta se apoia. Esse é o entendimento da phrónesis, a que Gadamer apelou, opondo-o à conduta científica que se apoia, em primeira linha, em métodos abstratos e regras técnicas, ou seja, na techné como instrumento manipulável. Do que se conclui que a phónesis tem duas características. Primeiro, ela visa o saber prático, estabelecido à base de experiências, mas exposto continuamente ao teste de validade por ocasião de cada intervenção nas situações concretas.
> Ou, como Gadamer escreve: "O saber da *phónesis* não é, de modo algum, um saber *ex ante* (que pode fracassar no momento decisivo), senão a visão do possível e útil que se abre a todo existir prático" (1930, GW, v.5, p. 242)[2]. Além disso, o profissional se vê obrigado a defender as razões que o levaram a escolher a intervenção por ele favorecida. É sua própria postura profissional que está em jogo e lhe cabe assumir a responsabilidade integral pelos resultados de sua atuação [...] (Flickinger, 2014, p. 59, grifos do autor).

Destaca-se a questão da responsabilidade pessoal do profissional que passar pela experiência hermenêutica, mesmo que não haja um texto específico de Gadamer no âmbito da educação, mas sua obra fundamenta uma preocupação com o diálogo e com a vida social, portanto com o humano.

Bruner (1991, p. 7) argumenta que a interpretação hermenêutica é requerida quando não há nenhum "método racional de assegurar a 'verdade' de um significado atribuído ao texto como um todo". Para ele, de fato a melhor esperança da análise hermenêutica é apresentar uma explicação convincente dos significados do texto como um todo, à luz de

---

[2] Esta citação de Gadamer (1930) escrita por Flickinger (2014) vem originalmente de uma coleção alemã. *Cf.*: GADAMER, H-G. *Gesammelte Werke in 10 Bänden*. Tübingen: J.C.B. Mofr, 1986-1995. (Flickinger cita como GW).

suas partes. Conjeturando que a leitura do texto, as expressões parciais, do todo e as explicações dos protagonistas dos eventos não poderiam ser mais bem ilustradas do que pelas narrativas.

Desse modo, associa-se a narrativa à análise da hermenêutica pela interpretação oral que tem duas vertentes necessárias: "[...] compreender algo para o podermos exprimir e, no entanto, a própria compreensão vem a partir de uma leitura-expressão interpretativa" (Palmer, 2018, p. 33).

> O ato de construir uma narrativa, além disso, é muito mais do que "selecionar" eventos da vida real, da memória ou da fantasia, colocando-os em uma ordem adequada. Os próprios eventos precisam se constituir, à luz da narrativa inteira — nos termos de Propp, para se tornarem "funções" da história (Bruner, 1991, p. 8).

Identificamos nessa citação de Bruner a hermenêutica de Ricoeur quando este defende o caráter histórico e preocupa-se com a definição da hermenêutica e de sua expansão, "[...] existe hermenêutica, ou seja, *interpretação,* lá onde existem expressões com duplo sentido, quando um sentido segundo tiver que ser desenvolvido a partir de um sentido primeiro" (Ricoeur, 2011, p. 20). Argumenta que essa expressão era limitativa, mas dava um olhar de expansão no que se refere aos símbolos, ao que significa de desenvolver do interior a interpretação até onde ela possa levar, como diz "[...] o símbolo faz pensar" (Ricoeur, 2011, p. 20).

1.1.1 Paul Ricoeur: a tripla *mímesis*

O percurso traçado até aqui — de Schleiermacher a Ricoeur — descreve algumas percepções dos autores referenciados a respeito da tarefa e dos desafios da hermenêutica enfrentados pelos filósofos que questionaram a própria relação humana com o mundo. Esses intelectuais desenvolveram um embate epistemológico e ontológico de significados na busca pela superação do modo como as ciências humanas espelhavam-se nas ciências da natureza, e, em seu caráter de positivista, estudaram outras óticas de compreender, explicar e interpretar o mundo e a realidade social.

Em Ricoeur situa-se uma hermenêutica histórica e interpretativa, da qual pontuamos para adentrar nas principais ideias emanadas da obra *Tempo e narrativa* (volumes I, II e III), quando se desenvolve a ideia da tripla *mímesis,* teses sobre a narrativa e o tempo da história, entre outros conceitos, até a *identidade narrativa.*

É relevante destacarmos que, nessa obra, Ricoeur dialoga com inúmeros autores e inspira-se, inicialmente, em duas obras, das quais constrói uma longa jornada na tentativa de promover uma aproximação da bifurcação existente entre a *narrativa história* e a *narrativa de ficção,* o estudo das *Confissões* de Agostinho, quando trata das aporias da experiência no tempo, e a *Poética* de Aristóteles, quando discorre a respeito da composição da intriga.

Fica evidente o pensamento de uma hermenêutica da consciência histórica, vislumbrando-se uma articulação entre o tempo e a narrativa, de uma inteligibilidade expressa em três momentos da chamada *mímesis: mímesis I, a prefiguração; mímesis II, a configuração; e a mímesis III, a refiguração,* explicados pelo autor em *Tempo e narrativa*, entre outras teses amplamente desenvolvidas em torno da intriga e a narrativa histórica.

Apreende-se que o conceito de *mímesis* não se refere a uma reprodução ou duplicação, mas sim a uma "reorganização num nível mais elevado de significância e de eficiência" (Ricoeur, 2011, p. 33). Assim, por meio da *mímesis* possibilita-se construir uma mediação entre o tempo e a narrativa, na composição da intriga.

> [...] embora seja verdade que a intriga é uma imitação de ação, uma competência prévia é exigida: a capacidade de identificar a ação em geral por seus aspectos estruturais [...]. Por fim, essas articulações simbólicas da ação são portadoras de características mais precisamente temporais, de onde procedem mais diretamente a própria capacidade da ação de ser narrada e talvez a necessidade de narrá-la (Ricoeur, 2010a, p. 96-97).

De tal modo, compreendemos o termo "intriga" como uma representação da ação, do tempo historiado e narrado.

Da *mímesis* I – a prefiguração, Ricoeur explica que "[...] a composição da intriga está enraizada numa pré-compreensão do mundo da ação: de suas estruturas inteligíveis, de seus recursos simbólicos e se seu caráter temporal" (Ricoeur, 2010a, p. 96). Entendemos que essa *mímesis* busca rememorar a história no tempo, a narrativa pensada a priori da ação concretamente realizada, e, ao mesmo tempo, inter-relacionando-se à representação dessa compreensão.

Da *mímesis* II – a configuração, Ricoeur chama de "eixo de análise", abre o mundo da composição, ou seja, da fala, do relato, da narrativa rememorada da *mímesis* I. Explicita que esse estágio tem a função de mediação entre o antes e o depois, de intermediação para a construção da intriga, ou seja, do ato de composição narrativa diante do prefigurado.

Essa dimensão configurante da intriga apresenta alguns aspectos temporais: transforma a sucessão de acontecimentos em uma "totalidade significante, que é o ato de reunir os acontecimentos, e faz com que a história possa ser acompanhada"; é um ato de recontar, "quando a história pode ser vista como uma totalidade" que indica a um final; constitui-se como uma alternativa "[...] à representação do tempo que corre do passado rumo a um futuro" (Ricoeur, 2010a, p. 118).

Segundo Ricoeur, o estágio da *mímesis I* para a *mímesis II* constitui-se uma passagem do paradigmático para o sintagmático, assim compreende-se um sentido de dependência das partes, que se relaciona a outros elos da história. A história sendo acompanhada, "[...] converte o paradoxo em dialética viva" (Ricoeur, 2010a, p. 117).

Na continuidade do processo, da *mímesis II* para a *mímesis III,* trata-se de uma "*esquematização* e da *tradicionalidade* características do ato configurante, que mantém ambas uma relação específica com o tempo" (Ricoeur, 2010a, p. 118). O autor se refere ao *esquematismo* como uma capacidade sintética do tempo (narrado), no sentido de entendimento, intuição e intelectualidade. Em relação à *tradicionalidade,* entende-a não como uma transmissão inerte, mas como "[...] a transmissão viva de uma inovação sempre suscetível de ser reativada por um retorno aos momentos mais criativos do fazer poético, assim entendida, a tradicionalidade acrescenta um novo aspecto à relação entre intriga e tempo, enriquecendo-a" (Ricoeur, 2010a, p. 119).

O terceiro estágio, a *mímesis* III – a refiguração, refere-se à narrativa que "alcança seu sentido pleno", correspondendo ao que Gadamer, em sua hermenêutica, chama de "aplicação". Marca-se uma intersecção entre o mundo configurado e o "[...] mundo no qual a ação efetiva se desdobra [...]" (Ricoeur, 2010a, p. 123).

O estágio da *mímesis* III é amplamente explicado por Ricoeur em quatro etapas, das quais pontuaremos alguns destaques do desdobramento:

1. *O círculo da mímesis* (Ricoeur, 2010a): o autor coloca a questão de saber se esse processo mimético de mediação entre tempo e narrativa realmente marca uma progressão. Considera que a

análise circular é incontestável, no entanto Ricoeur refuta que seja uma circularidade viciosa, por isso prefere chamá-la de *espiral sem fim;*

2. *Configuração, refiguração e leitura* (Ricoeur, 2010a, p. 123): questiona que se o ato de leitura for realmente o vetor, um elemento que move a obra a outro rumo de modelizar a experiência, é preciso "mostrar como esse ato se articula com o dinamismo próprio ao ato configurante", de uma transição (entre a *mímesis II e III*) operada pelo ato da leitura, como operador de união: "Assim, o círculo hermenêutico da narrativa e do tempo *não cessa de renascer* do círculo formado pelos estágios da *mímesis*" (Ricoeur, 2010a, p. 130, grifos nossos).

> [...] é o ato de ler que se junta à configuração da narrativa e atualiza sua capacidade de ser acompanhada. Acompanhar uma história é atualizá-la em leitura. [...] O ato de leitura é assim o operador que une *mímesis* III a *mímesis* II. É o último vetor da refiguração do mundo da ação sob o signo da intriga (Ricoeur, 2010a, p. 131-132).

3. *Narratividade e referência* (Ricoeur, 2010a, p. 123): acredita na tese da refiguração da "experiência temporal pela composição da intriga" e a "entrada, pela leitura, da obra no campo da comunicação marca ao mesmo tempo sua entrada no campo da *referência*", ou seja, a experiência de compartilhar com o outro uma nova experiência, no sentido de refazer a ótica a respeito do mundo lido (obra). "O termo horizonte e aquele, correlativo aparecem, assim, duas vezes na definição de *mímesis III* [...]: intersecção entre o mundo do texto e o mundo do ouvinte ou do leitor [...]" (Ricoeur, 2010a, p. 132). Aqui aproxima-se da *fusão de horizontes*[3] de Gadamer e discorre entendimentos acerca dos acontecimentos, quando o interlocutor compartilha com outrem a palavra enquanto experiências de sua compreensão humana, em uma dinâmica dialética e prática;

4. *O tempo narrado* (Ricoeur, 2010a, p. 124): afirma que o mundo em que a narrativa "refigura é um mundo *temporal*" e pergunta em que medida a hermenêutica do tempo narrado pode esperar

---

[3] Para Gadamer (1997, p. 455) "não existe um horizonte fechado", a *fusão* de horizontes se dá em constante vigência da tradição, pois nela "o velho e o novo crescem sempre juntos para uma validez vital" (p. 457).

ajuda da *"fenomenologia do tempo"*. Para elucidação do ato de narrar o tempo, o autor tece um longo debate dialogando com outros pensadores como Agostinho, Aristóteles, Kant, Husserl e Heidegger, dos quais extrai interpretações acerca do tempo na fenomenologia e encontra problemas, chamando-os de *aporias*. Mesmo assim, considera possíveis soluções por meio do debate dialético da relação entre o tempo e a narrativa.

Dessa feita, Ricoeur desenvolve amplamente a aplicação da *mímesis* III a um processo de leitura como ponto de chegada interseccionada ao horizonte entre o mundo do texto, o mundo do ouvinte e do leitor. Encaminha à refiguração do campo prático da narrativa, vislumbrando uma práxis. Outrossim, dos estágios miméticos surge um círculo hermenêutico da narrativa e do tempo, que, segundo o referido autor, não cessa de renascer:

> É construindo a relação entre os três modos miméticos que constituo a mediação entre tempo e narrativa. É essa própria mediação que passa pelas três fases da mímesis. Ou, para dizê-lo com outras palavras, para resolver o problema da relação entre o tempo e narrativa, tenho de estabelecer o papel mediador da composição da intriga entre um estágio da experiência prática que a precede e um estágio que a sucede (Ricoeur, 2010a, p. 95).

Assim, os três estágios seguem o caminho de uma "configuração para a refiguração": um texto literário, narrativo, "projeta diante de si um *mundo-texto-texto,* mundo possível" (Ricoeur, 2011, p. 34). Firma-se a atividade narrativa como:

> [...] a réplica poética na aporética do tempo. Não que a narrativa à medida que se desenvolve resolva os paradoxos do tempo. Pelo menos os torna produtivos. De onde o termo poético da narrativa colocado defronte a aporética do tempo. Nisso a narrativa "imita" a ação, oferecendo uma articulação narrativa a uma experiência do tempo que sem ela ficaria entregue a paradoxos sem fim [...] (Ricoeur, 2011, p. 34-35).

O autor faz uma relação entre o tempo da história e a narração, abordando a questão epistemológica sem perder de vista o horizonte ontológico, com uma reflexão que se revela no cruzamento com as reflexões narrativas. Ricoeur estabelece diferenças entre o tempo de narrar e o tempo do narrador, com possibilidades de a voz narrativa variar em relação aos sujeitos da história e aos acontecimentos colocados em diferentes posições temporais. São variações da "experiência temporal", são exemplos de como as narrativas configuram o tempo. Demonstra, assim, que há outras dimensões da experiência humana no mundo em que são trazidas à linguagem por meio das narrativas e reconhece que isso pode ser configurado de outras formas.

O pensamento do referido filósofo deixa evidente o aprofundamento da compreensão da noção de sujeito, permitindo novos olhares para o fenômeno interpretado que explora a narrativa por meio de uma hermenêutica-fenomenológica.

1.1.2 Paul Ricoeur: a hermenêutica da consciência histórica

Em *Tempo e narrativa* (volume III), Ricoeur expressa a história como mediadora "indispensável para a compreensão de si" (Ricoeur, 2011, p. 23). Explicita que houve uma passagem da fenomenologia para uma hermenêutica de caráter linguístico resultando-se um conflito com o estruturalismo e se desenvolvendo um problema hermenêutico. Ele pergunta e responde: "o que se apostava no conflito? Nada menos que o destino da questão do sujeito e da compreensão de si" (Ricoeur, 2011, p. 23).

> [...] Enquanto o estruturalismo se assemelhava a uma apologia para um funcionamento anônimo, no sentido mais forte do termo, de sistemas de signos sem ancoragem subjetiva, a dimensão do sentido parecia inseparável do papel mediador exercido por esses sistemas em relação específica com a compreensão de si. [...] Uma vez mais, a história – a história dos signos em particular – é a mediação indispensável para a compreensão de si (Ricoeur, 2011, p. 23).

Ricoeur comenta que esse conflito entre a hermenêutica e o estruturalismo talvez tenha sido superado, mas permanece uma questão que chama de "aposta" intitulada "compreensão de si e história"[4]. Ao explicar que essa questão o acompanhou nos escritos dos anos 1970, destaca a *dialética do compreender/explicar* porque acredita que esta perpassa por vários campos epistemológicos, percorrendo três deles: da teoria do texto; a da ação e a da história.

---

[4] Esse título se refere a uma conferência no Simpósio Internacional Paul Ricoeur, realizada em Granada (Espanha), em 1987. Original em francês: *Auto-compréhension et historie*. (*Cf.* Ricoeur, 2011, p. 15, notas).

> [...] o **momento de compreensão** caracteriza-se por uma apreensão intuitiva e global do que é abordado nesse campo, por uma antecipação de sentido que roça a adivinhação, por um engajamento do sujeito conhecedor; **o momento da explicação**, por outro lado é marcado pela predominância da análise, da subordinação do caso particular a regras, leis ou estruturas, pelo distanciamento do objeto de estudo em relação ao sujeito não implicado. O importante, a meu ver, é **não separar a compreensão da explicação** e vice-versa, como fazem, de um lado, os descendentes da hermenêutica romântica e, de outro, os herdeiros do positivismo (Ricoeur, 2011, p. 24, grifos nossos).

O autor afirma que o resultado da alternância das fases de compreensão e explicação formam um "arco hermenêutico" (Ricoeur, 2011, p. 24) e explica cada um dos três campos epistemológicos da tríade que acredita ser pertencente ao desenvolvimento de sua hermenêutica.

A respeito da *noção de texto*, indica que tenha um "papel condutor", pois aparecem novos modelos de explicação que se adaptam ao "império dos signos, ou seja, das operações de codificação e decodificação" (Ricoeur, 2011, p. 25). Assim Ricoeur situa a problemática da hermenêutica que pode ser interpretada a partir da dialética entre "compreender e explicar", lembrando que a "noção de texto surgiu como um dos 'locais' em que a dialética se manifesta, ao lado da teoria da ação e da teoria da história" (Ricoeur, 2011, p. 27).

Quanto à *teoria da ação,* Ricoeur (2011) a relaciona à práxis e ao momento teleológico e deontológico da vida moral, "uma ação não é algo que simplesmente acontece, um fato que acontece, mas alguma coisa que fazem acontecer (Ricoeur, 2011, p. 39). Avultamos que a respeito do momento teleológico, o autor classifica a práxis em quatro níveis: a) *as práticas*, "ações complexas regidas por preceitos de todos os tipos, sejam eles técnicos, estéticos, éticos ou políticos" (Ricoeur, 2011, p. 52); b) o *plano de vida*, que designa projetos globais da pessoa, como "a vida profissional, a vida em família, a vida de lazer etc." (Ricoeur, 2011, p. 54); c) a *unidade narrativa da vida*, apontando o interesse na noção de identidade narrativa, que "liga a noção de si à da história de uma vida tal como ela é outra vez imaginada pela historiografia e pela ficção juntas" (Ricoeur, 2011, p. 55); e d) a *verdadeira vida*, a qual considera que "a vida boa" deve constituir um horizonte. Sugere outros trabalhos nos quais desenvolve amplamente suas investigações da ideia da função narrativa para e da vida, como em *Tempo e narrativa* e *Do texto à ação*.

Ao referir-se à *teoria da história,* acredita que é "a ilustração mais notável da combinação dentro da análise histórica entre a compreensão de uma trama de acontecimentos em sequência única e a explicação pelas generalidades que nos casos favoráveis tem valor de lei (demografia, economia)" (Ricoeur, 2011, p. 25-26), retomando amplamente campo em *Tempo e narrativa* (volume II).

Para o autor, esses três debates podem ser resumidos em uma expressão: "Explicar mais é compreender melhor. Ou seja, se a compreensão precede, acompanha e *envolve* a explicação, esta em troca *desenvolve* analiticamente a *compreensão*" (Ricoeur, 2011, p. 26), portanto desenvolve sua concepção de hermenêutica incluindo-a na dialética da compreensão e da explicação.

Outro conceito que trazemos de Ricoeur é sobre a teoria narrativa, que assinala: "[...] a associação dos fatos numa história contada extrai de acontecimentos esparsos um relato unificado — ao mesmo tempo também associa intenções, causas e acasos, e finalmente extrai uma configuração temporal de uma sucessão de acontecimentos descontínuos" (Ricoeur, 2011, p. 32).

Nesse sentido o autor renuncia a atacar de frente a questão da realidade que foge do passado "tal como ele foi" e concorda que seja feita uma inversão da ordem dos problemas para que se parta do *"projeto da história*, da história por fazer", no intuito de reencontrar na realidade "a dialética do passado e do futuro e a troca entre eles no presente [...]" (Ricoeur, 2010c, p. 352, grifos do autor).

> Uma vez que entendemos por tradições as *coisas ditas* no passado e que chegaram até nós por uma cadeia de interpretações e reinterpretações, é preciso acrescentar uma dialética material dos conteúdos à dialética formal da distância temporal; o passado nos interroga e nos questiona antes que o interroguemos e o questionemos (Ricoeur, 2010c, p. 379, grifos do autor).

Nessa hermenêutica histórica, Ricoeur (2010c, p. 368) debate o "ser--afetado-pelo-passado" e trata essa questão com o propósito de se "fazer história". Acredita em uma hermenêutica crítica e discorre amplamente sobre o sentido do termo "tradição" ao confronto de uma crítica às ideologias. A isso acrescenta uma análise dialética com o termo "tradição", que se estende e dá lugar a uma "[...] confrontação entre a dita hermenêutica das tradições e a crítica das ideologias" (Ricoeur, 2010c, p. 379).

> [...] uma hermenêutica da história da eficiência só esclarece a dialética interna ao espaço de experiência, abstração feita pela troca entre as duas grandes modalidades do pensamento da história. A reconstituição dessa dialética envolvente não deixa de ter consequência para o sentido de nossa relação com o passado; por um lado, a retroação de nossas expectativas relativas ao porvir sobre a reinterpretação do passado pode ter por principal efeito abrir no passado considerado findo possibilidades esquecidas, potencialidades abortadas, tentativas reprimidas (uma das funções da história é, quanto a isso, reconduzir aos momentos do passado em que o porvir ainda não estava decidido, em que o passado era ele mesmo um espaço de experiência aberto para um horizonte de expectativas); por outro lado, o potencial de sentido assim liberado da ganga das tradições pode contribuir para dar carne e sangue àquelas nossas expectativas que têm a virtude de determinar no sentido de uma história por fazer a ideia reguladora, mas vazia, de uma comunicação sem entraves nem limites. É mediante esse jogo da expectativa e da memória que a utopia de uma humanidade reconciliada pode ser investida na história efetiva (Ricoeur, 2010c, p. 387-388).

Ao definir a hermenêutica, Ricoeur (2013, p. 23) afirma que essa "[...] é a teoria das operações da compreensão em sua relação com a interpretação dos textos. A ideia-diretriz será, assim, a da efetuação do discurso como texto". Elucida que os atores da narrativa reúnam as partes da narrativa para se formar um todo e depois se retorne esse todo na comunicação narrativa. "É, pois, um discurso endereçado por um narrador a um receptor [...]. O narrador é designado pelos signos narrativos, os quais pertencem também à genuína constituição da narrativa" (Ricoeur, 1976, p. 97).

O recorte hermenêutico percorrido justifica-se, em primeiro lugar, pela nossa própria *curiosidade epistemológica* (Freire, 2018) e pela compreensão de que as ciências da natureza não explicavam a contento as questões que envolviam o ser humano, a cultura, a antropologia, a história, a educação, as experiências e outras indagações debatidas pelos intelectuais ao longo das décadas.

Do panorama teórico hermenêutico que apresentamos, desde Schleiermacher até Ricoeur, assumimos uma concordância com a linha de pensamento ricoeuriano, pelo fato de que ele extraiu um "suprassumo" dos filósofos que foram seus precursores e desenvolveu um pensamento

diferenciado da consciência histórica humana e de sua condição de narrar-se em intersecção entre o mundo rememorado e o mundo em ação.
O ser humano pode promover processos de autocompreensão (Ricoeur,
2011) de sua própria história e interpretação e compreensão os acontecimentos do mundo em sua volta. Ao narrar sua vida, o ser humano produz
um movimento *mimético* que se renova modificando-se temporalmente.
Com esse entendimento, a abordagem hermenêutica-fenomenológica
fundamenta a nossa pesquisa narrativa, na qual corroboram outros autores estudados com diferentes nacionalidades e pensamentos, mas que
também referenciam o percurso metodológico desta pesquisa.

1.2 Pesquisa narrativa

No tópico anterior, descrevemos um breve percurso com corte temporal hermenêutico em Schleiermacher, Dilthey, Heidegger, Gadamer, até
o pensamento de Ricoeur. Dessa feita, compreendemos que uma ampla
discussão filosófica, oriunda e contextualizada no século passado inspi-
rou a muitos pensadores que passaram a refutar fortemente o modelo
do conhecimento aplicado às ciências sociais (humanas) que vinham de
métodos das ciências da natureza. Debatia-se, assim, a necessidade de
outros modos de estudos da realidade social, questionando a maneira
como era realizada a leitura do mundo e das pessoas, se não estariam
destruindo a essência da realidade, ponderando-se que o método utilizado
pelas outras ciências se esquecia da dimensão de liberdade e individualidade do ser humano (Goldenberg, 2007).

No intuito de continuar na trilha do caminho hermenêutico em
tela rumo à pesquisa (auto)biográfica-narrativa e a entrevista narrativa
(Schütze, 2010), retomamos uma parte de Dilthey (1833-1911), situando
que este ocupou-se de estudos acerca de uma filosofia histórica que valoriza os comportamentos humanos, criticando o uso da metodologia das
ciências naturais — ancoradas no positivismo de Comte (2002) — pelas
ciências sociais. As distinções postas pelas ciências da natureza não davam
conta da singularidade do indivíduo, de sua cultura e eventos. Essas distinções referem-se ao processo de estudos relacionados a compreensão
da realidade social dos humanos, enquanto as ciências naturais foram
tidas como genéricas, as sociais recorriam à historicidade para apreender
à experiência humana, carregada de emoções, valores, subjetividades
(Goldenberg, 2007; Constantino, 2004).

De tal modo, crescem os estudos de uma *sociologia compreensiva* com raízes no historicismo alemão, que distingue "natureza" de "cultura", quando se "[...] considera necessário, para estudar os fenômenos sociais, um procedimento metodológico diferente daquele utilizado nas ciências físicas e matemáticas" (Goldenberg, 2007, p. 18). Max Weber (1864-1920) é outro representante da *sociologia compreensiva* que se "apropriou da ideia de *verstehen*[5] proposta por Dilthey. Para Weber, o principal interesse da ciência social é o comportamento significativo dos indivíduos engajados na ação social, ou seja, o comportamento de outros indivíduos" (Goldenberg, 2007, p. 19).

De acordo com os aportes teóricos trazidos por Weller (2009, 2010) a partir dos anos 1970 a pesquisa qualitativa possibilitou à pesquisa educacional alemã um retorno às suas próprias tradições hermenêuticas que inspiraram o desenvolvimento de novos métodos de geração e análise de dados empíricos no campo das ciências sociais e da educação. A autora conta que "o desenvolvimento desses novos métodos interpretativos ocorreu geralmente em combinação com outras tradições teóricas surgidas nas primeiras décadas do século XX, tais como o Interacionismo Simbólico e a Escola de Chicago" (Weller, 2009, p. 3).

Do interacionismo simbólico, destaca-se a "importância do indivíduo como intérprete do mundo que o cerca e, consequentemente, desenvolve métodos de pesquisa que priorizam os pontos de vista dos indivíduos" (Goldenberg, 2007). Vislumbra-se uma leitura da realidade social sob a ótica dos indivíduos, considerando-se como meio mais adequado para captar essa realidade "[...] aquele que propicia ao pesquisador ver o mundo através 'dos olhos dos pesquisados'" (Goldenberg, 2007, p. 27).

No que tange à Escola de Chicago, de sua perspectiva interacionista e multidisciplinar, Goldenberg fundamenta que se alargaram as possibilidades de pesquisa para as ciências sociais, envolvendo variadas áreas de estudos, como a Sociologia, a Antropologia, a Ciência Política, a Psicologia e a Filosofia. Entre os cientistas que influenciaram essa Escola, estão George Herbert Mead e John Dewey. Dewey "trouxe para o interacionismo o pragmatismo, uma filosofia de intervenção social que postula que o pesquisador deve estar envolvido com a vida de sua cidade e se interessar por sua transformação social" (Goldenberg, 2007, p. 26).

---

[5] Tradução do alemão: Compreensão.

Surgem e desenvolvem-se diferenciadas técnicas e métodos qualitativos de pesquisa social para investigar a realidade social, entre os quais o trabalho do primeiro antropólogo a conviver com os nativos, Lewis Henry Morgan, que escreveu um tratado científico de etnografia. Depois dele, outros cientistas, como Franz Boas e Malinowski, consolidaram a ideia de que antropólogos deveriam passar um longo período na sociedade em que estivessem pesquisando. A experiência de Malinowski influenciou a aplicação de técnicas e métodos de pesquisa qualitativa em ciências sociais, pois em sua antropologia, "compreendendo o primitivo, poderíamos chegar a compreender a nós mesmos" (Goldenberg, 2007, p. 23).

Segundo Weller (2009, 2010), as premissas do Interacionismo Simbólico norte-americano foram incorporadas às tradições teóricas alemãs, como a fenomenologia de Edmund Husserl e a Sociologia do Conhecimento de Max Weber e Alfred Schütz[6], e a abordagem na análise de narrativas de Fritz Schütze. Sobre isso corrobora Bohnsack (2020) ao afirmar que Fritz Schütze se apoia em vários trabalhos da prática de pesquisa oriundos do Departamento da Escola de Chicago, quando desenvolve a teoria e metodologia da entrevista narrativa (Schütze, 2010), desenvolvendo a ideia que construções da realidade social tem como base as construções cotidianas dos indivíduos (Rosenthal, 2014; Bohnsack, 2020). Explicitamos mais detalhadamente sobre isso no item 1.3 da entrevista narrativa.

Pelos textos estudados, constatamos um crescimento significativo da pesquisa narrativa (auto)biográfica em grande escala nos últimos 25 anos, e essas pesquisas difundem um amplo debate epistemológico e teórico promovendo uma reconfiguração dos conhecimentos e práticas dos mais variados temas. No caso dessa pesquisa, vimos inúmeros trabalhos dos eixos relativos ao Currículo, à Pedagogia e a identidades profissionais, acrescentados do elemento das narrativas.

Na contemporaneidade verificamos uma consolidação dessa abordagem de pesquisa narrativa oriunda de diversos programas de pós-graduação, grupos de pesquisa e associações científicas, que se debruçam no aprofundamento dos estudos, com publicações nacionais e internacionais com vasto arcabouço teórico e raízes oriundas da hermenêutica-fenomenológica e interpretativa, e de variadas correntes e países.

---

[6] Weller e Zardo (2013) explicitam aportes teóricos de Alfred Schütz. *Cf.*: WELLLER, Wivian; ZARDO, Sinara Pollom. Entrevista narrativa com especialistas: aportes metodológicos e exemplificação. *Revista da FAEEBA – Educação e Contemporaneidade*, Salvador, v. 22, n. 40, p. 131-143, jul./dez. 2013.

Como discorrem Santos, Völter e Weller (2014), desde a década de 1970, os sociólogos alemães Fritz Schütze e Gabriele Rosenthal, e o sociólogo francês Daniel Bertaux[7], têm desenvolvido contribuições à pesquisa narrativa na Sociologia. Elucida-se que na França e Alemanha se ressaltam esforços tanto na vertente das trajetórias de vida, mais frequente no caso francês, quanto nas narrativas e estruturas biográficas, como no caso da Sociologia alemã (Santos; Völter; Weller, 2014).

> Entretanto, não é de todo apropriado dizer que haja uma pesquisa narrativa francesa e outra alemã, tendo em vista a variedade de abordagens presentes em cada uma dessas comunidades acadêmicas. Além da Alemanha e da França, tradições e práticas de pesquisa baseadas em narrativas podem ser encontradas especialmente na Polônia, Itália, Inglaterra e nos Estados Unidos (Santos; Völter; Weller, 2014, p. 200).

Assim como Santos, Völter e Weller (2014), Caine, Estefan e Clandinin (2013) recordam que, desde a investigação narrativa ter emergido como uma metodologia de pesquisa em ciências sociais, pesquisadores com diversos entendimentos cooptaram o conceito de investigação narrativa ou pesquisa narrativa. Segundo Caine, Estefan e Clandinin, desde o final dos anos 1980 e início dos anos 1990 os pesquisadores das ciências sociais deram uma guinada narrativa na compreensão da experiência.

Nesse sentido, Nóvoa (2013) corrobora afirmando que a utilização contemporânea das abordagens (auto)biográficas é resultado da insatisfação das ciências sociais em relação ao tipo de saber produzido e da necessidade de uma modificação nos modos de conhecimento científico. Segundo o autor, encontramo-nos diante de uma "mutação cultural que, pouco a pouco, faz reaparecer os sujeitos face às estruturas e aos sistemas, a qualidade face à quantidade, a vivência face ao instituído" (Nóvoa, 2013, p. 18).

Trata-se de uma "virada hermenêutica", ou "giro hermenêutico" na expressão de Bolívar, ou, ainda, de uma "virada narrativa" na expressão de Pineau, de uma transição do paradigma das ciências aplicadas, ao paradigma transdisciplinar de perspectiva interpretativa, de atores reflexivos, na busca de sentidos e compreensão da experiência narrada dos sujeitos (Bolívar, 2012; Bolívar; Porta, 2010; Pineau, 2016).

---

[7] Daniel Bertaux é um sociológico francês conhecido por ter elaborado um método de pesquisa qualitativa chamado *etnossociologia*. Recentemente cedeu uma entrevista a Costa e Santos (2020), *Cf.*: COSTA, Luciano Rodrigues; SANTOS, Yumi Garcia dos. O "relato de vida" como método das ciências sociais: Entrevista com Daniel Bertaux. *Tempo Social, Revista de Sociologia da USP*, São Paulo, v. 32, n. 1, p. 319-346, abril de 2020.

Lejeune (2014, p. 16) define a autobiografia como uma "retrospectiva em prosa que uma pessoa real faz de sua própria existência, quando focaliza sua história individual, em particular a história de sua personalidade". Para o autor, nessa definição entram elementos que pertencem a quatro categorias: 1) a *forma de linguagem*, narrativa ou em prosa; 2) o *assunto tratado*, da vida individual ou história de um personagem; 3) a *situação do autor* se refere à identidade (real) do autor e narrador; e 4) a *posição do narrador* (Lejeune, 2014, p. 16-17).

Segundo Passeggi (2010), há mais de 30 anos encontram-se referências à pesquisa biográfica, ou investigação biográfico-narrativa no mundo, tendo sido consagrado no Brasil o termo *pesquisa (auto)biográfica*[8] como consenso. A autora elucida que os parênteses foram adotados nas edições do Congresso Internacional de Pesquisa (Auto)biográfica (CIPA)[9] para distinguir dois tipos de fontes nas pesquisas educacionais: "as *biográficas e as autobiográficas*" (Passeggi, 2010, p. 108), diferenciações também explanadas por Arfuch (2010). Inspirada por Gusdorf[10], Passeggi (2010) nos explica:

> [...] sugiro o exercício reflexivo de separar os três elementos por hífens como faz o autor: *auto-bio-grafia*, ou por dois pontos: *auto.bio.grafia*, de modo a demarcar as potencialidades e a complexidade do espaço auto.bio.gráfico. Mas também para desenclausurar o eu (auto) e favorecer todas as combinações permitidas pela *pesquisa (auto)biográfica*: *biografia, autobiografia, grafiabioauto, bioautografia, ludobiografia, logobiografia, cinebiografia, autobiografia*... (Passeggi, 2010, p. 108).

Dada a diversidade de publicações que tratam dos fundamentos epistêmicos-metodológicos da pesquisa narrativa (auto)biográfica em educação, optamos a elucidar alguns conceitos basilares que influenciam nossa caminhada metodológica ancorada em autores de diversas nacionalidades: alemã, americana, francesa, inglesa, portuguesa, espanhola, suíça, italiana, argentina e brasileira.

---

[8] O termo *pesquisa (auto)biográfica* foi consagrado no Brasil e em virtude do CIPA a expressão passou a ser reproduzida no exterior.

[9] O Congresso Internacional de Pesquisa (Auto)biográfica (CIPA) é um fórum internacional de debates em Educação sobre pesquisas realizadas com narrativas biográficas e autobiográficas, abordadas sob três enfoques: enquanto disposição humana para narrar a vida; como método de pesquisa qualitativa e como dispositivo de pesquisa-formação. Fonte das informações: https://ixcipa.biograph.org.br/.

[10] *Cf.* GUSDORF, G. *Lignes de vie 2. Auto-bio-graphie*. Paris: Odile Jacob, 1991.

Nesse vasto rol de pesquisadores identificados, destacamos, no que se refere à pesquisa narrativa (auto)biográfica, distintos estudos em que se articulam diferentes temáticas na área da Educação, como: experiências e práticas educativas; processos formativos (pedagógicos); desenvolvimento de currículos, em busca de novos conhecimentos; as identidades, profissional e narrativa. São temáticas relacionadas aos eixos norteadores deste estudo.

Clandinin e Connelly (2011, p. 48) afirmam que "o método narrativo é uma parte ou aspecto do fenômeno narrativo", sendo a narrativa como a melhor forma de representar a experiência. Seus estudos são fortemente embasados em John Dewey, e entre outros autores com influências contemporâneas das ciências sociais. Clandinin e Connelly trazem ideias para seu estudo a respeito da experiência na pesquisa narrativa e sustentam que as experiências acontecem narrativamente. Destarte, compreende-se que a pesquisa narrativa é uma forma de experiência narrativa e ao mesmo tempo, de compreensão dessa experiência. "Portanto, experiência educacional deveria ser estudada narrativamente" (Clandinin; Connelly, 2011, p. 49).

Os autores discutem que as experiências são oriundas do viver e do contar, do reviver e recontar as histórias vividas e contadas das vidas das pessoas, em ambas as perspectivas, individual e social. Compreendem que se carece entender as pessoas com uma narrativa das experiências de vida (Clandinin; Connelly, 2011; Connelly; Clandinin, 1995). Outrossim, o sentido da experiência trazida no bojo das narrativas dialogamos com Larrosa (2014), Passeggi (2011), Mèlich (2012), Josso (2006), Delory--Momberger (2006, 2016), Abrahão (2006) e Porta-Vázquez *et al.* (2019).

No que tange a conexões entre formação e as experiências, Nóvoa (1997, 2013), argumentando sobre o *saber da experiência*, coaduna com Goodson quando este afirma que "[...] as experiências de vida e o ambiente sociocultural são obviamente ingredientes-chave da pessoa que somos" (Goodson, 2013b, p. 71). Josso (2002, p. 35) corrobora tecendo amplos constructos para as experiências de vida e formação, sustentando o conceito de *experiência formadora*, que "implica uma articulação conscientemente elaborada entre atividade, sensibilidade, afetividade e ideação [...]".

Na obra *A aventura (auto)biográfica – teoria e empiria,* Abrahão (2004, p. 202) afirma que "a pesquisa (auto)biográfica é uma forma de história autorreferente, portanto plena de significado, em que o sujeito se desvela, para si, e se revela para os demais". A autora considera que a memória é o elemento-chave do trabalho com a pesquisa (auto)biográfica. Neste intuito, aqui tratamos das memórias narradas das pedagogas participantes entrevistadas, nas quais imprimem significados singulares de suas histórias.

> A memória é elemento-chave do trabalho com pesquisa (auto)biográfica, em geral: Histórias de vida, Biografias, Autografias, Diários, Memoriais. A pesquisa (auto)biográfica, embora se utilize de diversas fontes, tais como narrativas, história oral, epístolas, fotos, vídeos, filmes, documentos, utiliza-se do exercício da rememoração, por excelência. Esta é componente essencial na característica do(a) narrador(a) na construção/reconstrução de sua subjetividade (Abrahão, 2004, p. 202).

A autora afirma que, ao trabalhar com metodologia e fontes dessa natureza, o pesquisador adota uma tradição de pesquisa que reconhece ser a realidade "multifacetária, complexa, socialmente construída por seres humanos que vivenciam a experiência de modo holístico e interrelacionado, em que as pessoas estão em constante processo de autoconhecimento" (Abrahão, 2004, p. 203). Entende o (auto)biográfico como "[...] o *método* de trabalho que esposa as premissas fundantes dessa tradição em pesquisa, alicerçadas em paradigmas específicos [...]" (Abrahão, 2013, p. 12, grifo da autora)[11].

Apreende-se da referida autora que o método (auto)biográfico, ou a narrativa (auto)biográfica, contém uma totalidade de experiências de vida e se constitui, dentre outros elementos, pelo uso das narrativas produzidas através de pesquisas resultantes do intercâmbio entre pesquisador e entrevistado, sendo construídas memórias pessoais e coletivas do tempo histórico vivenciado (Abrahão, 2004, 2006; Bolívar, 2012). Abrahão fundamenta-se no caráter temporal da experiência humana articulado pela narrativa em Ricoeur, estabelecendo uma correlação entre o tempo passado, o presente a expectativa do futuro, a que chama de perspectiva tridimensional do tempo narrado (Abrahão, 2006; Ricoeur, 2010b).

No tocante ao eixo que pesquisa a temática de *identidade* dos pedagogos, ancoramo-nos, fundamentalmente, em Ricoeur (2010c, 2006) para *identidade narrativa,* tendo outras fontes de contribuições como Pellauer (2013), Arfuch

---

[11]   São paradigmas citados por Abrahão (2013, p. 12) considerados como metodologias que utiliza em pesquisa: "o Paradigma da Complexidade e a Teoria dos Sistemas; a História de Vida e a Investigação-Formação". Segundo a autora, cada um tem suas regras operacionais e premissas teóricas pertinentes, tendo seus dados construídos a partir de diversas *fontes* provindas de narrativas, documentos, notícias, revistas, diários, correspondências, fotos, filmes etc., e com diversas *técnicas e procedimentos.*

(2010), Yunes (2012) e Bruner (2008), considerando que a pesquisa narrativa também investiga a identidade profissional, dialogamos com Nóvoa (1997), Goodson (2015), Cunha (2014, 2009), Brzezinski (2011a, 2011b), Delory-Momberger (2016), Josso (2006), Stenhouse (2003), Zeichner (2008).

Em relação às articulações com o currículo, currículo narrativo e a pedagogia narrativa, trazemos as ideias de Goodson (2007, 2013c, 2019), Goodson e Gill (2011, 2014) Ricoeur (2010c), Pinar (2007, 2017), Bernstein (1998), Borges (2015), Young (2010, 2011, 2016), Conle (2014), Rodrigues e Prado (2015), Rabelo (2011), Bolívar, Domingo e Fernández (2001).

Constatamos, pelas fontes consultadas, que a investigação narrativa como metodologia de pesquisa nas ciências sociais revolucionou em grande medida os estudos nas ciências humanas, uma virada narrativa que impactou especificamente as pesquisas qualitativas na área da Educação no modo interpretativo do ser humano holístico e de seu mundo social, histórico e cultural, dilemas tão debatidos pelos hermeneutas comentados.

O quadro teórico sustenta, portanto, a pesquisa narrativa (auto) biográfica assumida como um método, fonte de pesquisa e prática de formação de nossa pesquisa (Abrahão, 2006; Passeggi, 2010), com geração e análise de dados realizada por meio da entrevista narrativa, que será comentada a seguir, consoante ao arcabouço teórico pesquisado.

1.3 Entrevista narrativa

Em face do percurso epistêmico-metodológico apresentado, nessa investigação optamos pela entrevista narrativa como fonte de geração e análise de dados, fundamentando-nos em Schütze (2010) e em outros autores que corroboram os estudos da entrevista narrativa: Jovchelovitch e Bauer (2002); Weller (2009); Flickinger (2014); Hernández-Carrera; Matos-de-Souza e Souza (2016); Clandinin e Connelly (2011).

Ao examinar várias abordagens da pesquisa social interpretativa, Rosenthal (2014, p. 49) se concentra no que estas têm em comum: o compartilhamento da ideia de que "os indivíduos agem com base em suas interpretações da realidade social, ao qual, por sua vez, é continuamente produzida na interação". Destaca-se que o "cientista social se volta para um mundo desde sempre interpretado" (Rosenthal, 2014, p. 49). Aqui acrescentamos os cientistas das ciências humanas, mais especificamente da área de Educação, que também buscam construir dados de pesquisa das realidades cotidianas de espaços educativos.

> Os pesquisadores devem, assim, em consonância com o princípio da abertura, renunciar conscientemente ao levantamento de dados conduzidos por hipóteses e tomar como referência as concepções cotidianas do entrevistado e suas relevâncias. O procedimento narrativo oferece aos entrevistados a maior liberdade possível para a articulação de suas próprias experiências e também para o desenvolvimento de um ponto de vista sobre o tema abordado, sobre sua história de vida (Rosenthal, 2014, p. 184).

Destarte, a entrevista narrativa é um método inaugurado por Schütze, hoje em fase avançada de desenvolvimento metódico e metodológico (Rosenthal, 2014, p. 185). Rosenthal (2014) ressalta que na década de 1980 Schütze continua a desenvolver seu método da entrevista narrativa no contexto da pesquisa biográfica. Amplamente utilizado para criar "textos de campo", na expressão de Clandinin e Connelly, os procedimentos da entrevista narrativa geram dados empíricos que são construídos no cotidiano, a partir do entrevistador que age e indaga as histórias de vida, ou pode centrar-se em um episódio específico da vida profissional dos participantes, que respondem e dão relatos de suas experiências, da bagagem ou história laboral, momento em que o conhecimento do ponto de vista dos entrevistados é apresentado (Clandinin; Connelly, 2011; Hernández-Carrera; Matos-de-Souza; Souza, 2016).

Desse modo, a entrevista narrativa foi criada no intuito de compreender os contextos em que as biografias dos sujeitos foram construídas e os fatores que produzem mudanças e motivam as ações nos sujeitos entrevistados (Weller, 2009).

Schütze, Jovchelovitch e Bauer (2002, p. 91) afirmam que "não há experiência humana que não possa ser expressa na forma de uma narrativa". Os autores apresentam algumas questões teóricas para a utilização dos procedimentos da entrevista narrativa como um método de geração de dados.

> Narrações são ricas de colocações indexadas, a) porque elas se referem à experiência pessoal, e b) porque elas tendem a ser detalhadas com um enfoque nos acontecimentos e ações. A estrutura de uma narração é semelhante à estrutura da orientação para a ação: um contexto é dado; os acontecimentos são sequenciais e terminam em um determinado ponto; a narração inclui um tipo de avaliação do resultado. Situação, colocação do objetivo, planejamento e avalia-

ção dos resultados são constituintes das ações humanas que possuem um objetivo. A narração reconstrói ações e contexto da maneira mais adequada: ela mostra o lugar, o tempo, a motivação e as orientações do sistema simbólico do ator (Schütze, 1977; Bruner, 1990)[12]. (Jovchelovitch; Bauer, 2002, p. 92).

Os autores fundamentam que a entrevista narrativa é classificada como um método de pesquisa qualitativa. Defendem que a narração segue um "esquema autogerador" que de forma estruturada revela uma técnica de condução da entrevista narrativa em que o informante utiliza "sua própria linguagem espontânea na narração dos acontecimentos. [...]" (Jovchelovitch; Bauer, 2002, p. 95-96).

Schütze (2010, p. 210) parte do pressuposto que existem eventos circunstanciais ocorridos e processados no curso de vida individual e "afetam de modo central a identidade do portador da biografia". Segundo o autor, a entrevista narrativa "produz dados textuais que reproduzem de forma completa o entrelaçamento dos acontecimentos e a sedimentação da experiência da história de vida do portador da biografia [...]" (Schütze, 2010, p. 213). Sinaliza que no "processo narrativo cumulativo" da entrevista devem ser destacados contextos mais amplos do curso de vida e anotadas posições de relevância especial.

> Por fim, surgem os entroncamentos das experiências resultantes de acontecimentos e desenvolvimentos que não estavam totalmente conscientes para o próprio portador da biografia, que estavam ofuscados, até mesmo reprimidos ou que deveriam permanecer ocultos por detrás de um biombo de legitimação secundária. O resultado é um texto narrativo que apresenta e explicita de forma continuada o processo social de desenvolvimento e mudança de uma identidade biográfica, isto é, sem intervenções ou supressões decorrentes da abordagem metodológica ou dos pressupostos teóricos do pesquisador (Schütze, 2010, p. 213).

Como diz o referido autor, o texto narrativo é gerado a partir das experiências resultantes de acontecimentos do narrador e explicita dados de um processo social e desenvolvimento de uma identidade biográfica.

---

[12] Obras citadas por Jovchelovitch e Bauer (2002): SCHÜTZE, F. (1977). *Die Technik des Narrativen Interviews interaktionsfeldstudien* – Dargestellt na Einem Projekt zur Erforschung von Kommunalen Machtstrukturen. Unpublisched manuscript, University of Bielefeld, Department os Sociology; BRUNER, J. (1990). *Acts of Meaning*. Cambridge, MA: Harvard University Press.

Schütze (2010, p. 213-215) explana que a análise completa dos dados deve ser realizada a partir de indicadores formais da estrutura do texto narrativo e apresenta seis elementos marcadores, chamados de passos para a análise:

1. *Análise formal do texto;*

2. *Descrição estrutural do conteúdo;*

3. *Abstração analítica;*

4. *Análise do conhecimento;*

5. *Comparação contrastiva;*

6. *Construção de um modelo teórico.*

Considerando a complexidade das etapas estabelecidas por Schütze, autores como Jovchelovitch e Bauer (2002), Weller (2009) e Bohnsack (2020) tecem explicações de cada etapa e elucidam aos pesquisadores brasileiros quanto ao processo de análise e interpretação da entrevista narrativa. Em relação aos seis passos de análise, consideramos as seguintes definições que norteiam as análises das entrevistas narrativas desta pesquisa:

1ª Etapa: *análise formal do texto* (Schütze, 2010)

Weller (2009) explica que é o momento inicial em que se identificam passagens narrativas e constrói-se uma primeira impressão do texto narrativo como um todo, faz-se uma descrição detalhada de alta qualidade do material verbal (Jovchelovitch; Bauer, 2002). Em relação à nossa pesquisa, pontuamos que esse procedimento foi realizado diretamente nos textos da pesquisa de campo, em cada transcrição das oito[13] entrevistas narrativas realizadas, paulatinamente, considerando que é um momento muito importante para o pesquisador relembrar as falas dos sujeitos participantes da investigação, sendo possível ir realizando marcações e anotações pertinentes no texto transcrito da gravação de áudio para o editor utilizado no Word (Weller, 2009).

---

[13] Realizamos oito entrevistas, mas utilizamos apenas seis para compor a análise de dados da pesquisa.

2ª Etapa: *descrição estrutural do conteúdo* (Schütze, 2010)

Weller (2009) ressalta que se trata de uma etapa minuciosa do processo de análise e nos aponta que nesta etapa objetiva-se identificar

> [...] diferentes estruturas processuais no curso da vida, tais como: "etapas da vida arraigadas institucionalmente; situações culminantes; entrelaçamento de eventos sofridos; pontos dramáticos de transformação ou mudanças graduais; assim como desenvolvimentos de ações biográficas planejadas e realizadas (Weller, 2009, p. 7).

Fundamentada em autores alemães, a autora situa-nos que a segunda etapa, da descrição da estrutura do conteúdo, orienta-se a partir de alguns objetivos, ou seja, deve-se buscar uma análise descritiva do teor do texto da entrevista narrativa considerando-se alguns alvos:

> [...] identificação dos diferentes esquemas de apresentação e respectiva análise da relação e função das **passagens descritivas** e **narrativa**s do texto; b) identificação dos **"episódios entrelaçados"** que ora aparecem ora desaparecem da narrativa, assim como os **"círculos temáticos"** de **importância para o narrador**, ou seja, de **contextos temáticos** maiores que estão relacionados aos episódios entrelaçados; c) a **reconstrução da linha** que conduz a **biografia**, ou seja, as condições iniciais, os momentos altos e baixos, o surgimento de **pontos culminantes**, de **situações cruciais**, de recusa, de mudanças gradativas, entre outros aspectos; d) a **elaboração de categorias analíticas** que **caracterizem os processos** e **estruturas analisadas** (Weller, 2009, grifos nossos).

Neste segundo passo, destacamos com alguns grifos na citação o que buscamos mirar no texto narrativo analisado das entrevistas com as pedagogas participantes de nossa pesquisa: passagens descritivas e narrativas; "episódios entrelaçados"; "círculos ou contextos temáticos" de importância para o narrador que têm relação com episódios entrelaçados; reconstrução de linhas biográficas, ou ações biográficas; pontos culminantes de situações cruciais determinadas pela vida; elaboração de categorias analíticas que caracterizam processos e estruturas analisadas (Weller, 2009; Bohnsack, 2020).

3ª Etapa: *abstração analítica* (Schütze, 2010)

Schütze (2010, p. 214) indica que as expressões identificadas em cada período da vida devem ser organizadas em uma sequência biográfica, sendo que, a partir desse momento, "a biografia como um todo é construída". No caso deste estudo, focamos em identificar as sequências dos eventos e experiências narradas. Weller fundamenta em Riemann[14] que durante o processo de abstração pode-se distinguir "entre os aspectos que são específicos da biografia do entrevistado e aqueles que podem ser generalizados, ou seja, que podem ser encontrados em outras biografias" (Weller, 2009, p. 8).

4ª Etapa: *análise do conhecimento* (Schütze, 2010)

Jovchelovitch e Bauer (2002, p.106-107) sugerem que nesse momento podem ser construídos conceitos e teorias gerais, reflexões a partir das "dimensões não-indexadas do texto" a serem investigadas como "análise do conhecimento". Analisam-se conceitos trazidos para "elucidar as declarações teóricas e argumentativas do informante sobre sua biografia e sua identidade tanto a partir das passagens narrativas das duas primeiras partes da entrevista quanto a partir da parte argumentativa e abstrata da entrevista narrativa" (Bohnsack, 2020, p. 122).

Segundo Weller (2009, p. 8), nessa fase o intérprete se dedica "às teorias desenvolvidas pelo entrevistado sobre sua história de vida e sua identidade". Outrossim, determinados acontecimentos ou escolhas realizadas pelo entrevistado sobre sua "biografia e sobre o seu próprio 'eu' podem surgir tanto nas passagens narrativas nas fases iniciais da entrevista, como na seção final ou parte conclusiva da entrevista narrativa" (Weller, 2009, p. 8).

5ª Etapa: *comparação contrastiva* (Schütze, 2010)

Nessa etapa agrupam-se e comparam-se as trajetórias individuais (Jovchelovitch; Bauer, 2002). É possível identificar concordâncias e semelhanças entre os casos (Bohnsack, 2020).

---

[14] Para a fonte utilizada por Weller (2009), *Cf.* RIEMANN, Gerhard. Erzählanalyse. *In:* BOHNSACK, Ralf; MAROTZKI, Winfried; MEUSER, Michael (org.). *Hauptbegriffe Qualitativer Sozialforschung.* Opladen: Leske + Budrich, 2003. p. 45-48.

6ª Etapa: *construção de um modelo teórico* (Schütze, 2010)

Segundo Weller (2009, p. 10), nessa última fase, "busca-se elaborar modelos teóricos sobre a trajetória biográfica de indivíduos pertencentes a grupos e condições sociais específicas". Desse modo, as trajetórias individuais são colocadas dentro do contexto da pesquisa e as semelhanças são estabelecidas (Jovchelovitch; Bauer, 2002).

Jovchelovitch e Bauer afirmam que as narrativas situam o sujeito que conta sua história, como também têm relação com o mundo ao redor desses indivíduos, ou seja, acreditam que as narrativas representam tanto o sujeito individual como a coletividade da trajetória do sujeito, que estas referenciam tanto o contador da história como o mundo além dele.

Flickinger (2014, p. 76-77) argumenta que

> Quem acompanha as pesquisas na área da pedagogia já percebeu, por certo, o amplo leque dos métodos de investigação que invadiu recentemente esse campo. A história oral, a análise de biografias ou a entrevista narrativa ganham cada vez mais interesse e espaço nas investigações vinculadas à área da educação. Esses procedimentos tentam dar conta da educação como campo de atuação caraterizado por sua pertença à esfera social e comunicativa. E sua marca comum é, como veremos, a abordagem hermenêutica.

Conforme o referido autor afirma acima, na área de Pedagogia o método de investigação ligado à história oral, à biografia ou entrevista narrativa tem como marca a hermenêutica. Segundo Flickinger a opção metodológica de análise biográfica e histórias de vida são crescentes no meio da pesquisa pedagógica, sendo um modelo valorizado para a possibilidade de construção de relações entre "a vida passada e a narrativa da pessoa que a viveu [...]. A análise interpretativa da narração é muito rica, porque revela não somente fatos históricos, mas também o modo como a pessoa conseguiu assimilar as experiências do passado no presente" (Flickinger, 2014, p. 78).

Com esse entendimento, o método proposto nesta pesquisa utiliza-se da interpretação dos dados investigados para compreender e desvelar sentidos nas narrativas das pedagogas entrevistadas e provocar novos debates em torno da construção de novos conhecimentos. A seguir explicitamos como estão distribuídas as etapas de análises em cada capítulo deste livro.

1.4 Distribuição das etapas do método nos capítulos do livro: analogia confluente

A partir do entendimento acerca do percurso epistêmico-metodológico da hermenêutica, com destaque dado ao pensamento ricoeuriano, mais especificamente no que se refere à tripla *mímesis* (Ricoeur, 2010a), e, compreendendo as bases teóricas da entrevista narrativa (Schütze, 2010; Jovchelovitch; Bauer, 2002; Weller, 2010, 2009; Clandinin; Connelly, 2011; Rosenthal, 2014; Hernández-Carrera; Matos-de-Souza; Souza, 2016), realizamos uma aproximação de elementos que percebemos como confluentes, dos quais distribuímos conforme as análises realizadas em cada capítulo do livro, como demonstrado a seguir:

Quadro 3. Confluência da entrevista narrativa com a tripla *mímesis* (Ricoeur, 2010a)

Capítulos do Livro	Fases da tripla *mímesis* (Ricoeur, 2010a)	Etapas de análise das entrevistas narrativas (Schütze, 2010; Jovchelovitch; Bauer, 2002; Weller, 2009; Bohnsack, 2020)
Capítulo 2	*Prefiguração*	1ª etapa – Análise formal do texto 2ª etapa – Descrição estrutural do conteúdo
Capítulo 3 Capítulo 4	*Configuração*	3ª etapa – Abstração analítica (trajetórias, experiências)
Capítulo 5	*Refiguração*	4ª etapa – Análise do conhecimento 5ª etapa – Comparação contrastiva 6ª etapa – Construção de um modelo teórico

Fonte: elaborado pela autora a partir das fontes indicadas

Como indicado no Quadro 3, desenvolvemos a seguinte estrutura em nossa pesquisa: no capítulo dois, apontamos a uma *prefiguração* das narrativas das pedagogas participantes combinando com as primeira e segunda etapas de análise de Schütze; nos capítulos três e quatro, continuamos a análise com a *configuração* das narrativas combinadas às terceira e quarta etapas de Schütze; e no capítulo cinco, finalizamos as análises com as quarta, quinta e sexta etapas de Schütze, confluindo com uma proposição teórica *(refiguração)* de modelo para a ideia do currículo narrativo que provém de uma pedagogia narrativa e identidade de pedagogas entrevistadas, conforme o objetivo geral da pesquisa. Pelo volume de dados gerados pelas entrevistas transcritas, optamos por adaptar o método distribuindo os passos de análise indicados por Schütze em cada questão de pesquisa e respectivos capítulos do livro, considerando a ótica do todo investigado. Desse modo, as referidas etapas do método de análise da entrevista narrativa estão ilustradas no gráfico a seguir, na Figura 1.

Figura 1. Ilustração do método de análise da entrevista narrativa

Fonte: elaborado pela autora a partir das fontes de pesquisa

Segundo Ricoeur (2011, p. 33), há uma passagem da "configuração na arena do texto narrativo para uma refiguração do mundo real do leitor fora do texto narrativo". Seu pensamento articula uma *configuração narrativa* que culmina em uma *refiguração da experiência temporal* (Ricoeur, 2010a). Dessa feita, nossa pesquisa articula uma confluência da tripla *mímesis* de Ricoeur às etapas da entrevista narrativa de Schütze, entendendo como um método de pesquisa narrativa, a fim de interpretar significações, vozes narrativas, saberes e experiências que constroem diferentes percepções ontológicas, ressignificações epistemológicas, pedagógicas e profissionais no vislumbre de um currículo narrativo de uma pedagogia narrativa de identidades de pedagogas participantes.

Conforme o exposto, optamos pela entrevista narrativa como um método de geração e análise de dados a fim de explorar os eventos e sua temporalidade articuladas às experiências das entrevistadas, bem como suas concepções acerca das questões propostas para o alcance do objetivo geral desta pesquisa.

No prosseguimento do trabalho, apresentamos o lócus da pesquisa com um panorama geral das universidades estaduais brasileiras e, na sequência, relatamos acerca dos sujeitos de pesquisa. Nos capítulos dois, três, quatro e cinco, realizamos as análises das narrativas na perspectiva do método referenciado.

1.5 Lócus da pesquisa: um panorama das universidades estaduais brasileiras

Fizemos uma busca avançada no Banco Digital de Teses e Dissertações sem marcação de data cronológica a respeito de teses e dissertações publicadas (todas) com os descritores combinados: "universidades estaduais" (no título) + "pedagogia" (todos os campos) + "pedagogos" (todos os campos). Da pesquisa aparecem somente dez trabalhos, sendo seis dissertações e quatro teses, conforme mostra o Quadro 4:

Quadro 4. Publicações da BDTD com os descritores: Universidades Estaduais + Pedagogos + Pedagogia (2005-2017)

Ano da Defesa	Tipo	Título	Autor	Instituição
2005	Dissertação	O perfil da diretoria acadêmica, o administrativo e o pedagógico: um estudo de caso em duas universidades estaduais paulistas	Santos, Wagner Garrido	UNESP Rio Claro
2006	Tese	Psicologia educacional: a vez e a voz dos acadêmicos de Pedagogia das universidades estaduais do Paraná	Leonor Dias Paini	USP
2007	Dissertação	A disciplina lazer e recreação na formação de professores de educação física: estudo sobre alguns tratos curriculares em universidades estaduais do Paraná	Schwarz, Liamara	UFSC

Ano da Defesa	Tipo	Título	Autor	Instituição
2010	Dissertação	Formação para uso das Tecnologias Digitais de Informação e Comunicação nas licenciaturas das universidades estaduais paulistas	Lopes, Rosemara Perpetua	UNESP Presidente Prudente
2011	Tese	A configuração da prática como componente curricular nos cursos de licenciatura em Ciências Biológicas das universidades estaduais da Bahia	Brito, Luisa Dias	UFSC
2015	Tese	Cursos de licenciatura em Pedagogia das universidades estaduais da Bahia: análise da formação matemática para a educação infantil	Brito, Mirian Ferreira de	PUC-SP
2016	Dissertação	Assessorias pedagógicas das universidades estaduais paulistas: concepções dos espaços institucionais de formação do docente universitário	Carrasco, Ligia Bueno Zangali	UNESP Rio Claro
2016	Dissertação	O processo de formação inicial de professores dos anos iniciais da EJA: uma análise do curso de Pedagogia de universidades estaduais de São Paulo	Farias, Alessandra Fonseca	UNESP Presidente Prudente
2016	Tese	Licenciatura em matemática das universidades estaduais da Bahia: origem e estado atual	Mattos, Robson Aldrin Lima	PUC-SP
2017	Dissertação	Desafios da permanência estudantil para a população alvo da educação especial nas universidades estaduais do Paraná: foco na UEL	Silva, Thayara Rocha	UEL

Fonte: elaborada pela autora com dados da pesquisa na BDTD (2020)[15]

---

[15] Em nova consulta ao Portal da BDTD, com acesso em 10 fev. 2021, permanecem os mesmos dados. Disponível em: http://bdtd.ibict.br/vufind/Search/Home.

Como mostra o Quadro 4, todas as publicações de dissertações e teses relacionadas com os descritivos buscados datam no período de 2005 a 2017. Dos dez trabalhos encontrados, nove foram realizados em universidades paulistas: na UNESP (quatro dissertações); na USP (uma tese); na UFSC (uma dissertação e uma tese) e na PUC-SP (duas teses). Fora do Estado de São Paulo, consta uma dissertação produzida no Parará, vinculada a Universidade Estadual de Londrina.

Esses dados verificados na BDTD revelam o quanto ainda é baixa a adesão, em teses e dissertações brasileiras, da escolha das universidades estaduais como lócus de pesquisa. A busca avançada não retornou trabalhos que tenham em seu título uma temática envolvendo a totalidade dessas instituições, somente estudos locais, como vimos no breve levantamento do Quadro 4. Esse dado nos incentivou a determinar a escolha desse lócus e optamos por investigar se nas universidades estaduais têm ou não a presença de pedagogos atuando no ambiente universitário. Em virtude da amplitude geográfica do território brasileiro, elegemos uma pedagoga para representar, simbolicamente, cada uma das regiões administrativas brasileiras.

Ademais, observamos que desde o ano 2016 as primeiras colocadas no *Times Higher Education Latin America – University Rankings* (THE[16]) na América Latina são universidades estaduais brasileiras. O THE classifica as melhores universidades da América Latina e do Caribe e é conhecida pela avaliação criteriosa de instituições de ensino superior em âmbito internacional. A Universidade de São Paulo (USP) e a Universidade Estadual de Campinas (UNICAMP) têm revezado entre si a posição de primeiro e segundo lugares no referido ranking, no entanto esse cenário mudou em 2019, quando a PUC-Chile assumiu a primeira posição permanecendo até 2023. Em 2024 a USP e a UNICAMP ficaram na primeira e segunda posição, respectivamente, e a PUC-Chile no terceiro lugar.

No intuito de identificar a quantidade e os nomes das universidades estaduais brasileiras cadastradas no Ministério da Educação, consultamos o e-MEC — Cadastro Nacional de Cursos e Instituições de Educação Superior — regulamentado pela Portaria Normativa n.º 21, de 21/12/2017. Trata-se de uma base de dados oficiais de todos os cursos e Instituições de Educação Superior – IES brasileiras. "[...] Os dados do Cadastro e-MEC

---

[16] O *"Times Higher Education Latin America"* é um ranking elaborado pela publicação britânica *Times Higher Education (THE)*. Disponível em: https://www.timeshighereducation.com/.

devem guardar conformidade com os atos autorizativos dos cursos e das IES, editados pelo Poder Público ou órgão competente das instituições nos limites do exercício de sua autonomia" (e-MEC, 2020)[17].

Ao consultarmos o portal do e-MEC a respeito do número de Instituições de Ensino Superior – IES estaduais públicas brasileiras, utilizando a opção por "categoria administrativa", obtivemos os seguintes dados: 42 universidades estaduais; 99 faculdades; dois centros universitários; um instituto e cinco escolas superiores.

Antes de apresentarmos os quadros referentes às universidades estaduais, elaboramos um quadro geral desses dados informados acima, das Instituições de Ensino Superior – IES estaduais e públicas brasileiras, por organização acadêmica, incluindo Centros Universitários, Faculdades e Escolas de governo, a fim de visualizarmos a amplitude desse setor.

---

[17] O Portal e-MEC está disponível em: https://emec.mec.gov.br/. Consulta em 9 out. 2020.

CURRÍCULO NARRATIVO: PEDAGOGIAS, IDENTIDADES E EXPERIÊNCIAS DE PEDAGOGAS

Quadro 5. Instituições de ensino superior estaduais e públicas brasileiras por categoria administrativa (exceto universidades)

Cidade	Centros Universitários	Faculdades	Institutos	Escolas de Governo
Rio de Janeiro/RJ	1. Centro Universitário Estadual da Zona Oeste (UEZO – RJ)	1. Faculdade de Educação Tecnológica do Estado do Rio de Janeiro (FAETERJ R de Janeiro) 2. Instituto Superior De Educação da Zona Oeste (ISE Zona Oeste) 3. Instituto Superior de Educação do Rio de Janeiro (ISERJ)		1. Escola Superior de Advocacia Pública -(ESAP/PGE-RJ)
Barra Mansa/RJ		1. Faculdade de Educação Tecnológica Barra Mansa (FAETERJ B. Mansa)		
Duque de Caxias/RJ		1. Faculdade de Educação Tecnológica do Estado do Rio de Janeiro (FAETERJ Caxias)		
Paracambi/RJ		1.Faculdade de Educação Tecnológica do Estado do Rio de Janeiro (FAETERJ Paracambi)		
Petrópolis/RJ		1. Faculdade de Educação Tecnológica do Estado do Rio de Janeiro (FAETERJ Petrópolis)		
Itaperuna/RJ		1. Faculdade de Educação Tecnológica do Estado do Rio De Janeiro (FAETERJ Itaperuna)		
Santo Antonio de Pádua/RJ		1.Faculdade de Educação Tecnológica do Estado do Rio de Janeiro (FAETERJ S Ant. Pádua)		

Cidade	Centros Universitários	Faculdades	Institutos	Escolas de Governo
Bom Jesus do Itabapoana/RJ		1. Faculdade de Educação Tecnológica do Estado do Rio de Janeiro (FAETERJ BJ Itabapona)		
Três Rios/RJ		1. Faculdade de Educação Tecnológica do Estado do Rio de Janeiro - Faeterj (FAETERJ Três Rios)		
Campos dos Goytacazes/RJ		1. Instituto Superior de Educação Professor Aldo Muylaert (ISEPAM); 2. Instituto Superior de Tecnologia em Horticultura (ISTHORTICULTURA)		
Brasília /DF		1. Escola Superior de Ciências da Saúde (ESCS); 2. Escola Superior de Gestão (ESGe).		
Belo Horizonte/MG		1. Centro de Educação Técnica da UTRAMIG (UTRAMIG) - (desde 1973); 2. Escola de Governo Professor Paulo Neves de Carvalho (EG); 3. Academia de Política Militar de Minas Gerais (Faculdade); 4. Centro de Educação Técnica da UTRAMIG (UTRAMIG); 5. Escola de Governo Professor Paulo Neves de Carvalho (EG).		1. Escola de Contas e Capacitação Professor Pedro Aleixo; 2. Escola de Conta e Capacitação Professor Pedro Aleixo.

Cidade	Centros Universitários	Faculdades	Institutos	Escolas de Governo
Pernambuco/PE				1. Escola de Governo em Saúde Pública de Pernambuco (ESPPE)
Vitória/ES		1. Academia de Política Militar do Espírito Santo (Faculdade); 2. Faculdade de Música do Espírito Santo "Maurício de Oliveira" (FAMES).		
Florianópolis/SC		1. Faculdade da Polícia Militar de Santa Catarina (FAPOM)		1. Academia Judicial do Tribunal de Justiça de Santa Catarina (AJ)
Marília/SP	1.Faculdade de Tecnologia Estudante Rafael A. Camarinha (FATEC Marília)	1. Faculdade de Medicina de Marília (FAMEMA)		
São José do Rio Preto/SP		1. Faculdade de Medicina de São José do Rio Preto (FAMERP)		
Adamantina/SP		1. Faculdade de Tecnologia de Adamantina		
Americana/SP		1. Faculdade de Tecnologia de Americana (FATEC-AM)		

Cidade	Centros Universitários	Faculdades	Institutos	Escolas de Governo
Araçatuba/SP		1. Faculdade de Tecnologia de Araçatuba (FATEC Araçatuba)		
Araraquara/SP		1. Faculdade de Tecnologia de Araraquara (FATEC ARQ)		
Araras/SP		1. Faculdade de Tecnologia de Araras		
Assis/SP		1. Faculdade de Tecnologia de Assis (FATEC Assis)		
Barueri/SP		1. Faculdade de Tecnologia de Barueri (FATEC Barueri)		
Bauru/SP		1. Faculdade de Tecnologia de Bauru (FATEC)		
Botucatu/SP		1. Faculdade de Tecnologia de Botucatu (FATEC)		
Bragança Paulista/SP		1. Faculdade de Tecnologia de Bragança Paulista		
Campinas/SP		1. Faculdade de Tecnologia de Campinas (FATEC CAMPINAS)		
Capão Bonito/SP		1.Faculdade de Tecnologia de Capão Bonito (FATEC-CB)		
Carapicuíba/SP		1. Faculdade de Tecnologia de Carapicuíba (FATEC)		

Cidade	Centros Universitários	Faculdades	Institutos	Escolas de Governo
Catanduva/SP		1. Faculdade de Tecnologia de Catanduva (FATEC Catanduva)		
Cotia/SP		1. Faculdade de Tecnologia de Cotia (FATEC COTIA)		
Diadema/SP		1. Faculdade de Tecnologia de Diadema Luigi Papaiz (FATEC DIADEMA)		
Ferraz de Vasconcelos/SP		1. Faculdade de Tecnologia de Ferraz de Vasconcelos		
Franco da Rocha/SP		1. Faculdade de Tecnologia de Franco da Rocha		
Garça/SP		1.Faculdade de Tecnologia de Garça (FATEC GA)		
Guaratinguetá/SP		1. Faculdade de Tecnologia de Guaratinguetá (FATEC GT)		
Guarulhos/SP		1.Faculdade de Tecnologia de Guarulhos (FATEC GR)		
Indaiatuba/SP		1. Faculdade de Tecnologia de Indaiatuba (FATEC-ID)		
Itapetininga/SP		1. Faculdade de Tecnologia de Itapetininga - Prof. Antônio Belizandro Barbosa Rezende (FATEC - Itapetininga)		

Cidade	Centros Universitários	Faculdades	Institutos	Escolas de Governo
Itapira/SP		1. Faculdade de Tecnologia de Itapira (FATEC Itapira)		
Itaquaquecetuba/SP		1. Faculdade de Tecnologia de Itaquaquecetuba (FATEC ITAQUA)		
São Paulo/SP		1. Faculdade de Tecnologia de Itaquera (FATEC ITAQUERA) 2. Faculdade de Tecnologia de São Paulo (FATEC-SP) 3. Faculdade de Tecnologia do Ipiranga (FATECIPI) 4. Faculdade de Tecnologia do Tatuapé (FATEC-TT) 5. Faculdade de Tecnologia Sebrae (FATEC SEBRAE) 6. Faculdade de Tecnologia Zona Leste (FATEC-ZL) 7. Faculdade de Tecnologia da Zona Sul (FATEC ZONASUL)	1.Instituto de Assistência Médica ao Serviço Público Estadual (IAMSPE)	
Itatiba/SP		1.Faculdade de Tecnologia de Itatiba (FATEC Itatiba)		
Jacare/SP		1. Faculdade de Tecnologia de Jacareí (FATEC Jacareí)		
Jaú/SP		1. Faculdade de Tecnologia De Jahu (FATEC-JAHU)		
Jales/SP		1. Faculdade de Tecnologia de Jales (FATEC Jales)		

Cidade	Centros Universitários	Faculdades	Institutos	Escolas de Governo
Jundiaí/SP		1. Faculdade de Tecnologia de Jundiaí (FATEC/JD)		
Matão/SP		1. Faculdade de Tecnologia de Matão		
Mauá/SP		1. Faculdade de Tecnologia de Mauá (FATEC MAUÁ)		
Mococa/SP		1. Faculdade de Tecnologia de Mococa (FATEC)		
Mogi das Cruzes/SP		1.Faculdade de Tecnologia de Mogi das Cruzes (FATEC-MC)		
Osasco/SP		1. Faculdade de Tecnologia de Osasco - Prefeito Hirant Sanazar (FATEC Osasco)		
Ourinhos/SP		1. Faculdade de Tecnologia De Ourinhos (FATEC)		
Pindamo-nhangaba/SP		1.Faculdade de Tecnologia de Pindamonhangaba (FATEC PI)		
Piracicaba/SP		1.Faculdade de Tecnologia de Piracicaba (FATEC)		
Pompeia/SP		1.Faculdade de Tecnologia de Pompeia - Shunji Nishimura (FATEC Pompeia)		
Praia Grande/SP		1.Faculdade de Tecnologia de Praia Grande (FATECPG)		

Cidade	Centros Universitários	Faculdades	Institutos	Escolas de Governo
Presidente Prudente/SP		1.Faculdade de Tecnologia de Presidente Prudente (FATEC)		
Santana de Parnaíba/SP		1. Faculdade de Tecnologia de Santana de Parnaíba (FATEC-SPB)		
São Bernardo do Campo/SP		1.Faculdade de Tecnologia de São Bernardo do Campo (FATEC-SB)		
São Caetano do Sul/SP		1.Faculdade de Tecnologia de São Caetano do Sul (FATEC SCS)		
São Carlos/SP		1.Faculdade de Tecnologia de São Carlos (FATEC São Carlo)		
São José do Rio Preto/SP		1.Faculdade de Tecnologia de São José do Rio Preto (FATECRP)		
São José dos Campos/SP		1.Faculdade de Tecnologia de São José dos Campos - Jessen Vidal (FATECSJCAMPOS)		
São Roque/SP		1.Faculdade de Tecnologia de São Roque (FATEC-SR)		
São Sebastião/SP		1.Faculdade de Tecnologia de São Sebastião (FATEC SS)		

CURRÍCULO NARRATIVO: PEDAGOGIAS, IDENTIDADES E EXPERIÊNCIAS DE PEDAGOGAS

Cidade	Centros Universitários	Faculdades	Institutos	Escolas de Governo
Sertãozinho/SP		1.Faculdade de Tecnologia de Sertãozinho (FATEC Sertãozinho)		
Sorocaba/SP		1.Faculdade de Tecnologia de Sorocaba (FATEC SO)		
Sumaré/SP		1. Faculdade de Tecnologia de Sumaré (FATEC de Sumaré)		
Taquaritinga/SP		1. Faculdade de Tecnologia de Taquaritinga (FATEC/TQ)		
Tatuí/SP		1. Faculdade de Tecnologia de Tatuí - Prof. Wilson Roberto Ribeiro de Camargo (FATEC TATUÍ)		
Taubaté/SP		1. Faculdade de Tecnologia de Taubaté (FATEC Taubaté)		
Itu/SP		1. Faculdade de Tecnologia Dom Amaury Castanho (FATEC Itu)		
Franca/SP		1. Faculdade de Tecnologia Dr. Thomaz Novelino (FATEC Franca)		
Ribeirão Preto/SP		1.Faculdade de Tecnologia - Fatec de Ribeirão Preto		
Bebedouro/SP		1. Faculdade de Tecnologia Jorge Caram Sabbag (FATEC Bebedouro)		

Cidade	Centros Universitários	Faculdades	Institutos	Escolas de Governo
Jaboticabal/SP		1. Faculdade de Tecnologia Nilo de Stéfani - Jaboticabal (FATEC JBL)		
Lins/SP		1. Faculdade de Tecnologia Professor Antônio Seabra (FATEC Lins)		
Santos/SP		1. Faculdade de Tecnologia Rubens Lara (FATEC-BS)		
Santo André/SP		1. Faculdade de Tecnologia Santo André (FATEC-SA)		
Mogi Mirim/SP		1. FATEC Arthur Azevedo - Mogi Mirim (FATEC MM)		
Cruzeiro/SP		1. FATEC Cruzeiro - Prof. Waldomiro May		
Natal/RN		1. Instituto de Educação Superior Presidente Kennedy - Centro de Formação de Profissionais de Educação (IFESP)		
Teresina/PI		1. Instituto Superior de Educação Antonino Freire - ISEAF (ISEAF)		
Total	2	99	1	5

Fonte: elaborado pela autora a partir de informações do Portal e-MEC (2020)

A título de informação, essas IES variam em sua razão social, podendo ser fundações, tribunais, secretarias, faculdades ou centros universitários. Verificamos pelas informações constantes no e-MEC que temos hoje no Brasil (Quadro 5): dois centros universitários, sendo um na cidade do Rio de Janeiro/RJ e o outro na cidade de Marília/SP; 99 faculdades espalhadas em oito estados e duas no Distrito Federal, sendo a maior concentração no Estado de São Paulo, com 74 faculdades (sendo sete faculdades somente na capital), o Rio de Janeiro dispõe de 13 faculdades (sendo três na capital), e em Minas Gerais são cinco faculdades (todas na capital, Belo Horizonte); há um Instituto credenciado na cidade de São Paulo e cinco Escolas de Governo credenciadas para as cidades do Rio de Janeiro/RJ (1), Belo Horizonte/MG (2), Pernambuco/PE (1) e Florianópolis/SC (1). Com essa breve pesquisa, observamos que todas essas instituições têm autonomia de gestão institucional conforme a legislação vigente de leis federais, estaduais e distrital, no caso do Distrito Federal.

Nossa busca pelas universidades no e-MEC encontrou dados que no Brasil existem cinco universidades municipais credenciadas na categoria "pública"[18] conforme demonstrados na tabela 1:

Tabela 1. Universidades Municipais Brasileiras (2021-2023)

Nº	Cidade Estado	Nome/ Sigla	Data do Ato de Criação	Tipo de credenciamento	Regime/mantenedor	Categoria
1	Gurupi/ TO	Universidade de Gurupi (UnirG)	1985	presencial	A Fundação UnirG é a mantenedora da Universidade de Gurupi – UnirG. Uma autarquia pública municipal de direito público.	Pública
2	Rio Verde/ GO	Universidade de Rio Verde (UniRV)	1973	Presencial/ EaD[19]	Mantida pela FESURG – Fundação do ensino Superior de Rio Verde, criada por Leis Municipais e mantida pelo Município.	Pública

[18] Em 2021 os dados do e-MEC indicaram que as cinco universidades municipais tinham o tipo da "categoria administrativa" como "pública municipal". No entanto, em 2023, observamos que em duas delas, na UnirG e na UNITAU, houve alteração desta categoria para o tipo "especial", sendo que as outras universidades municipais – FESURV, USCS e FURB – ainda permanecem como "públicas municipais".

[19] Nossa consulta ao e-MEC em 2021 verificou que o tipo de credenciamento da Universidade de Rio Verde (UniRV) era para a modalidade presencial, sendo percebido em 2023 que aparecem as duas modalidades, presencial e a distância.

Nº	Cidade Estado	Nome/ Sigla	Data do Ato de Criação	Tipo de credencia-mento	Regime/mantene-dor	Cate-goria
3	Taubaté/ SP	Universi-dade de Taubaté (UNITAU)	1974	presencial/ EaD	Instituição Municipal de Ensino Superior, autarquia educacional de regime especial	Pública
4	São Cae-tano do Sul/SP	Univer-sidade Municipal de São Caetano do Sul (USCS)	1967	presencial/ EaD	Instituída pela Prefei-tura Municipal de São Caetano do Sul como autarquia de regime especial.	Pública
5	Blume-nau/ SC	Univer-sidade Regio-nal de Blumenau (FURB)	1968	presencial/ EaD	Mantida pela Fun-dação Universidade Regional de Blume-nau - FURB, órgão autônomo do Poder Executivo Municipal, uma instituição oficial de direito público e autarquia municipal de regime especial.	Pública

Fonte: elaborado pela autora a partir de dados do e-MEC (2021-2023)

De posse dessas informações obtidas da consulta por categoria administrativa das IES conduzidas pelos estados (Quadro 5) e das univer-sidades públicas municipais (Tabela 1), buscamos os dados quantitativos relacionados às **universidades estaduais** a fim de verificarmos a presença (ou não) de pedagogos especificamente nestas instituições, enfoque desta pesquisa. Assim, após a consulta no e-MEC (2020) elaboramos a Tabela 2 que apresenta os dados quantitativos das universidades estaduais bra-sileiras por região administrativa.

Tabela 2. Quantidade de Universidades Estaduais Brasileiras por região administrativa

Região Administrativa	Estados	Universidades Estaduais	Total da Região
Região Norte	Amapá	1	
	Amazonas	1	
	Pará	1	
	Roraima	1	5
	Tocantins	1	
Região Centro-Oeste	Goiás	1	
	Mato Grosso	1	
	Mato Grosso do Sul	1	4
	Distrito Federal	1	
Região Nordeste	Alagoas	2	
	Bahia	4	
	Ceará	3	
	Maranhão	3	
	Paraíba	1	
	Pernambuco	1	16
	Piauí	1	
	Rio Grande do Norte	1	
Região Sudeste	Minas Gerais	2	
	Rio de Janeiro	2	
	São Paulo	4	8
Região Sul	Paraná	7	
	Rio Grande do Sul	1	
	Santa Catarina	1	9
Total	--	--	42

Fonte: elaborado pela autora a partir de dados informados no e-MEC (2020-2022)

Conforme demonstrado na tabela 2, a Região Norte tem cinco universidades estaduais; a Região Nordeste, com o maior número, tem 16 universidades; a Região Centro-Oeste, quatro universidades; a Região Sudeste tem oito instituições; e a Região Sul, a segunda com o maior número, tem nove universidades, e destas sete estão no Paraná. As Unidades Federativas que não dispõem de universidades estaduais são: Acre, Sergipe, Rondônia e Espírito Santo. Ilustramos a disposição desta tabela no Mapa do Brasil (Figura 2).

Figura 2. Mapa do Brasil com a quantidade de universidades estaduais

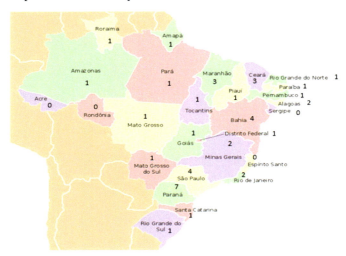

Fonte[20]: elaborado pela autora com dados de pesquisa e-MEC (2020-2021)

Em relação ao Distrito Federal, verificamos no e-MEC (2020) que a Fundação Universidade Aberta do Distrito Federal (FUNAB)[21] estava com o credenciamento de suas Escolas Superiores na categoria de Faculdades,

---

[20] Mapa Brasil: https://commons.wikimedia.org/wiki/File:Mapa_do_Brasil_%28Nomes_dos_Estados%29.svg. (Licença CC BY-SA 4.0). Acesso em: 9 dez. 2020

[21] A primeira referência legal de criação de uma universidade pública a ser mantida pelo governo do Distrito Federal (DF) é na Lei nº 403/1992. Em 1993 a Lei Orgânica do DF (LODF) determinou a criação de um sistema próprio de ensino superior público no DF. Desse marco e nos anos seguintes, foram criados cursos em Escolas Superiores, no entanto, a criação da FUNAB como mantenedora da educação superior no Distrito Federal foi autorizada somente pela Lei Nº 5.141/2013 e instituída pelo Decreto DO/DF nº 34.591, de 22 de agosto de 2013. Para mais informações detalhadas acerca de todo o percurso histórico da FUNAB, consultar o Portal institucional. Nele encontram-se também artigos que abordam perspectivas para a criação da Universidade do Distrito Federal. Disponível em: http://www.funab.se.df.gov.br/ e https://projetoundf.com.br/historico/. Acesso em: 21 abr. 2021.

entretanto um projeto de criação da Universidade do Distrito Federal estava tramitando na Câmara Legislativa no DF. Esse processo de criação teve um percurso historiado no portal institucional e foi um movimento que ganhou forças por meio da parceria de várias instituições, com inúmeros profissionais e professores envolvidos. Foi inaugurado um projeto de apoio à criação da Universidade com a realização de um seminário virtual com o título "Perspectivas e desafios para a Universidade do Distrito Federal"[22], que reuniu várias instituições e números pesquisadores que debateram a relevância da criação da Universidade do Distrito Federal[23].

Na busca de dados sobre o lócus da pesquisa durante a pandemia de 2020, conversamos por telefone com uma das coordenadoras da FUNAB, que nos falou a respeito das expectativas para a criação da Universidade do Distrito Federal. Em resposta a um e-mail que enviamos solicitando informações acerca da presença de pedagogos concursados como técnicos em seu quadro, comunicou-nos que ainda não tinham esse profissional em sua equipe.

Pouco tempo após concluirmos a pesquisa que gerou este livro, a Universidade do Distrito Federal (UnDF) Professor Jorge Amaury Maia Nunes foi criada pela Lei Complementar n.º 987, de 26 de julho de 2021[24], como uma fundação pública, com regime jurídico de direito público integrante da administração indireta vinculada à Secretaria de Estado de Educação do Distrito Federal, com sede e foro em Brasília.

Assim, espera-se que nos processos de implantação daquela Universidade seja possível integrar pedagogos no que tange à assessoria pedagógica universitária. Aproveitando o ensejo, registramos o total apoio ao vultuoso Projeto, que objetiva ampliar a oferta de vagas para o ingresso de estudantes no ensino superior, expandindo assim as oportunidades de crescimento social, econômico, tecnológico e científico do DF e da Região Integrada de Desenvolvimento do Distrito Federal e Entorno (RIDE).

Na continuidade de nosso percurso metodológico, e em virtude do ano de 2020 estar em terrível pandemia global do vírus covid-19, com todas as atividades escolares presenciais-físicas do Brasil e do mundo suspensas, tendo

---

[22] O Seminário *"Perspectivas e desafios para a Universidade do Distrito Federal"* está disponível em: https://www.youtube.com/watch?v=AZRHbHqEFKY&t=9401s. Acesso em: 21 abr. 2021.

[23] Foi realizada uma parceria entre a FAPDF, a FUNAB e o Cebraspe para fortalecer a política de educação superior pública distrital a partir do desenvolvimento de uma série de estudos para a implantação da Universidade do Distrito Federal – UnDF e a oferta de educação superior. Fonte: Projeto Universidade do Distrito Federal, *Cf.* https://projetoundf.com.br/.

[24] Conferir o Estatuto da Universidade do Distrito Federal (UnDF, 2022). Disponível em: https://universidade.df.gov.br/estatuto/. Consulta em: 1/12/2022.

somente os endereços de e-mails como única forma de contato direto com os setores responsáveis pelos registros de pessoal das universidades estaduais, procedemos da seguinte forma para a geração de dados: redigimos mensagens explicando o objetivo de nossa pesquisa, sendo, portanto, solicitados:

1. Se a universidade tinha pedagogos (técnicos) e quantos;

2. Qual o nome do cargo na instituição, se era pedagogo ou tinha outra nomenclatura, como técnico em assuntos educacionais, técnico de nível superior, analista etc., cujo concurso e/ou processo seletivo da universidade exigiu-se a formação no curso de Pedagogia;

3. Qual era forma de ingresso no cargo (se concurso ou processo seletivo);

4. Qual o local de lotação (campus ou campi), se possível.

Os endereços eletrônicos dos setores destinatários foram anotados das páginas institucionais da internet. Algumas universidades responderam na mesma semana, outras demoram meses para responder ou não responderam. Então começamos várias rodadas de mensagens e íamos enviando para e-mails diferentes disponibilizados para o público no site das universidades pesquisadas, com a expectativa de um retorno em meio à pandemia.

Outro modo de tentativa de obtenção desses dados foi acessando o Portal Transparência de cada estado para verificar se tinham disponibilizado à consulta pública os cargos de servidores pedagogos, no entanto poucos estados disponibilizam de forma clara e de fácil acesso. Ao confrontarmos os dados encontrados nos portais de alguns estados pesquisados com os dados informados pelos setores de pessoal, percebemos diferenças; preferimos, portanto, permanecer com os dados informados pelas universidades quando nos fora retornado o contato realizado.

Dessa feita, os setores foram realizando a devolutiva da pesquisa e aos poucos o volume de informações foi ganhando corpo. Chegamos ao final de 2020 com dados de 26 universidades estaduais respondentes, mas ainda tínhamos 16 universidades que não retornavam nenhuma informação, sequer confirmado o recebimento das mensagens. Entendemos que nesse ínterim houve muitos ajustes internos em todas as instituições de ensino superior e da educação básica tanto no Brasil como no mundo para um mínimo de atendimento remoto. No entanto algumas instituições conseguiram se sobressair com maior presteza e agilidade no quesito "atendimento ao público" de modo on-line do que outras, que demoraram a "adequar-se". Essa demora de "adequação remota" de determinadas universidades estaduais, devido à urgência sanitária provocada pela pandemia, dificultou o acesso às informações públicas específicas para aqueles que tinham interesse em obtê-las, especialmente pesquisadores.

Assim, apresentamos a seguir os dados com a quantidade de pedagogos/as que atuam em universidades estaduais brasileiras, como fruto de investigação realizada no ano de 2020 e início de 2021, por meio de contato remoto. Para a construção desses dados, recorremos aos respectivos setores responsáveis: Departamentos de Recursos Humanos; e/ou Pró-Reitorias de Gestão de Pessoas e/ou Pró-Reitorias Administrativas, demonstrados nas tabelas a seguir.

Tabela 3. Pedagogos nas universidades estaduais da Região Norte

Seq.	Universidades	Criação[25]	Pedagogos ou outra nomenclatura (com exigência da formação em Pedagogia)	Forma de ingresso
1	Universidade do Estado do Amapá (UEAP)	2006	**Pedagogos: 09**	Concurso
2	Universidade do Estado do Amazonas (UEA)	2001	Pedagogos: 03 Profissional das áreas de Humanas e Sociais 1ª Classe Nível B (relotação): 05 Assessor Técnico Nível III: 01 Gerente: 01 Auxiliar de Gabinete: 01 Secretário de Curso: 01 **Total UEA: 12 profissionais**	Concurso cargo comissionado
3	Universidade do Estado do Pará (UEPA)	1993	Técnico Superior em Pedagogia: 43 Técnico em Educação: 01 Técnico em Assuntos Educacionais: 02 Orientador Educacional: 01 **Total UEPA: 47 profissionais**	Servidores efetivos Servidor cedido de outro órgão

---

[25] Conforme dados informados no e-MEC. Disponível em https://emec.mec.gov.br/. Consulta em 9 out. 2020.

Seq.	Universidades	Criação[25]	Pedagogos ou outra nomenclatura (com exigência da formação em Pedagogia)	Forma de ingresso
4	Universidade Estadual de Roraima (UERR)	2018	**Pedagogos: 4**	Concurso
5	Universidade Estadual do Tocantins (UNITINS)	1990	Foi informado que não dispõem de profissional com este perfil	--
	Total Região Norte	--	**68**	

Fonte: elaborado pela autora com dados da pesquisa (2020-2021)

Da Região Norte, recebemos os dados solicitados da seguinte forma: a UEA, a UEPA e a UNITINS informaram via e-mails por intermédio de seus Departamentos de Pessoal ou Gerências de Recursos Humanos. Os dados relativos ao pessoal da UERR estão disponíveis na página institucional do DRH – Departamento de Recursos Humanos[26] e os dados apresentados da UEAP foram obtidos por meio de informações do Portal da Transparência do Governo do Estado do Amapá[27].

Tabela 4. Pedagogos nas universidades estaduais da Região Nordeste

Seq.	Universidades	Criação[28]	Pedagogos ou outra nomenclatura (mas com a exigência da formação em Pedagogia)	Forma de Ingresso
1	Universidade Estadual de Alagoas (UNEAL)	2006	Não informado	--
2	Universidade Estadual de Ciências da Saúde de Alagoas (UNCISAL)	1970	Não informado	--

---

[26] Página institucional do Departamento de Recursos Humanos (DHR) da UERR, disponível em: https://www.uerr.edu.br/progesp/. Acesso em 09 out. 2020

[27] Portal da Transparência do Estado do Amapá, disponível em: http://www.transparencia.ap.gov.br/. Consulta em: 13 out. 2020.

[28] Conforme dados informados no *e-MEC*. Disponível em https://emec.mec.gov.br/. Consulta em: 9 out. 2020.

CURRÍCULO NARRATIVO: PEDAGOGIAS, IDENTIDADES E EXPERIÊNCIAS DE PEDAGOGAS

Seq.	Universidades	Criação[28]	Pedagogos ou outra nomenclatura (mas com a exigência da formação em Pedagogia)	Forma de Ingresso
3	Universidade do Estado da Bahia (UNEB)	1983	Analistas universitários: 62 Sendo: 58 servidores da UNEB; e 04 servidores são cedidos de outros órgãos estaduais. **Total UNEB: 62 profissionais**	Concurso
4	Universidade Estadual de Feira de Santana (UEFS)	1970	**Analistas universitários: 17**	Concurso
5	Universidade Estadual de Santa Cruz (UESC)	1991	**Analistas universitárias: 02**	
6	Universidade Estadual do Sudoeste da Bahia (UESB)	1980	**Pedagogos: 15**	Processo seletivo
7	Universidade Estadual do Ceará (UECE)	1975	**Técnicos de Assuntos Educacionais: 8 (pedagogos)** (formação em curso de Pedagogia ou licenciatura plena em qualquer área)	Concurso
8	Universidade Estadual Vale do Acaraú (UVA)	1968	Não informado	--
9	Universidade Regional do Cariri (URCA)	1986	Foi informado que a instituição não dispõe desse profissional[29]	--
10	Universidade Estadual do Maranhão (UEMA)	1972	**Pedagogos: 85**	Concurso
11	Universidade Estadual da Região Tocantina do Maranhão (UEMASUL)	2016	Foi informado que a instituição não dispõe desse profissional	--

---

[29] A informação foi recebida por meio de contato telefônico com a URCA, realizado no dia 20 nov. 2020.

Seq.	Universidades	Cria-ção[28]	Pedagogos ou outra nomenclatura (mas com a exigência da formação em Pedagogia)	Forma de Ingresso
12	Universidade Estadual da Paraíba (UEPB)	1966	**Técnico-Administrativo Universitário/Pedagogos: 5**	Concurso
13	Universidade de Pernambuco (UPE)	1960	**Analista Técnico em Gestão Universitária/Pedagogo: 11** (10 estatutários e um contrato por tempo determinado)	Concurso Contrato Temporário
14	Universidade Estadual do Piauí (UESPI)	1988	Não informado	---
15	Universidade do Estado do Rio Grande do Norte (UERN)	1968	Técnico de Nível Superior/Pedagogo: 04 Técnico de Nível Superior/Psicopedagogo: 03 **Total UERN: 07 profissionais**	Concurso
16	Universidade Virtual do Estado do Maranhão (UNIVIMA)	2008	Não informado	--
	Total Região Nordeste	--	**212**	

Fonte: Elaborado pela autora com dados da pesquisa (2020-2021)

Em relação à Região Nordeste, os dados desta pesquisa foram construídos em grande parte por contatos via e-mail (2020-2021) para os setores responsáveis nessas universidades. Com as informações recebidas, o panorama revela a presença de 212 pedagogos atuando em áreas profissionais da referida região.

CURRÍCULO NARRATIVO: PEDAGOGIAS, IDENTIDADES E EXPERIÊNCIAS DE PEDAGOGAS

Tabela 5. Pedagogos nas universidades estaduais da Região Centro-Oeste

Seq.	Universidades	Criação[30]	Pedagogos ou outra nomenclatura (com exigência da formação em Pedagogia)	Forma de ingresso
1	Universidade Estadual de Goiás (UEG)	1999	Não informado	--
2	Universidade do Estado de Mato Grosso (UNEMAT)	1978	Técnico universitário da educação superior – especialidade pedagogo: **08**	Concurso
3	Universidade Estadual de Mato Grosso do Sul (UEMS)	1993	Foi informado que a instituição não dispõe desse profissional	--
4	Universidade do Distrito Federal (UnDF)	2021	Foi informado que a instituição não dispõe desse profissional	--
	Total Região Centro-Oeste	--	**08**	

Fonte: elaborado pela autora com dados da pesquisa (2020-2021)

Como demonstrado na tabela 5, constatamos pelas informações recebidas que somente a UNEMAT do Centro-Oeste dispõe de pedagogos, o que deixa evidente a situação de precariedade de quadros de pessoal em que se encontram as universidades estaduais.

Tabela 6. Pedagogos nas universidades estaduais da Região Sudeste

Seq.	Universidades	Criação[31]	Pedagogos ou outra nomenclatura (com exigência da formação em Pedagogia)	Forma de ingresso
1	Universidade do Estado de Minas Gerais (UEMG)	1994	Não informado	--

---

[30] Conforme dados informados no e-MEC. Disponível em https://emec.mec.gov.br/. Consulta em: 1 dez. 2022.

[31] Conforme dados informados no e-MEC. Disponível em https://emec.mec.gov.br/. Consulta em: 9 out. 2020.

Seq.	Universidades	Criação[31]	Pedagogos ou outra nomenclatura (com exigência da formação em Pedagogia)	Forma de ingresso
2	Universidade Estadual de Montes Claros (UNIMONTES)	1962	Analista Universitário da Saúde – Assistência na área de Pedagogia Hospitalar: 01 Analista Universitário – Assistência na área Pedagógica: 01 **Total UNIMONTES: 02**	Concurso Processo seletivo[32]
3	Universidade do Estado do Rio de Janeiro (UERJ)	1950	**Pedagogos: 55** De acordo com dados informados na pesquisa, desses pedagogos, 12 ocupam cargos em comissão e seis estão em funções gratificadas, ou seja, 18 pedagogos em funções de liderança ou assessoria.	Concurso
4	Universidade Estadual do Norte Fluminense Darcy Ribeiro (UENF)	1993	Foi informado que a instituição não dispõe desse profissional	--
5	Universidade de São Paulo (USP)	1934	**Professor de Educação Infantil – PROFEI/USP: 58** De acordo com dados informados pela Instituição, exige-se a formação em Pedagogia, modalidade licenciatura	Concurso
6	Universidade Estadual de Campinas (UNICAMP)	1962	Pedagogos: 16 PAEPE - Profissionais da Educação Básica - Professor de nível superior na educação infanto-juvenil: 106 **Total UNICAMP: 122**	Concurso
7	Universidade Estadual Paulista "Júlio de Mesquita Filho" (UNESP)	1976	**Pedagogo e Agente de desenvolvimento Infantil: 84** De acordo com os dados informados pela Instituição, são dois cargos que contemplam pedagogos, pois exige-se o diploma de curso superior em Pedagogia	Concurso

---

[32] Fomos informados durante a pesquisa que para essa vaga já foi realizado o concurso e aguarda-se a nomeação do candidato aprovado.

Seq.	Universidades	Criação[31]	Pedagogos ou outra nomenclatura (com exigência da formação em Pedagogia)	Forma de ingresso
8	Universidade Virtual do Estado de São Paulo (UNIVESP)	2013	**Supervisor de Curso (pedagogo): 01**	Processo Seletivo
	Total da Região Sudeste	--	**322**	

Fonte: elaborado pela autora com dados da pesquisa (2020-2021)

Das universidades estaduais do Sudeste, a UNICAMP nos chamou a atenção pela especificidade de 106 professores, todos formados em Pedagogia, que é uma exigência para o cargo, com lotação na DEDIC – Divisão de Educação Infantil e Complementar, da qual se coordena a Escola de Aplicação de Ensino Fundamental da Faculdade de Educação da UNICAMP.

Tabela 7. Pedagogos nas universidades estaduais da Região Sul

Seq.	Universidades	Criação[33]	Pedagogos ou outra nomenclatura (mas com a exigência da formação em Pedagogia)	Forma de ingresso
1	Universidade Estadual de Londrina (UEL)	1970	**Pedagogos: 14**	Concurso
2	Universidade Estadual de Maringá (UEM)	1969	Foi informado que a instituição não dispõe desse profissional	--
3	Universidade Estadual do Paraná (UNESPAR)	2013	**Agente Universitário Nível Superior/Pedagogo: 01**	Concurso
4	Universidade Estadual de Ponta Grossa (UEPG)	1966	**Pedagogos: 03**	Concurso

---

[33] Conforme dados informados no e-MEC. Disponível em: https://emec.mec.gov.br/. Consulta em: 9 out. 2020.

Seq.	Universidades	Criação[33]	Pedagogos ou outra nomenclatura (mas com a exigência da formação em Pedagogia)	Forma de ingresso
5	Universidade Estadual do Centro-Oeste (UNICENTRO)	1968	Agente Universitário de Nível Superior: 0 Conforme dados informados na pesquisa, o requisito para ingresso neste cargo é ter cursado o curso de Pedagogia, no entanto não houve concurso para prover as vagas.	--
6	Universidade Estadual do Norte do Paraná (UENP)	2010	Foi informado que não tem esse profissional	--
7	Universidade Estadual do Oeste do Paraná (UNIOESTE)	1987	Não informado[34]	--
8	Universidade Estadual do Rio Grande do Sul (UERGS)	2001	Analista: Pedagogo: 0 Analista: Técnico Educacional: 0 De acordo com os dados informados na pesquisa: 1. Os dois cargos exigem a formação em Pedagogia e registro no órgão de fiscalização profissional; 2. Na Lei Estadual n.º 13.968/2012 há previsão de três vagas para pedagogos e duas vagas para técnico educacional, no entanto, nunca autorizada a realização de concurso.	--
9	Universidade do Estado de Santa Catarina (UDESC)	1965	**Pedagogos: 03**	Concurso
	Total da Região Sul	--	21	

Fonte: elaborado pela autora com dados da pesquisa (2020-2021)

---

[34] Em consulta ao Portal da Transparência do Governo do Estado do Paraná, não encontramos o cargo "pedagogo" na UNIOESTE, no entanto não é possível definir se para algum dos cargos elencados foi exigida, para o ingresso em determinada função, a formação em Pedagogia. O endereço do portal está disponível em: http://www.transparencia.pr.gov.br/pte/home?windowId=21a. Consulta em: 13 nov. 2020.

Da Região Sul nos chamou a atenção a UEM, que segundo informações de pesquisa já teve 12 pedagogos, no entanto, com as aposentadorias no decorrer dos anos e somada a não autorização de concursos, no momento da pesquisa a instituição não tinha nenhum profissional nesse cargo, nem dispunha de servidores temporários.

A partir dos dados gerados nesse levantamento, as tabelas 3 a 7 mostram o cômputo de **631 pedagogos** que trabalham em universidades estaduais no Brasil (considerando as instituições que responderam a solicitação da pesquisa), sendo 68 profissionais na Região Norte; 212 na Região Nordeste; 10 na Região Centro-Oeste; 320 na Região Sudeste; e 21 na Região Sul. O quadro a seguir sintetiza as variações de funções encontradas no exercício profissional de pedagogos, por região administrativa.

Tabela 8. Funções encontradas do exercício profissional dos pedagogos nas universidades estaduais por Região Administrativa

Região Administrativa	Funções encontradas do exercício profissional do pedagogo (variações nominais)	Variações
Região Norte	Pedagogo; profissional das áreas de Humanas e Sociais 1ª classe nível B (relotação); assessor técnico nível III; gerente; auxiliar de gabinete; secretário de curso; técnico superior em Pedagogia; técnico em educação; técnico em assuntos educacionais; orientador educacional.	10
Região Nordeste	Pedagogo; analista universitário; técnico de assuntos educacionais (pedagogo); técnico administrativo universitário (pedagogo); analista técnico em gestão universitária (pedagogo); técnico de nível superior (pedagogo); técnico de nível superior (psicopedagogo).	07
Região Centro-Oeste	Técnico universitário da educação superior – especialidade pedagogo.	03
Região Sudeste	Pedagogo; professor de educação infantil – PROFEI/USP; PAEPE – profissionais da educação básica - professor de nível superior na educação infanto-juvenil; agente de desenvolvimento infantil; supervisor de curso (pedagogo); analista universitário da saúde; analista universitário – assistência na área pedagógica.	07
Região Sul	Pedagogo; agente universitário/nível superior (pedagogo).	02

Fonte: elaborado pela autora com dados da pesquisa (2020-2021)

Os dados demonstram que o exercício profissional da Pedagogia se bifurca em diferentes funções demandadas pelas instituições pesquisadas, tendo o cargo nominado de "pedagogo" como o que aparece de ponto em comum entre as regiões, exceto a Centro-Oeste.

Em face do exposto, seguimos a investigação realizando contato com uma pedagoga de cada região administrativa no intuito de desenvolver a pesquisa narrativa com as entrevistadas participantes.

1.6 Os sujeitos da pesquisa

Refletindo sobre o sujeito da pesquisa hermenêutica, Ghedin e Franco (2008) comentam que "[...] o ser humano é, radicalmente, autoconstrução. É o único que tem o poder de fazer-se no mundo e, ao mesmo tempo, fazer o seu mundo" (Ghedin; Franco, 2008, p. 152), de modo que o sujeito exprime uma "explicação e uma compreensão de sua expressão única e irrepetível na história humana" (Ghedin; Franco, 2008, p. 154).

> O ser humano transformou a natureza em cultura, a cultura em conhecimento e agora projetada, pelo conhecimento, os significados da natureza impressos no ser. Trata-se não de um círculo que se fecha, mas de um horizonte que se abre diante dos olhos que captam a imagem e, por meio dela, atribuem sentido àquilo que veem. O discurso representa um modo de traduzir a imagem do real, mas essa imagem traduzida não constitui a própria realidade, mas a fala sobre ela. É aí que a hermenêutica se torna interessante e necessária, pois é somente por ela que se pode compreender como o ser humano, estando no mundo finito e desesperado, se arrisca na direção do infinito e da esperança.
> O modo de ser no mundo constitui uma maneira de interpretá-lo, e essa interpretação revela-se uma tentativa do sujeito de dar-lhe significado que o faça compreender-se como parte dele (Ghedin; Franco, 2008, p. 164-165).

Em relação a sujeito/objeto, Gamboa (2007, p. 41) diz que, do ponto de vista epistemológico, as abordagens positivistas privilegiam o objeto ou o fato. "[...] Essas abordagens supõem que o objeto real e o objeto do conhecimento permanecem reduzidos à representação do primeiro sem permitir a interação do sujeito". Ao comentar sobre a pesquisa nas ciências humanas, defende que nas "ciências sociais como na educação tanto o investigador como os investigados, são sujeitos; o objeto é a realidade. A realidade é um ponto de partida e serve como elemento mediador entre os sujeitos" (Gamboa, 2007, p. 41).

Com essa premissa, situamos que na investigação narrativa atentamos aos preceitos éticos referentes à pesquisa com seres humanos, incluindo a assinatura de um Termo de Consentimento e Livre Esclarecido (TCLE) pelas pedagogas participantes entrevistadas. Ademais, observamos as fases principais do processo da entrevista narrativa: preparação; iniciação; narração central; fase das perguntas e fala conclusiva (Jovchelovitch; Bauer, 2002).

Nossos sujeitos de pesquisa são pedagogas de cinco universidades estaduais brasileiras, representando cada uma das cinco regiões administrativas do território nacional. Realizamos um total de oito entrevistas no período compreendido entre setembro de 2019 e novembro de 2020, devidamente gravadas em áudio com a permissão das participantes. Dessas entrevistas optamos por incluir somente seis, ponderando que duas das entrevistadas não eram concursadas. Cada entrevista durou em média duas horas e realizamos a transcrição das entrevistas na íntegra, que foram textualizas e devolvidas às entrevistadas para a leitura e aprovação.

A seguir introduzimos um pouco do cenário vivenciado na pesquisa de campo em cada instituição visitada, o lugar de onde emergem as vozes das pedagogas, sujeitos desta pesquisa, as quais ousamos compreender a partir da escuta e da análise de dados.

a. **Na Região Nordeste**

A Universidade do Estado da Bahia (UNEB) está em ascendente contribuição acadêmica para a pesquisa no campo do Currículo por meio de seus pesquisadores. Após o contato com essa instituição, encontramos uma das pedagogas de seu quadro permanente que se prontificou a participar da pesquisa. A entrevista narrativa foi realizada em setembro de 2019, de forma presencial.

b. **Na Região Sudeste**

A Universidade Estadual de Campinas (UNICAMP) é uma destacada instituição e ocupa uma das primeiras posições no *ranking* da *THE Latin American*. Nessa universidade entramos em contato com uma das pedagogas concursadas que se prontificou a contribuir conosco para a pesquisa e conseguimos realizar a entrevista narrativa em outubro de 2019, de modo presencial.

c. Na Região Sul

A Universidade Estadual do Paraná (UNESPAR) foi lócus da pesquisa de campo por motivo da predisposição da pedagoga em nos conceder a entrevista narrativa, de forma presencial, realizada em dezembro de 2019.

d. Na Região Centro-Oeste

O Centro-Oeste é a região brasileira que tem o menor número de universidades estaduais, somente quatro[35], como apontamos na Tabela 5, das quais, naquele momento, a Universidade Estadual de Mato Grosso do Sul (UEMS) não dispunha de profissionais com o perfil investigado nesta pesquisa.

No início do ano de 2020, quando buscávamos um sujeito para representar a referida região, uma das pedagogas da Universidade do Estado de Mato Grosso-UNEMAT logo se prontificou para colaborar com a nossa pesquisa de campo. Essa foi uma atitude cordial, coerente e exemplar para outras instituições que se posicionam a favor do ensino, da pesquisa e da extensão.

A pesquisa de campo na Região Centro-Oeste ocorreu em fevereiro de 2020, quando nos encontramos presencialmente com a pedagoga da UNEMAT na cidade de Cáceres/MT.

e. Na Região Norte

Da Região Norte, entrevistamos quatro pedagogas, sendo duas da Universidade do Estado do Amazonas (UEA), que se disponibilizaram a participar da pesquisa de forma presencial na cidade de Manaus, antes da pandemia, em novembro de 2019, e duas entrevistas foram realizadas com a participação de pedagogas da Universidade do Estado do Pará (UEPA), já no período pandêmico, em novembro de 2020, tendo as entrevistas sido realizadas de forma on-line. Detalhemos o cenário de campo.

Estivemos na cidade de Manaus em novembro de 2019, quando realizamos duas entrevistas narrativas na UEA. Naquele momento as pedagogas participantes nos informaram que tinham contratos temporários com a universidade. A princípio, iríamos considerar as entrevistas e envolver na análise, inclusive já tínhamos realizado as duas transcrições na íntegra e enviado a textualização para as interlocutoras. No entanto, com o andamento da pesquisa empírica, a maioria das pedagogas se

---

[35] A UnDF foi criada em 2021, sendo a quarta universidade estadual da Região Centro-Oeste.

caracterizaram como concursadas, ou seja, profissionais do quadro permanente de suas instituições, ficando àquelas duas primeiras entrevistas das pedagogas temporárias destoando da maioria, no sentido da natureza do vínculo institucional.

Ponderamos, então, o alinhamento do perfil do sujeito de nossa pesquisa, como um "ser pedagogo" do quadro permanente. Na busca conseguimos contato com outra pedagoga concursada da mesma instituição, no entanto nos informou que mesmo seu cargo estando com a função de pedagoga, ela não se via como uma pedagoga. Daí optamos a entrar em contato com a UEPA, considerando que é uma das maiores universidades da Região Norte do Brasil. Contudo não desconsideramos a possibilidade de uma futura pesquisa com a perspectiva comparativa que interprete as duas entrevistas narrativas geradas pelas colegas de Manaus.

Entremeio à pandemia de 2020, telefonamos para a Universidade do Estado do Pará (UEPA), quando uma pessoa que estava intercalando o atendimento presencial na instituição nos atendeu e encaminhou ao contato de uma das pedagogas. A receptividade foi imediata, e a nossa pesquisa foi aceita com muita alegria para a realização da entrevista com duas profissionais, concursadas, que se prontificaram a colaborar. Agendamos as duas entrevistas para novembro de 2020, que foram realizadas utilizando o Google Meet.

No primeiro momento, uma participante foi entrevistada individualmente, e, na sequência, a outra entrou na sala virtual para a composição de sua narrativa. Com a autorização das participantes, os áudios foram gravados, posteriormente transcritos na íntegra e enviados os textos às narradoras para suas considerações.

Essa composição do cenário da pesquisa de campo e preparação dos sujeitos participantes nos movimenta para as etapas de análises das entrevistas narrativas (Schütze, 2010; Jovchelovitch; Bauer, 2002; Weller, 2009). Acreditamos que as entrevistas proporcionam processos de rememoração, de compreensão e percepção da ação presente (*configuração*) para vislumbrar outras perspectivas de futuro *(refiguração)*. São elementos que têm inter-relação com a *mimética* de Ricoeur (2010a).

Essa proposição relaciona-se com a profissão do pedagogo, com sua identidade de atuação profissional em ambiente universitário. Goodson (2013b, 2015) sugere que há uma importância nas narrativas de pedagogos profissionais para as mudanças no currículo prescrito no passado.

Então, a nossa pesquisa buscou investigar se a identidade na/da prática pedagógica ou de uma pedagogia narrativa pode determinar um currículo narrativo, se existem similaridades identitárias profissionais assumidas nas narrativas e nas experiências vividas e o que essas narrativas revelam.

Nossa investigação vem ao encontro do currículo como um instrumento de construção da profissão, da própria sociedade, de como legitima a identidade do pedagogo. Goodson (2013a, p. 13) acredita que "[...] para entender o social e o político é preciso antes entender o pessoal e biográfico". A partir da perspectiva de Goodson, acreditamos que as narrativas e experiências dos pedagogos podem subsidiar a compreensão de questões relativas à profissionalização, à atuação profissional e mesmo a uma efetiva reflexão do currículo como um alicerce científico para a construção da identidade profissional.

Buscamos essas reflexões a partir das análises das narrativas das pedagogas participantes, e no intuito de preservar o sigilo de suas identidades, adotamos os nomes de mulheres brasileiras que se destacaram na ciência[36] no Brasil (Melo; Rodrigues, 2006) para representar as seis pedagogas: Alice (P1); Eulália (P2); Elisa (P3); Carolina (P4); Elza (P5) e Marília (P6). Ressaltamos que a correlação dessas siglas às pedagogas entrevistadas não se refere à lógica da ordem da pesquisa de campo apresentada no cenário de cada cidade visitada. Desse modo, apresentamos a seguir uma breve caracterização dos sujeitos da pesquisa a respeito da formação inicial e continuada, conforme demonstrado no Quadro 6.

Quadro 6. Caracterização geral da formação dos sujeitos da pesquisa

Pedagogas	Formação inicial	Universidade de formação inicial e/ou segunda graduação	Formação continuada
Alice (P1)	Graduação em Pedagogia	Universidade Estadual (pública)	Mestrado
Eulália (P2)	Graduação em Pedagogia E uma segunda graduação em andamento	Universidade Estadual (pública) Universidade Estadual (pública)	Especialização

---

[36] Todas essas cientistas foram professoras, independentemente da área de atuação (Mello; Rodrigues, 2006).

Pedagogas	Formação inicial	Universidade de formação inicial e/ou segunda graduação	Formação continuada
Elisa (P3)	Graduação em Licenciatura Plena em Pedagogia E uma segunda graduação concluída	Universidade Estadual (pública) Universidade Federal (pública)	Especialização
Carolina (P4)	Graduação em Pedagogia	Universidade Federal (pública)	Mestrado Especialização
Elza (P5)	Graduação em Pedagogia	Universidade Federal (pública)	Mestrado Especialização
Marília (P6)	Graduação em Pedagogia	Universidade Estadual (pública)	Especialização

Fonte: elaborado pela autora

Como podemos observar no Quadro 6, todas as entrevistadas têm formação no curso de Pedagogia como primeira graduação, seguida de formação continuada em mestrado e/ou especialização. As pedagogas estão na faixa etária compreendida entre 35 e 55 anos de idade, tendo o tempo de atuação profissional nas universidades de nove anos (o menor tempo) a 19 anos (o maior tempo) de trabalho como concursadas.

Na continuidade do trabalho, tratamos no Capítulo 2 sobre o Currículo: teorias fundantes do campo epistemológico.

CURRÍCULO: TEORIAS FUNDANTES DO CAMPO EPISTEMOLÓGICO

Este capítulo versa sobre as bases teóricas do campo do Currículo classificadas por Silva (2017) como tradicionais, críticas e pós-críticas. No que tange à pesquisa empírica, objetivamos investigar quais as disciplinas comuns nos currículos do curso de Pedagogia da formação inicial das pedagogas participantes, a fim de responder à *questão específica de pesquisa nº 1*: *o que há em comum nos currículos do curso de Pedagogia da formação inicial das pedagogas participantes da pesquisa?* Com o respectivo objetivo específico *"investigar quais as disciplinas comuns nos currículos do curso de Pedagogia da formação inicial dos pedagogos participantes"*.

A etimologia da palavra "currículo" vem do latim *curriculum* e significa "pista de corrida" (Silva, 2017; Sacristán, 2013), na qual estão em curso os conteúdos apresentados para os estudos, em que o poder de "definir a realidade é posto firmemente nas mãos daqueles que 'esboçam' e definem o curso" (Goodson, 1995, p. 31). Goodson refere-se ao vínculo entre currículo e prescrição, forjado desde muito cedo. Para Silva (2017, p. 150)

> [...] o currículo é lugar, espaço, território. O currículo é relação de poder. O currículo é trajetória, viagem, percurso. O currículo é autobiografia, nossa vida, *curriculum vitae:* no currículo se forja nossa identidade. O currículo é um texto, discurso, documento. O currículo é documento de identidade.

Segundo Arroyo (2013), nossas identidades têm como referências os recortes do currículo, assim somos referenciados no tempo por disciplinas-recortes de currículos. O currículo é o presente e o futuro do profissional, pois fala, discute e contrasta novas visões, dando forma à educação (Sacristán, 2013). Sobre o conceito de currículo, Goodson (2020, p. 199) afirma que

> [...] é um conceito multifacetado construído, negociado e renegociado em vários níveis e arenas. Sem dúvida essa imprevisão contribuiu para o surgimento de perspectivas

teóricas e abrangentes – psicológicas, filosóficas e sociológicas — e paradigmas mais técnicos ou científicos. Mas essas
perspectivas e paradigmas são recorrentemente criticados
por violentarem os fundamentos práticos do currículo em
sua concepção e realização.

O autor argumenta que precisamos nos afastar de modos de análise
descontextualizados, desincorporados, com foco singular do currículo
como prescrição, e acolher plenamente a noção de um *currículo como
construção social* primeiro no âmbito da própria prescrição, mas também
nos âmbitos do processo e da prática (Goodson, 2020).

Sacristán (2000) também concebe o currículo como uma construção
social que abriga o cruzamento de práticas complexas. É "a expressão do
equilíbrio de interesses e forças que gravitam sobre o sistema educativo
num dado momento, enquanto que através deles se realizam os fins da
educação" (Sacristán, 2000, p. 17).

Assim o autor argumenta que toda a prática pedagógica move-se
em torno do currículo que pode ser analisado em cinco âmbitos diferenciados: 1) sobre sua função social, é ponte entre a sociedade e a escola; 2)
é projeto ou plano educativo composto de diferentes aspectos, experiências e conteúdos; 3) é a expressão formal desse projeto que se apresenta
de diferentes formatos, conteúdos e orientações; 4) pode ser entendido
como um campo prático, com possibilidades de análise de processos da
realidade prática com a perspectiva que lhes dota de conteúdo, como
um território de intersecções de práticas que não se referem somente ao
pedagógico, mas de interações comunicacionais e interativas, e, ainda,
sustenta o discurso da teoria e prática; e 5) refere-se a ao exercício de
atividade discursiva, acadêmica e de pesquisa sobre todos esses temas e
outros (Sacristán, 2000).

Sacristán (2000, p. 21) afirma que idealizar o currículo como uma
práxis "[...] significa que muitos tipos de ações intervêm em sua configuração, que o processo ocorre dentro de certas condições concretas, que se
configuram dentro de um mundo de interações culturais e sociais". Avan-
ça-se na análise e argumenta que o currículo faz parte de múltiplos tipos de
práticas que não se reduzem unicamente à prática pedagógica de ensino,

[...] ações que são de ordem política, administrativa, de
supervisão, de produção de meios, de criação intelectual, de
avaliação, etc., e que, enquanto são subsistemas em parte
autônomos e em parte interdependentes, geram forças

diversas que incidem na ação pedagógica. Âmbitos que evoluem historicamente, de um sistema político e social a outro, de um sistema educativo a outro diferente (Sacristán, 2000, p. 22).

Todas essas ações são parte do currículo, pois geram mecanismos de decisões, tradições e conceitualizações que influenciam em mudanças no âmbito pedagógico, sendo que a preocupação pela prática curricular "[...] fruto das contribuições críticas sobre a educação, da análise do currículo como objeto social e da prática criada em torno do mesmo" (Sacristán, 2000, p. 47).

São alguns destaques a respeito do conceito de currículo, embora essa definição seja "uma gota no oceano" de tantas publicações de pesquisadores que estudam o campo do Currículo no Brasil e ao redor do mundo a partir várias teorias ou vertentes existentes. Para elaborarmos um quadro em relação as teorias fundantes do campo epistemológico do currículo, optamos pela classificação realizada por Silva (2017).

2.1 Currículo: considerações sobre as teorias fundantes do campo epistemológico

Silva (2017, p. 17) sustenta que as teorias do Currículo são classificadas referencialmente em três perspectivas teóricas: as teorias tradicionais, as teorias críticas e as teorias pós-críticas. Essas categorias das teorias se caracterizam por conceitos que elas enfatizam:

- Teorias tradicionais: ensino; aprendizagem; avaliação; metodologia; didática; organização; planejamento; eficiência e objetivos. Sendo que se consideram como neutras e científicas;

- Teorias críticas: ideologia; reprodução cultural e social; poder; classe social; capitalismo; relações sociais de reprodução; conscientização; emancipação e libertação; currículo oculto e resistência. Esta categoria argumenta que as teorias curriculares não são neutras, mas carregam significados reverberados das relações de poder, de normativas e políticas. Embora o conhecimento seja objetivo, considera-se a participação do estudante no processo ensino-aprendizagem;

- Teorias pós-críticas: identidade; alteridade; diferença; subjetividade; significação e discurso; saber-poder; representação; cultura; gênero; raça; etnia; sexualidade e multiculturalismo.

Esse conjunto tem crescido e se destacado na abordagem de questões gerais representativas dos humanos e carregam fortes tendências que pertencem às teorias críticas, entretanto se diferenciam um pouco em relação à construção do conhecimento. Esse entendimento será mais explorado adiante.

Historicamente as teorias tradicionais têm seu marco na obra de Comenius (2011) com a *Didática Magna* (1657), quando inaugura uma organização do método pedagógico marcando uma teoria didática. No Brasil podemos citar a *Ratio Studiorum*[37] ou a Pedagogia jesuítica (1599-1759), historicizada amplamente na obra *a história das ideias pedagógicas* de Saviani (2013a).

Segundo Silva (2017) e Lopes e Macedo (2011, 2005), outros autores são representantes das teorias clássicas: Franklin Bobbitt (1876-1956), com a ideia do currículo mecanizado, um viés funcionalista para preparar economicamente a criança à vida adulta (Lopes; Macedo, 2011; 2005), com um currículo definido por técnicas e experiências de treinamento em níveis de educação para que esta cumprisse uma dupla tarefa vocacional eficiente: atuar como uma agência ao progresso social elevando o mundo ocupacional e fazer do educando uma nova geração para que desempenhasse suas funções ocupacionais de maneira superior à de seus pais (Bobbitt, 1918); Ralph Tyler (1902-1994) desenvolveu princípios básicos da organização curricular, como o alcance de objetivos, formas de avaliar o conteúdo e as experienciações, com uma abordagem eclética. Segundo Malanchen (2016), o modelo de Tyler influenciou por mais de 20 anos a discussão e elaboração de modelos curriculares tanto nos Estados Unidos quanto no Brasil, principalmente na década de 1960, com o advento do tecnicismo.

> É interessante observar que tanto os modelos mais tecnocráticos, como os de Bobbitt e Tyler, quanto os modelos mais progressistas de currículo, como o de Dewey, que emergiram no início do século XX, nos Estados Unidos, constituíam, de certa forma, uma reação ao currículo clássico, humanista, que havia dominado a educação secundária desde sua institucionalização (Silva, 2017, p. 26).

John Dewey (1859-1952) faz uma forte crítica à escola e ao currículo tradicional propondo uma teoria da experiência para uma outra escola mais democrática, a qual chamou de *educação nova ou progressiva* (Dewey,

---

[37] *Ratio Studiorum*, do latim para português: "razão para estudos".

1976). O pensador não defende uma educação da prática pela prática; ao contrário, a experiência deve vir da ciência, dos conteúdos e conhecimentos acumulados que devem ser experienciados por meio de problemas significativos no processo educativo.

No Brasil, Anísio Teixeira (1900-1971) traduziu importantes obras de Dewey proporcionando uma reviravolta no meio educacional. Em relação ao currículo, como Teixeira era inspirado no pensamento de Dewey, sua proposta vislumbrava a transformação da "velha escola" para uma "nova escola e progressista", orientando amplamente a uma reconstrução dos programas escolares, com teorias da aprendizagem por meio de experiências (Teixeira, 1971).

Embora seguindo Dewey, Teixeira "estava atento às condições brasileiras e não transplantava, simplesmente, o sistema americano. Por isso, diferentemente da experiência americana, advogou em nosso país a organização de serviços centralizados de apoio ao ensino" (Saviani, 2013a, p. 226). Importante registrar que Anísio Teixeira foi um dos grandes inspiradores no processo de criação da Universidade de Brasília e da Faculdade de Educação (FE-UnB) como uma proposta inovadora de educação (Brzezinski, 1997).

Figura 3. Anísio Teixeira discursa no Auditório Dois Candangos em 1962 (FE-UnB)

Fonte: Cedoc/Arquivo Central UnB[38]

---

[38] Disponível em: https://www.noticias.unb.br/76-institucional/1429-biografo-de-anisio-teixeira-fala--sobre-a-relacao-entre-o-fundador-e-a-trajetoria-da-universidade. Acesso em: nov. 2020.

Notamos que o pensamento de Dewey e Teixeira marcou uma importante transição da base do pensamento curricular brasileiro tradicional para a Pedagogia nova (Saviani, 2013a), visto que seus ideários foram de críticas e revolucionários para a época, ao incentivar à renovação, à valorização da ciência, à construção e resolução de problemas a partir das experiências de saberes vivenciados pelos estudantes, bases para o projeto da Universidade de Brasília. Daí que Dewey, inspirador de Teixeira, tenha sido resgatado na contemporaneidade em muitas publicações de pesquisa narrativa.

Silva (2017) acredita que a partir da década de 1960 os modelos tradicionais de currículo foram contestados com o advento de muitos movimentos políticos, culturais e de protestos mundiais que provocaram a publicações de livros que sugeriam mudanças nas estruturas e de pensamento. O autor destaca algumas publicações internacionais que guiaram o surgimento das teorias críticas: *A ideologia e os aparelhos ideológicos de Estado,* de Louis Althusser em 1970; *A reprodução,* de Pierre Bourdieu e Jean-Claude Passeron em 1970; *Class, codes and control,* de Basil Bernstein, em 1971, tendo o volume IV sido traduzido no Brasil com o título *A estruturação do discurso pedagógico: classes, códigos e controle* (1996).

Entre os principais representantes estrangeiros das teorias críticas de Currículo, estão, entre outros: os americanos Michael Apple e Henry Giroux; os ingleses Michael Young, Basil Bernstein, Ivor Goodson e Lawrence Stenhouse; os espanhóis, Gimeno Sacristán, Torres Santomé e Miguel Arroyo; os brasileiros Paulo Freire, Antonio Flávio Moreira, e acrescentamos, ainda, os autores contemporâneos da Universidade de Brasília que estudam o campo do Currículo ancorados na perspectiva crítica, como Borges (2012, 2015) e Silva (2020). Os estudos de Dermeval Saviani com a *Pedagogia histórico crítica* trazem importantes contribuições para o campo da teoria crítica de Currículo no Brasil e tem influenciado a outros estudiosos do Currículo nessa vertente, como Malanchen (2016).

Segundo Apple (2006), o currículo é comandado por uma hegemonia global que rege o corpus do conhecimento escolar. O autor discorre amplamente acerca dos conflitos que ocorrem no campo do Currículo e da forma como os conteúdos selecionados reforçam o sentido de dar um "consenso cultural" a escola que é tão pluricultural. Explicita o conceito do *currículo oculto* como uma maneira de reprodução cultural e social de valores e normas transmitidas (Bordieu; Passeron, 1975; Bernstein, 1996; Giroux, 1997).

> Em termos claros, os conhecimentos abertos e ocultos encontrados nos ambientes escolares, e os princípios de seleção, organização e avaliação desse conhecimento, são seleções governadas pelo valor oriundas de um universo muito mais amplo do conhecimento possível e de princípios de seleção. Portanto, não devem ser aceitos como dados, mas devem ser problematizados [...] (Apple, 2006, p. 83).

Nesse sentido, Giroux (1997, p. 37) afirma que assim como um país distribui capital material, como bens e serviços, também pode legitimar certas formas de "conhecimentos, práticas de linguagem, valores, estilos, e assim por diante, ou que pode ser chamado capital cultural". O autor defende uma nova sociologia do currículo e critica as formas tradicionais de currículo com pretensão à objetividade fora do contato com mundo, sem oferecer uma reflexão crítica aos estudantes.

> Os estudantes devem experimentar os estudos sociais como um aprendizado no ambiente da ação social, ou, como declarou Freire, deve-se ensinar aos estudantes a prática de refletir sobre a prática. Uma maneira de fazer isso é ver e avaliar cada experiência de aprendizagem, sempre que possível, com respeito a suas conexões com a totalidade socioeconômica mais ampla (Giroux, 1997, p. 37).

Como podemos perceber, Giroux acredita na pedagogia de Freire para contextualizar o currículo a partir das experiências e sugere que, além de refletir sobre os conteúdos e a prática da comunicação crítica, deve-se "reconhecer a importância de traduzir o resultado dessas experiências em ações concretas" (Giroux, 1997, p. 68). A Pedagogia crítica é o modo como Giroux e Freire praticam o currículo escolar e oferecem aos educadores potentes ferramentas teóricas fundamentadas em princípios de liberdade à análise que interroga textos, as relações sociais, as políticas e a própria educação (Giroux, 2020).

Entre outras importantes temáticas tratadas para o campo do Currículo, como o estudo de diversidade cultural, etnias, classe e trabalho, o pensamento de Santomé (1998) discorre amplamente na ideia de uma integração curricular e pauta-se em soluções que estabeleçam relações com os campos de conhecimentos, que considera incomunicáveis. "As áreas do conhecimento e a experiência devem identificar as principais vias pelos quais os seres humanos conhecem, experimentam, constroem e reconstroem a realidade; como organizam e sistematizam suas consecuções mais importantes e necessárias" (Santomé, 1998, p. 124).

Gestores e profissionais da Educação têm se utilizado de orientações e alternativas de Santomé na tentativa de uma interdisciplinaridade de conteúdos, temática tão polêmica e que provoca discussões entre os intelectuais das instituições escolares desde longa data.

Basil Bernstein (1996) desenvolve uma teoria sobre o discurso pedagógico sistematizando que temos um código do qual fazemos a leitura do mundo. Relaciona o currículo a simbologias e sustenta que a linguagem é representativa do que somos, de nossa cultura. Esse autor estava alinhado ao pensamento dos sociólogos clássicos, preocupando-se com a transmissão cultural e reprodução social, como seu contemporâneo Pierre Bourdieu. Sobre isso Silva pontua que

> [...] Dizer que a classe dominante define arbitrariamente sua cultura como desejável não é a mesma coisa que dizer que a cultura dominada é que é desejável. O que Bourdieu e Passeron propõem, através do conceito de *pedagogia racional,* é que as crianças das classes dominadas tenham uma educação que lhes possibilite ter – na escola – a mesma imersão duradoura na cultura dominante que faz parte – na família – da experiência das crianças das classes dominantes. Fundamentalmente, sua proposta pedagógica e um currículo que reproduzam, na *escola,* para as crianças das classes dominadas, aquelas condições que apenas as crianças das classes dominantes têm na *família* (Silva, 2017, p. 35-36, grifos do autor).

Segundo Bernstein (1996), existem pedagogias visíveis autônomas e pedagogias visíveis orientadas pelo mercado. Sendo que a pedagogia visível autônoma "se justifica a si própria pela utilidade e pelo valor intrínsecos do conhecimento que ela veicula [...]" (Bernstein, 1996, p. 127), e a pedagogia visível orientada pelo mercado é, ideologicamente, uma construção muito mais complexa, pois incorpora críticas à outra pedagogia visível autônoma quanto ao fracasso da escola urbana, em relação à passividade e do status inferior dos pais, "[...] tédio dos alunos de classe operária, e sua consequente contestação e resistência a currículos irrelevantes ou a procedimentos de avalições que tendem a destacar o fracasso em vez dos pontos fortes e positivos" (Bernstein, 1996, p. 128).

Quanto às pedagogias invisíveis, o autor sustenta que estas enfatizam a aquisição de competências, em processos mais subjetivos, como cognitivos, linguísticos, afetivos, motivacionais, "em consequência dos quais um texto é criado, vivido" (Bernstein, 1996, p. 104). Destacamos essas diferenças de ênfase nas pedagogias tratadas pelo autor porque estas afetam a organização e seleção daquilo que deve ser adquirido dos conteúdos, o que ele chama de "recontextualização" de acordo com as políticas institucionais e sistemas escolares.

> [...] Os sistemas escolares e os sistemas universitários estão agora cada vez mais envolvidos numa luta em relação ao que deve ser transmitido, em relação à autonomia da transmissão, em relação às condições de serviço daqueles que transmitem e em relação aos procedimentos de avaliação (Bernstein, 1996, p. 126).

Em síntese, o autor preocupa-se com as relações estruturais entre os diferentes tipos de conhecimento que constituem o currículo, como este está estruturalmente organizado e ligado a formas de controle e poder.

Borges (2015) trabalha a ideia de um currículo constituído por *eixos estruturantes*, defendendo que "[...] os currículos que orientam a formação dos profissionais da educação têm em seus eixos estruturantes os referenciais conceituais de base disciplinar, de onde se produz a capilaridade materializada pela transversalidade" (Borges, 2015, p. 17). Sobre eixos estruturantes, Arroyo (2013) sugere incluir o *trabalho* como eixo dos conhecimentos do núcleo comum dos currículos. O autor propõe um currículo que incorpore saberes do trabalho como um direito de todos e recomenda que a disputa no território dos currículos seja contra a perda de conhecimentos. Ou seja, concorda com uma sólida base de formação curricular.

Stenhouse defende o currículo como um instrumento de transformação da educação, sendo cada sala de aula um laboratório e cada professor um pesquisador, um membro da comunidade científica.

> As características mais destacadas do profissional "amplo" são: uma capacidade para um autodesenvolvimento profissional autônomo mediante um sistemático autoanálises, o estudo do trabalho de outros professores e a comprovação das ideias mediante procedimentos de investigação em aula (Stenhouse, 2003, p. 197).

Antônio Flavio Moreira, um dos curriculistas pioneiros no campo da teoria crítica no Brasil, postula uma vasta produção científica sobre currículo e multiculturalismo. Fundamentado em McLaren, Moreira (2010) defende

> [...] a perspectiva de um currículo formado por um mul-
> ticulturalismo crítico. Partindo do ponto de vista de que
> a cultura é necessariamente um campo de conflitos, uma
> arena política, não vejo a diversidade como se constituindo
> em um fim em si mesmo; vejo-a, pelo contrário, precisando
> afirmar-se no bojo de uma política de crítica cultural e de
> compromisso com a justiça social (Moreira, 2010, p. 128).

Para Moreira "a teoria crítica de currículo se tem beneficiado da inclusão de novos aportes, o que sugere que o diálogo entre *neos e pós*, apesar das dificuldades que levanta, pode também ser proveitoso" (Moreira, 2010, p. 107). Postula que o currículo tem uma tradição guiada por questões sociológicas, políticas e epistemológicas (Moreira, 2011).

Das teorias pós-críticas de Currículo, destacamos alguns representantes desse campo. Avultamos o canadense Peter McLaren, o americano Wiliam Pinar e os brasileiros Tomaz Tadeu da Silva, Roberto Sidnei Macedo, Alice Casimiro Lopes, Sandra Corazza, Carmen T. Gabriel, Inês Barbosa de Oliveira e Elisabeth Macedo, entre outros.

William Pinar sustenta um estudo sistemático dentro do método *currere* (2007, 2016, 2017). Segundo o autor, esse método "percorre o caminho", "fornece uma estratégia para os alunos do currículo estudarem as relações entre conhecimento acadêmico e história de vida, no interesse da autocompreensão e reconstrução social" (Pinar, 2007, p. 65), o currículo é experimentado e vivido (Pinar, 2016, 2017).

> O método *currere* reconceptualizou o currículo de objeti-
> vos de cursos para conversação complexa consigo próprio
> (como um intelectual "privado"), um projeto contínuo de
> autocompreensão no qual cada um se mobiliza para a ação
> pedagógica comprometida — como intelectual privado-
> -e-público — com os outros, na reconstrução da esfera
> pública (Pinar, 2007, p. 68-69).

Segundo Pinar (2007), a teoria do currículo pede que se considere a posição enquanto comprometido consigo mesmo, com os alunos e com os colegas. O autor também desenvolve um conceito de autobiografia como "uma versão singular e na primeira pessoa da cultura e da história como elas estão personificadas no indivíduo concretamente existente na sociedade e num período histórico" (Pinar, 2007, p. 69).

Como Pinar (2007, 2017), outros autores das teorias pós-críticas estão realizando interlocuções da (auto)biografia com o campo do Currículo. A exemplo, Carmem Tereza Gabriel, no Brasil, que tem desenvolvido pesquisas acerca do *currículo de história como espaço (auto)biográfico* aproximando-se de autores que abordam acerca da pesquisa (auto)biográfica, como Delory-Momberger (Gabriel, 2016, 2018; Gabriel; Mendes, 2019).

Embora teorize com aportes pós-fundacionistas[39], a autora estreita o diálogo com o potencial da categoria "narrativa", compreendendo como uma estrutura temporal, estruturante do pensamento histórico (Gabriel, 2016). Nesse sentido, Gabriel e Monteiro (2007) trazem reflexões das potencialidades do conceito de narrativa para pensar novas perspectivas para o currículo e o ensino de história, as quais consideram específicas e híbridas, evento em que se deve muito às reflexões desenvolvidas no campo da hermenêutica, especialmente por Paul Ricoeur.

> Nessa perspectiva, a aposta no diálogo com Paul Ricoeur tem nos ajudado a avançar em nossas análises, na medida em que esse autor oferece ferramentas de análises para explorar a articulação entre os significantes "tempo" e "narrativa". Para esse autor, o tempo só se deixar dizer na forma narrativa e é por meio dessa forma que a experiência temporal se torna significativa (Gabriel, 2016, p. 247).

A referida autora explana que o pensamento de Ricoeur foi inserido pelos historiadores no amplo debate acerca da natureza epistemológica específica do conhecimento histórico. Aponta que não basta acompanhar a construção de possíveis reelaborações de conceitos específicos do campo da História, mas defende ser imprescindível a inserção de uma rede discursiva mais ampla na qual pode-se identificar outras variáveis de conceitos. Nessa abordagem Gabriel pensa a problemática dos "processos de textualização" relacionada a uma *transposição didática*[40] (Chevallard, 2013, 2000).

Para Gabriel, por meio do conceito de narrativa histórica, deve-se estreitar o diálogo entre os campos da Epistemologia, História e Currículo, o que pode contribuir para "a construção de referenciais teórico

---

[39] Segundo Lopes (2013, p. 16), o pós-fundacionismo "concorda com a impossibilidade de termos fundamentos fixos, questiona o objetivismo, valoriza a heterogeneidade, o indeterminismo tal como o pós-estruturalismo". O pós-fundacionismo tem Ernesto Laclau, Chantal Mouffe e Oliver Marchart como alguns de seus principais representantes. *Cf.* GABRIEL, C.T. Teorias do currículo e pós-fundacionismo: essencialismo em questão. *In:* MORGADO, J. C.; SANTOS, L. L. C. P.; PARAÍSO, M. A. (org.). *Estudos curriculares*: um debate contemporâneo. Curitiba/PR, Editora CRV, 2013; GABRIEL, C.T. Conhecimento escolar e emancipação: uma leitura pós-fundacional. *Cadernos de Pesquisa*, v. 46, n. 159, p. 104-130 jan./mar. 2016.

[40] Para a fonte utilizada por Gabriel (2007), *Cf.* CHEVALLARD, Y. *La transposition didactique: du savoir savant au savoir enseigné.* Paris: Ed. La pensée Sauvage, 1991.

metodológicos capazes de oferecer chaves de leitura para a compreensão e explicação da produção dos conteúdos históricos ensinados nas escolas" (Gabriel; Monteiro, 2007, p. 15).

Em um trabalho recente, Gabriel e Mendes (2019) apostam na abordagem (auto)biográfica para refletir na ideia do *currículo como espaço biográfico* compreendido como "um espaço no qual se entrecruzam processos de objetivação e de subjetivação que configuram sua própria estruturação [...]" (Gabriel; Mendes, 2019, p. 716), considerando uma complexa articulação entre o sujeito e a estrutura, o *"sujeito-agente"*, um singular habitado pela pluralidade (Arfuch, 2010) em contextos de formação como a escola ou a universidade. Ou seja, na perspectiva pós-fundacional as autoras pressupõem que os dois significantes "agência" e "sujeito" compartilham de uma "mesma postura epistêmica" em relação ao conhecimento (Gabriel; Mendes, 2019).

Macedo (2017, p. 22) afirma que o currículo tem um campo historicamente construído, "onde se desenvolve o seu argumento e o seu jogo de compreensões mediadoras. Há uma alteridade histórica que caracteriza este campo". O autor constrói sua concepção de currículo a partir das teorias críticas, mas de forma *"multirreferencial e intercrítica"* (Macedo, 2017, p. 44).

Oliveira e Süssekind (2017) elaboram uma trajetória das teorias críticas e os diálogos que estas promovem com tendências atuais no campo de estudos do Currículo e de algumas relações estabelecidas com as teorias pós-críticas. As autoras evidenciam a obra *Criar currículo no cotidiano* como revolucionária na história do campo no Brasil, uma proposta epistemológica tecida por um grupo de pesquisadores do campo de Currículo pós-críticos, Nilda Alves, Elizabeth Macedo, Inês Barbosa de Oliveira e Luiza Carlos Manhães, que associam os termos *"redes a conhecimentos e currículo a criação"* (Alves; Macedo; Oliveira Manhães, 2002), destacando o termo *a crítica da crítica* (Oliveira; Süssekind, 2017 p. 14). Aponta-se o crescimento de redes de pesquisadores que se debruçam a essa influência de *estudos "nosdoscom"*[41] *cotidianos em educação* no Brasil e sustentam que o cotidiano é o *espaçotempo* de criação de ideias e conhecimentos, de reflexão sobre a realidade (Oliveira; Süssekind, 2017).

---

[41] Expressão utilizada pelas autoras como uma junção de "nos", "dos" e "com" cotidianos (Oliveira; Süssekind, 2017).

Lopes (2008) procura entender os processos de ressignificação nas políticas educacionais globais que reverberam nos contextos locais no campo do Currículo. Segundo a autora, são traduções e ressignificações de diversos discursos teóricos que partem tanto de academias e agências de fomento como de orientações internacionais e de propostas curriculares de outros países. Nesse sentido a autora fundamenta que ocorre uma recontextualização, que simultaneamente redimensiona o texto provindos de diferentes interesses no discurso pedagógico (Bernstein, 1998).

> Na recontextualização, inicialmente há uma descontextualização: textos são selecionados em detrimento de outros e são deslocados para questões, práticas e relações sociais distintas. Simultaneamente, há um reposicionamento e uma refocalização. O texto é modificado por processos de simplificação, condensação e reelaboração, desenvolvidos em meio aos conflitos entre os diferentes interesses que estruturam o campo de recontextualização (Lopes, 2008, p. 28).

A autora compreende ser mais significativo se questionar a ideia de propostas híbridas que superam hierarquias e implicam relações mais democráticas. Assim propõe que "as diferentes formas de controle e de hierarquia engendradas por discursos híbridos sejam questionadas por intermédio da análise das finalidades educacionais a que atendem" (Lopes, 2008, p. 149).

> A própria noção de currículo pode ser considerada um híbrido, na medida em que envolve uma tradução e uma produção cultural para fins de ensino em um ambiente particular. A hibridização pressupõe, dessa forma, não apenas a mistura difusa de discursos, mas sua tradução e mesmo recontextualização (Lopes, 2008, p. 31).

Canclini (2003, p. 3, grifo nosso) entende por hibridização "processos socioculturais em que as estruturas ou práticas discretas, que existiam separadamente, combinam-se para gerar *novas estruturas*, objetos e práticas". Segundo Moreira e Macedo (2013), Canclini rediscute as relações entre as esferas econômicas e culturais acentuando que a cultura se submete à globalização, no entanto tal subordinação não resulta em homogeneização, mas "[...] esta dinâmica cultural constrói, assim, uma hibridização entre o culto e o popular, entre o tradicional e o moderno, entre o nacional e o estrangeiro, produzindo uma perspectiva plural que se manifesta em um mercado global [...]", com fronteiras cada dia mais flexíveis (Moreira; Macedo, 2013, p. 21). Sobre a noção de *estruturas* tratada por Canclini, podemos relacionar ao que Triviños (2008) conceitua:

> A *estrutura* é própria de todos os fenômenos, coisas, objetos e sistemas que existem na realidade. É uma forma interior que caracteriza a existência do objeto. Ela preserva a unidade que peculiariza a coisa através das conexões estáveis que se estabelecem entre os diferentes elementos que a constituem (Triviños, 2008, p. 80).

Com esse conceito, Triviños sustenta que "o *estruturalismo* é uma abordagem científica que pretende descobrir a estrutura do fenômeno, penetrar em sua essência para determinar as suas ligações determinantes" (Triviños, 2008, p. 81, grifo do autor). Sustenta que os traços fundamentais do estruturalismo é a busca de propriedades *extratemporais* do objeto, pois permite um "relacionamento positivo entre a ciência natural e a ciência social". Esse enfoque teórico se aproxima das teorias críticas de Currículo. Pontuamos aqui em meio às teorias pós-críticas, para explicitar que a base para as teorizações híbridas de Currículo está no estruturalismo, como reconhece Lopes a respeito do pensamento estruturalista de Basil Bernstein (Lopes, 2005a).

Segundo Lopes (2005a), há tensões de recontextualização e hibridismo no campo do Currículo, compreendendo que a característica híbrida é expressa pela associação de princípios das teorias críticas, fenomenológica e/ou interacionista, vinculados a princípios de teorias pós-críticas, do pós-estruturalismo, representado no campo do Currículo pela Teoria do Discurso (Lopes; Mendonça, 2015), e/ou pós-modernismo (Lyotard, 2013).

Desse modo, concordamos que a paisagem contemporânea de Currículo "[...] é povoada por seres híbridos [...]. Além disso, aquilo que é considerado como fato científico, é ele próprio, uma combinação de algo que já existe, que é 'objetivamente', dado, com algo que é fabricado; não existe ciência sem artefato [...]" (Silva, 2010, p. 103). Portanto, considerando que nosso estudo dialoga com autores tanto do campo das teorias críticas como das pós-críticas, postulamos um posicionamento *híbrido* das teorias curriculares (Pinar, 2011; Lopes; Macedo, 2005; Lopes, 2005a, 2005b; Lopes, 2008; Dussel, 2005; Lopes; Macedo, 2003; Lopes, 2013).

Na próxima seção deste capítulo, faremos uma fundamentação acerca do currículo como prescrição no intuito de consubstanciar as etapas de análises e triangulação de dados relativos à pesquisa empírica deste estudo.

2.2 O currículo como prescrição

Importante pontuarmos alguns conceitos em relação ao que se entende sobre o currículo como prescrição, visto que realizamos um mapeamento dos históricos escolares, os quais consideramos como registros identitários do currículo da formação inicial das pedagogas entrevistadas na pesquisa.

Segundo Sacristán (2000, p. 104), o *currículo prescrito* "é todo sistema educativo, como consequência as regulações inexoráveis às quais está submetido, levando em conta sua significação social, existe algum tipo de prescrição ou orientação do que deve ser seu conteúdo". O autor desenvolve amplamente esse conceito, colocando o currículo prescrito como base para todo o processo de desenvolvimento do trabalho educativo.

Em meados de 1969, Basil Bernstein foi um dos tutores de Ivor Goodson no Instituto de Educação em Londres, e isso o aproximou muito dos escritos daquele autor. Esse detalhe nos chama a atenção pelo fato de Goodson ter se inspirado para o trabalho de investigação curricular em disciplinas, visto que discutiam longamente acerca do assunto, e, segundo Goodson, Bernstein utilizou o termo "transmissão", no sentido de utilizar a "linguagem das pedagogias dominantes ao falar de outras visões" (Goodson, 2001, p. 85). No relato de Goodson, o trabalho de Bernstein o ajudou a "confirmar que existiam formas de discurso e de estudo acadêmico que permitissem representar as experiências do dia a dia dos alunos" (Goodson, 2011, p. 85).

Goodson (2001) fundamenta que as disciplinas têm "carreiras" que pertencem às comunidades epistêmicas com suas perspectivas histórias. Sobre isso, Japiassu (1978) traz três observações importantes acerca de pressupostos epistemológicos:

1. As ciências ditas humanas provocam o problema "o que se sabe sobre os seres humanos?", e, ao responder essa pergunta, leva-se à elaboração de uma teoria do conhecimento que também questiona "o que podemos efetivamente saber sobre a realidade humana?". Isso leva a construir uma epistemologia das ciências humanas.

Japiassu diz que tais conhecimentos levaram a um saber cumulativo que se concretiza através dos séculos, constituindo-se como objeto das crenças, opiniões e conhecimentos espontâneos, agrupando-se em torno da ética, da política, da estética, da literatura e da filosofia, tendo como principal objeto de investigação o ser humano. Sendo que esse conjunto proporciona conteúdos para as disciplinas reflexivas organizadas: História das Ciências, História das Ideias, Psicologia do Conhecimento, Sociologia do Saber etc.;

2. Na segunda observação, Japiassu chama de *episteme* o campo no qual determinam-se *a priori históricos,* as possibilidades e ordenação do saber (Japiassu, 1978, p. 16). Essa *episteme* constitui uma estrutura, um sistema coerente, é um processo epistemológico que se realiza no *tempo.* Enquanto processo também cultural, realiza-se em grande escala e em séculos ou milênios;

3. O ser humano passa a existir com sua própria "transcendência no interior de uma finitude que não é mais fornecida pelo infinito. Japiassu externa que o homem descobre, com perplexidade, que já não é tão livre o quanto pensava, pois se converte a um mero produto, submetido a vários tipos de forças inconscientes, por exemplo fruto da "formação de discursos" (Japiassu, 1978, p. 17).

Assim, a *episteme* passa por diferentes transformações, sendo que a ciência considera efetivamente o conceito genérico de seres humanos. "O hábito constitucional desse entendimento passa a ser apreendido concreta e praticamente da integralidade da espécie humana" (Japiassu, 1978, p. 17). Esse argumento reforça a relevância dada aos estudos de Young ao analisar acerca do conhecimento escolar e o controle social exercido sobre os conteúdos, e as preocupações de Bernstein a respeito daqueles que detêm posições de poder e definem o que deve ser selecionado como conhecimento (Goodson, 2001).

Nesse sentido, Borges (2015, p. 16) afirma que se possibilitou ao conhecimento "atravessar campos disciplinares ou espaços curriculares de diferentes naturezas contribui para a qualificação dos processos formativos institucionais à medida que abre espaços para contemplar interesses individuais ou coletivos, institucionais ou sociais".

Young (2010) identifica no pensamento de Vigotski um conjunto de características que distinguem os conceitos científicos dos cotidianos.

[...] são precisamente os traços reflexivos dos conceitos científicos que permitem que o aprendente desenvolva uma autoconsciência que os distingue dos conceitos de

> senso comum que utiliza e toma como adquiridos na vida cotidiana. [...] Vigotski apresenta-nos uma análise original e sugestiva do modo como os dois tipos de conceitos estão relacionados entre si nos processos de deslocarão do abstrato para o concreto e vice-versa (Young, 2010, p. 123).

No que se refere ao conceito de disciplinas, Vigotski define como "'formas mais elevadas de pensamento'. As disciplinas reúnem 'objetos de pensamento' como conjuntos de 'conceitos' sistematicamente relacionados" (Young, 2011, p. 615).

Diante desse desafio e considerando a postura teórica de Young a respeito do currículo centrado no conhecimento, o autor se posiciona e afirma que assume uma abordagem ao currículo baseada no conhecimento e na disciplina. Seguem alguns de seus argumentos:

> [...] primeiramente, o currículo precisa ser visto como tendo uma finalidade própria — o desenvolvimento intelectual dos estudantes. Não deve ser tratado como um meio para motivar estudantes ou para solucionar problemas sociais. Em segundo lugar, o desenvolvimento intelectual é um processo baseado em conceitos, e não em conteúdos ou habilidades. Isso significa que o currículo deve ser baseado em conceitos [...]. Em terceiro lugar, deve-se distinguir currículo e pedagogia, uma vez que se relacionam de modo diferente com o conhecimento escolar e com o conhecimento cotidiano que os alunos levam para a escola. O currículo deve excluir o conhecimento cotidiano dos estudantes, ao passo que esse conhecimento é um recurso para o trabalho pedagógico dos professores. Os estudantes não vão à escola para aprender o que já sabem (Young, 2011, p. 614).

Notamos na citação que o currículo tem uma finalidade própria de desenvolver intelectualmente os estudantes, é um processo baseado em conceitos. O autor acredita que se deve distinguir o Currículo e Pedagogia, pois relacionam-se de diferentes maneiras com o conhecimento escolar e cotidiano. Sugere que o currículo "exclua" o conhecimento cotidiano dos estudantes, apontando que o cotidiano é um recurso a ser trabalhado pedagogicamente pelos professores. No entanto acreditamos que nesse ponto Young foi muito radical, como o próprio título de seu texto diz, um "argumento radical", considerando que recomenda uma Pedagogia crítica para um outro modo de dialogar no processo de ensino e aprendizagem (Giroux, 1997, 2020; Giroux; McLaren, 2001).

Um outro elemento trazido por Young é a respeito dos professores como responsáveis de engajar os cotidianos dos estudantes nos conceitos definidos pelo currículo, o que contradiz o ponto anterior e oscila para uma forma híbrida de currículo, na qual ele tece uma crítica (Young, 2010). Sobre Young, Borges explana que esse autor apresenta argumentos teóricos potentes acerca do *"currículo centrado em disciplinas".* fundamentando-se na Sociologia do Conhecimento desenvolvida por Durkheim de onde

> [...] se depreende a necessária distinção entre o conhecimento do cotidiano da vida dos estudantes, adquirido por meio das *"experiências"* produzidas nas relações sociais mais amplas, e o conhecimento de *"base científica"* gerado pela comunidade científica, pesquisadores e especialistas das diferentes áreas do conhecimento humano (Borges, 2015, p. 9).

Nesse sentido, os estudos de Goodson revelam que ele tem pesquisado há décadas acerca do *currículo como prescrição* (Goodson, 1995, 2019, 2020) para investigar as histórias da construção social do currículo escolar como pré-requisito a uma *reconceitualização* (Goodson, 1995).

> [...] Defende-se que existe uma diversidade de "tradições" dentro das subculturas disciplinares. Estas tradições iniciam o professor em visões amplamente diferentes sobre as hierarquias do conhecimento e sobre os conteúdos, o papel dos docentes e as orientações pedagógicas globais. [...] O estudo das disciplinas escolares em evolução revela uma relação estreita entre a promoção de certas "tradições" e subculturas e a perseguição de *status* e de recursos (Goodson, 2001, p. 175).

Dos numerosos estudos que Goodson desenvolveu, foi integrando temas de análise de estruturas, sistemas, contextos amplos e relacionando-os às vidas das pessoas, constatando ligações entre a vida particular e a profissional de professores, o currículo prescrito e as relações de conflito e poder (Goodson, 1995, 2001, 2013a, 2015, 2019, 2020).

Esta breve discussão acerca do currículo como prescrição nos fundamenta às próximas seções articuladas ao objetivo previsto para este Capítulo, do mapeamento curricular. A seguir aproximamos o pensamento de Goodson ao de Ricoeur no intuito de ampliar a análise do currículo como prescrição às narrativas.

2.3 Goodson e Ricoeur: aproximações entre o campo do Currículo e as narrativas

Para Goodson (1995, p. 17), o currículo é uma "palavra-chave" dentro de territórios em constantes disputas que giram em torno da definição do currículo prescrito, por isso a importância de aumentar a compreensão sobre o campo curricular e de construir significados simbólicos e práticos.

Goodson sustenta que é preciso abandonar um enfoque único sobre o currículo como prescrição. "Isto significa que devemos adotar plenamente o conceito de *Currículo como construção social*, primeiramente em nível da própria prescrição, mas depois também em nível de processo e prática" (Goodson, 1995, p. 67, grifos do autor).

O autor aprofunda a respeito da história do currículo por meio da história das disciplinas escolares, estudando sobre os poderes que se engendram nas construções das disciplinas e quais as relações entre os conteúdos e as formas disciplinares, porque as disciplinas permanecem ou são retiradas dos currículos. Defende que o currículo prescritivo não se refere somente ao currículo que foi escrito como documento oficial, resultante das políticas e das negociações sobre o que deve ser ensinado, mas que educadores podem enfatizar a via prescritiva como uma maneira de fazer a política e definir a cultura da educação, como indicam alguns estudos sobre as políticas educacionais, principalmente de diretrizes (Goodson, 1995).

Na perspectiva do currículo como prescrição, Goodson (1995) indaga que é preciso um entendimento sobre como as prescrições curriculares estão construídas no interior das escolas, no caso deste estudo, das universidades. O autor exige que a abordagem curricular seja combinada: "um enfoque sobre a construção de currículos prescritivos e política combinada com uma análise das negociações e realização deste currículo prescrito e voltado para a relação essencialmente dialética dos dois" (Goodson, 1995, p. 72).

Essa ação é descrita pelo autor como uma *teoria de contexto,* em que há movimentos de reformadores de currículo para se chegar ao terreno de um entendimento do aspecto prático. Goodson salienta que na pesquisa curricular existe uma série de enfoques acessíveis ao estudo construcionista social:

- Enfoque *individual:* história de vida e carreira.

- Enfoque de *grupo* ou *coletivo*: as profissões, categorias, matérias, disciplinas etc., com o tempo, evoluem mais como movimentos sociais. [...].

- Enfoque *relacional*: as várias transformações das relações entre indivíduos, entre grupos e coletividades, e entre indivíduos, grupos e coletividades e a forma como essas relações mudam com o tempo (Goodson, 1995, p. 72; 2020, p. 210, grifos do autor).

Para o autor, é indubitável a investigação da relação entre o individual e as estruturas mais amplas, sendo que no estudo do currículo "a ligação entre a vida particular do professor e o currículo pré-ativo e interativo possibilita *insights* com referência à estruturação e ação" (Goodson, 1995, p. 74).

Nesse sentido, nossa pesquisa gerou estudos de dados sobre os participantes imersos no processo imediato, a fim de desenvolver "um entendimento cumulativo dos contextos históricos nos quais está inserido o currículo contemporâneo" (Goodson, 1995, p. 74).

> O processo humano pelo qual as pessoas fazem sua própria história não se realiza em circunstâncias de sua própria escolha, da mesma forma como acontece com as potencialidades para a negociação da realidade. O estudo histórico procura entender a forma como o pensamento e a ação se desenvolveram nas circunstâncias sociais do passado. Seguir esta evolução através do tempo, até o presente, proporciona-nos *insights* sobre como estas circunstâncias que experimentamos como "realidade contemporânea têm sido negociadas, construídas e reconstruídas (Goodson, 1995, p. 75).

Esse direcionamento de Goodson aproxima o estudo do currículo ao pensamento de Ricoeur (2010c) em relação ao tempo e narrativa, já mencionado neste trabalho. Ricoeur explicita três títulos dos quais faz distinções: *tradicionalidade, tradições e tradição*. Sobre *tradicionalidade*, ele afirma que "designa um estilo de encadeamento da sucessão histórica, ou, para falar como Koselleck[42], um aspecto da 'temporalização da história'" (Ricoeur, 2010c, p. 374). Para Ricoeur (2010, p. 377), a tradição, "formalmente concebida como tradicionalidade, já constitui um fenômeno de grande alcance",

---

[42] *Cf.* Ricoeur (2010c, p. 353) cita Reinhart Koselleck, *Vergangene Zukunft. Zur Semantik geschinchtlicher Zeiten*, Frankfurt, Suhrkamp, 1979.

[...] significa que a distância que nos separa do passado não é um intervalo morto, mas uma *transmissão geradora de sentido*. Antes de ser um depósito inerte, a tradição é uma operação que só pode ser entendia dialeticamente na troca entre o passado interpretado e o presente interpretante (Ricoeur, 2010c, p. 377).

Ricoeur relaciona essa análise dos termos acima referenciados à questão da verdade, de critérios para escolha de conteúdos considerados como tradições herdadas.

Dar uma avaliação positiva das tradições ainda não é, no entanto, fazer da tradição um critério hermenêutico da verdade. Para dar às noções de sentido e de interpretação toda a sua envergadura, deve-se pôr provisoriamente entre parênteses a questão da verdade. A noção de tradição, tomada no sentido das tradições, significa que nunca estamos numa posição absoluta de inovadores, mas sempre, primeiro, em situação relativa de herdeiros. Essa condição decorre essencialmente da estrutura linguageira da comunicação em geral e da transmissão dos conteúdos passados em particular. [...] Por tradição, entendemos consequentemente as coisas já ditas, que são transmitidas ao longo das cadeias de interpretação e de reinterpretação (Ricoeur, 2010c, p. 377).

O conceito de tradição em Ricoeur, de coisas ditas no passado e transmitidas ao logo de cadeias de interpretação e reinterpretação, encontra guarida nos estudos curriculares, visto que o currículo preceitua e seleciona conhecimentos historicamente e culturalmente produzidos pelos humanos (Saviani, 2012, 2015).

O desenvolvimento do pensamento de Ricoeur nos leva a uma "relação mimética entre a narrativa e a ação" (Ricoeur, 2010c, p. 378). Ricoeur expõe o caminho percorrido em relação à noção de tradição:

1) *A tradicionalidade* designa um estilo formal de encanamento que garante a continuidade da recepção do passado; [...] 2) *as tradições* consistem nos conteúdos transmitidos na qualidade de portadores de sentido; situam todas as heranças recebidas na ordem do simbólico [...]; nesse sentido, as tradições são *proposições de sentido;* 3) *a tradição,* enquanto instância de legitimidade, designa a *pretensão à verdade* (o ter-por-verdadeiro) oferecida à argumentação no espaço público da discussão. Ante a crítica que se devora a si mesma, a pretensão à verdade dos conteúdos de tradições merece

ser considerada uma *presunção de verdade,* enquanto uma razão mais forte, isto é, um argumento melhor, não se fizer valer (Ricoeur, 2010c, p. 386-387, grifos do autor).

Apreendemos da citação de Ricoeur que os conteúdos considerados como clássicos compõem o currículo prescrito e são tidos como instâncias de *tradicionalidade,* quando: garantem a continuidade da recepção do passado; são *tradições* recebidas de ordem simbólica, com significados e são *tradição* (ainda) enquanto instância de legitimidade de conhecimentos.

Nesse sentido, a história curricular pode trazer significados que podem "explicar o papel que as profissões — como a educação — desempenham na construção social do conhecimento" (Goodson, 1995, p. 118).

Com essa perspectiva, realizamos os mapeamentos dos históricos escolares, que são um tipo de "documento de identidade" (Silva, 2017) dos currículos cursados oriundos dos projetos pedagógicos dos cursos da formação inicial em Pedagogia das participantes de nossa pesquisa.

2.4 O currículo do curso de Pedagogia das pedagogas da pesquisa

Antes de adentrarmos nas análises das narrativas, mapeamos os currículos dos cursos de Pedagogia em que estudaram as profissionais participantes da pesquisa. Esta análise responde à questão específica 1, *"o que há de comum nos currículos do curso de Pedagogia da formação inicial dos pedagogos investigados?",* e o respectivo objetivo específico: *"investigar quais disciplinas são comuns nos currículos do curso de Pedagogia da formação inicial dos pedagogos investigados".*

O mapeamento organiza-se a partir das orientações acerca da estrutura do curso de Pedagogia pautadas no Parecer n.º 5/2005 (Brasil, 2005) e na Resolução n.º 1/2006, que estabelece as DCN de Pedagogia (Brasil, 2006). Apesar de considerarmos o conteúdo da Resolução n.º 2/2015 (Brasil, 2015) muito próximo das DCN do curso de Pedagogia, no que tange, principalmente, ao Capítulo IV (da formação inicial do magistério da educação básica em nível superior), inclusive nos três núcleos constituintes da estrutura curricular, registramos que, por motivo de ela ter sido revogada pela Resolução n.º 2/2019, não a utilizamos como referência para esse mapeamento, considerando, ainda, que ela é muito mais recente em relação ao tempo da conclusão do curso de Pedagogia pelos sujeitos da pesquisa.

Embora esta análise não objetive tecer argumentações quanto às mudanças trazidas pela Resolução n.º 2/2015, as quais orientaram as universidades na reformulação dos cursos de licenciaturas para uma adequação da estrutura curricular — como a importante mudança da carga horária do estágio supervisionado para 400 horas, o que ampliava as possibilidades de práticas profissionais mais aprofundadas; no entanto, observa-se que, no Capítulo IV da referida resolução, modificam-se alguns pontos específicos estabelecidos pelas DCN do curso de Pedagogia. Destacamos:

- no inciso I, modifica-se o nome "núcleo de estudos básicos" para *"núcleo de estudos de formação geral"* e descaracteriza-se esse núcleo retirando o conteúdo da letra h) das DCN de Pedagogia, *"h) estudo da Didática, de teorias e metodologias pedagógicas, de processos de organização do trabalho docente"* (Brasil, 2006, p. 3), e deslocando esse item para o inciso II da Resolução n.º 2/2015, do *"núcleo de aprofundamento e diversificação de estudos"* das áreas de atuação profissional.

Essa crítica se faz porque o estudo da Didática pertence ao núcleo de estudos básicos, conforme as DCN do curso de Pedagogia, Resolução n.º 1/2006, e não ao núcleo de aprofundamento e diversificação, como era estabelecido pela Resolução n.º 2/2015.

Outro ponto é que a referida resolução generaliza matérias pedagógicas que todos os cursos de formação inicial nas licenciaturas deveriam elaborar em seus projetos pedagógicos, como estudos de conhecimentos pedagógicos, fundamentos da educação, didáticas e práticas de ensino, gestão escolar etc., no entanto não sinaliza que esses conteúdos são especificidades do campo de estudo da Pedagogia e que as Faculdades de Educação deveriam ser consultadas pelas outras licenciaturas quando da feitura de seus projetos, considerando que essas matérias são ofertadas por departamentos da área de fundamentos, metodologias, políticas e teorias da educação.

É fundamental que se amplie essa discussão acerca dos núcleos estruturantes dos projetos pedagógicos dos cursos de licenciaturas em momento oportuno, quando um possível retorno dessa resolução voltar à pauta, ou, ainda, se uma nova resolução for elaborada democraticamente pelas universidades, entidades, pesquisadores etc., ao contrário do que ocorreu com a Resolução n.º 2/2019 (Brasil, 2019), que revogou a Resolução n.º 2/2015 (Brasil, 2015).

Para a análise das informações específicas geradas pelos históricos escolares, utilizamos a técnica da triangulação de dados fundamentando-se em Triviños (2008).

> A técnica da triangulação tem por objetivo básico abranger a máxima amplitude na **descrição, explicação e compreensão** do foco em estudo. Parte de princípios que sustentam que é impossível conceber a existência isolada de um fenômeno social, sem raízes históricas, sem significados culturais e sem vinculações estreitas e essenciais com uma macrorrealidade social (Triviños, 2008, p. 138).

Triviños sugere que a técnica da triangulação deve pautar-se na descrição, explicação e compreensão do fenômeno estudado, sendo que são três aspectos a serem observados em pesquisa qualitativa:

Quadro 7. A técnica de triangulação de dados segundo Triviños (2008)

Etapa	Aportes de Triviños (2008)	Elementos para a Triangulação
1º Aspecto	"*Processos e Produtos* elaborados pelo *pesquisador*, averiguando *percepções do sujeito* (formas verbais), através de entrevistas [...]" (Triviños, 2008, p. 139, grifos do autor).	**Percepções dos sujeitos**: Entrevistas Narrativas Neste capítulo, este elemento soma-se à 1ª etapa de Schütze (2010).
2º Aspecto	"Elementos produzidos pelo meio: documentos "(*internos,* relacionados com a vida peculiar das organizações e destinados, geralmente para o consumo dos membros; e *externos,* que têm por objetivo, principalmente atingir os membros da comunidade em geral); instrumentos legais: leis, decretos, pareceres, resoluções, regulamentos, regimentos [...], diretrizes, etc." (Triviños, 2008, p. 139, grifos do autor).	**Elementos externos:** Diretrizes Curriculares Nacionais do curso de Pedagogia (Resolução CNE/CP nº 1/2006) **Elementos internos:** Projetos Pedagógicos onde as pedagogas cursaram o curso de Pedagogia
3º Aspecto	"*Processos e Produtos originados pela estrutura socioeconômica e cultural do macroorganismo ao qual está inserido o sujeito*" (Triviños, 2008, p. 139, grifos do autor).	**Produtos originados:** Documentos dos históricos escolares frutos dos currículos do curso de Pedagogia

Fonte: elaborado pela autora a partir de Triviños (2008)

Neste estudo invertemos a ordem do primeiro e segundo aspectos indicados por Triviños por entender que se adapta melhor à percepção do objetivo a ser alcançado para este capítulo do livro, ficando do seguinte modo:

Figura 4: Triangulação realizada a partir de Triviños (2008)

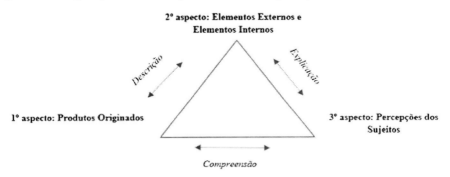

Fonte: elaborado pela autora a partir de Triviños (2008)

Considerando os dados gerados para este capítulo, fizemos uma triangulação (Figura 4) dos aspectos encontrados *nos produtos originados, nos elementos externos e internos às universidades* e *nas percepções dos sujeitos participantes,* dos quais organizamos a análise com a **descrição, explicação e compreensão** do foco em estudo (Triviños, 2008), que segue em paralelo à primeira e segunda etapa de Schütze (2010), cujas etapas seguirão nos próximos capítulos.

2.4.1 *Descrição* (Triviños, 2008)

Como primeira e segunda etapas da triangulação dos *produtos originados e elementos externos e internos às universidades* (Triviños, 2008), realizamos o mapeamento dos currículos integralizados do curso de graduação em Pedagogia pelas participantes, por meio dos documentos do histórico escolar recebidos a partir da investigação de campo, considerados como fontes primárias de pesquisa. Os documentos revelam que todas as entrevistadas iniciaram seu curso de graduação em Pedagogia antes das DCN de Pedagogia (Resolução CNE/CP n.º 1/2006). Observamos que três históricos curriculares datam em média de 23 a 26 anos atrás, considerando a data de ingresso das pedagogas na instituição de formação, como notado na tabela 9. Com isso, optamos em verificar, no site institucional das universidades onde as entrevistadas cursaram o curso de Pedagogia, a versão do projeto pedagógico vigente e disponível para balizar a referida análise.

Tabela 9. Relação/Ano entre os currículos analisados e os Projetos Pedagógicos atuais

Sujeito da pesquisa	Ano curricular do Projeto Pedagógico cursado (aproximado)	Ano do Projeto Pedagógico do curso Pedagogia vigente na instituição onde cursaram
Alice (P1)	1995	2019
Eulália (P2)	Antes de 2005	2007
Eulália (P2)	Antes de 2005	2006
Eulália (P2)	Antes de 1998	2012
Elza (P5)	Antes de 2000	2020
Marília (P6)	Antes de 1995	2019

Fonte: elaborado pela autora

Os históricos escolares analisados, "espelhos" dos currículos do curso de Pedagogia das entrevistadas de nossa pesquisa, mostram que mesmo tendo-se cursado o referido curso antes das DCN de Pedagogia (Resolução CNE/CP n.º 1/2006), elas têm em seu perfil de egressas tanto a formação docente para o magistério nos anos iniciais do ensino fundamental quanto a ênfase em uma ou duas habilitações para atuação profissional. Visto que alguns históricos não indicaram qual a habilitação foi cursada, complementamos as informações perguntando diretamente às pedagogas participantes.

Quadro 8. Especificação dos cursos de Pedagogia das entrevistadas

Pedagogas	Cursos
Alice (P1)	Pedagogia – Magistério das séries iniciais do 1º grau; Administração escolar; Supervisão escolar
Eulália (P2)	Pedagogia – Habilitação em Docência e Gestão de Processos Educativos

Pedagogas	Cursos
Elisa (P3)	Licenciatura Plena em Pedagogia
Carolina (P4)	Pedagogia
Elza (P5)	Licenciatura em Pedagogia
Marília (P6)	Graduação em Pedagogia – apostilado com Magistério

Fonte: elaborado pela autora a partir de dados da pesquisa

A partir da verificação dos projetos pedagógicos dos cursos de Pedagogia em vigor onde as entrevistadas cursaram a graduação na formação inicial, constatamos que, em todos esses documentos, tanto as disciplinas clássicas como os componentes práticos e os estágios — evidenciados nos históricos curriculares das pedagogas entrevistadas — estão estruturados em *núcleos formadores ou integradores*, sendo quatro organizados claramente conforme orientam o Parecer n.º 5/2005, a Resolução n.º 1/2006 e a Resolução n.º 2/2015.

São os núcleos constituintes da estrutura do curso de Pedagogia, conforme as DCN (Resolução n.º 1/2006; Parecer nº 5/2005): *núcleo de estudos básicos; núcleo de aprofundamento e diversificação de estudos; núcleo de estudos integradores e estágio curricular*. Desse modo, procedemos o mapeamento, conforme demonstrado no Quadro 9.

Quadro 9. Mapeamento das disciplinas do currículo da formação inicial em Pedagogia das entrevistadas: núcleo de estudos básicos (NEB)

Alice (P1)	Eulália (P2)	Elisa (P3)	Carolina (P4)	Elza (P5)	Marília (P6)
Núcleo de Estudos Básicos (NEB)	**Núcleo de Estudos Básicos (NEB)**	**Núcleo de Estudos Básicos (NEB)**	**Núcleo de Estudos Básicos (NEB)**	**Núcleo de Estudos Básicos (NEB)**	**Núcleo de Estudos Básicos (NEB)**
• Pesquisa e prática pedagógica • Introdução à pedagogia • Psicologia da educação • Filosofia da educação • Sociologia da educação • Sociologia geral • História da educação • Estrutura e Funcionamento do Ens. 1º e 2º graus • Currículos e programas	• Sociologia da educação • Antropologia e educação • Filosofia e educação • Pedagogia e educação • História da educação • História da educação brasileira • Psicologia e educação • Políticas públicas e educação • Epistemologia da educação	• Filosofia da educação • Sociologia da educação • História da educação • Ciências políticas, educação e sociedade • Fundamentos econômicos aplicados • Linguagem e hermenêutica • Psicologia da educação • Tópicos especiais em biologia da educação • Fundamentos da educação especial	• Introdução a educação • Introdução a metodologias das ciências sociais • Antropologia cultural • Português instrumental • Introdução a economia • Educação física • Introdução a filosofia • Introdução a sociologia • Introdução a Psicologia • Sociologia da educação	• Arte na educação • Psicologia da educação • Filosofia da educação • História da educação • Epistemologia da pesquisa em educação • Ética, trabalho e cidadania • Antropologia geral • Sociologia geral • Política e planejamento na educação escolar • Didática geral	• Didática • Currículos e programas • Pedagogia corretiva • Tecnologia educacional • Introdução a educação do pré-escolar • Didática da comunicação oral e textual • Introdução a educação especial • História da educação • Filosofia da educação

Alice (P1)	Eulália (P2)	Elisa (P3)	Carolina (P4)	Elza (P5)	Marília (P6)
Núcleo de Estudos Básicos (NEB)	**Núcleo de Estudos Básicos (NEB)**	**Núcleo de Estudos Básicos (NEB)**	**Núcleo de Estudos Básicos (NEB)**	**Núcleo de Estudos Básicos (NEB)**	**Núcleo de Estudos Básicos (NEB)**
• Didática • História das doutrinas pedagógicas • Planejamento educacional • Fundamentos da educação infantil • Comunicação e educação • Metodologia de ensino de 1º grau • Didática para o ensino de Ciências • Didática para o ensino de Matemática • Fundamentos da educação especial • Matemática para Ciências Humanas	• Educação e tecnologia da informação e comunicação • Currículo • Didática • Educação do campo • Artes e educação • Educação de adultos • Linguagem e educação • Fundamentos da educação infantil • Educação especial • Metodologia do ensino da língua portuguesa • Metodologia do ensino da matemática	• Política educacional brasileira • Educação infantil no contexto brasileiro • Metodologia de ensino aplicada a educação especial • Teoria e investigação do currículo • Organização do trabalho pedagógico • Metodologia de ensino, educação à distância e continuada • Planejamento, avaliação educacional • Gestão educacional	• Filosofia da educação • História da educação • Psicologia da educação • Biologia da educação • Arte aplicada à educação • Estatística aplicada à educação • Legislação da educação básica • Teoria do currículo • Fundamentos de didática • Psicogênese da linguagem oral e escrita	• Estrutura e funcionamento da educação básica • Fundamentos de currículo escolar • Fundamentos da alfabetização • Antropologia e educação • Didática nas séries iniciais • Currículo nas séries iniciais do ens. fundamental • Linguagem e met. do ensino nas séries iniciais • Expressão e comunicação artística • Fundamentos da educação especial	• Iniciação filosófico-científico • Estatística básica • Psicologia da educação • Psicologia social • Introdução a sociologia • Sociologia da educação • Estrutura e func. do ensino de 1º e 2º graus • Medidas educacionais • Planejamento educacional • Princípios e met. de supervisão escolar

Alice (P1)	Eulália (P2)	Elisa (P3)	Carolina (P4)	Elza (P5)	Marília (P6)
Núcleo de Estudos Básicos (NEB)	Núcleo de Estudos Básicos (NEB)	Núcleo de Estudos Básicos (NEB)	Núcleo de Estudos Básicos (NEB)	Núcleo de Estudos Básicos (NEB)	Núcleo de Estudos Básicos (NEB)
• Gestão escolar • Educação não formal	• Metodologia do ensino da geografia • Metodologia do ensino de história • Educação e cultura afro-brasileira • Metodologia do ensino das ciências • Educação e movimentos sociais • Gestão de processos educativos • Economia, trabalho e educação • Avaliação institucional • Gestão educacional	• Linguagens especiais e comunicação humana • Psicologia institucional	• História da educação brasileira e da Amazônia • Sociedade, estado e educação • Fund. Teor. metod. da educação infantil • Corporeidade e educação • Política educacional • Fund. teor. met. do ensino de ciências • Fund. teor. met. do ensino de história • Fund. teor. met. do ensino de geografia	• Matemática e met. do ensino nas séries iniciais • História e met. do ensino nas séries iniciais • Geografia e met. do ensino nas séries iniciais • Ciências naturais e met. do ensino nas séries iniciais • Novas tecnologias da educação • Gestão e organização do trabalho pedagógico na escola do ens. fundamental • Literatura infantil • Educação e meio ambiente	• Metod. do ens. de 1º grau • Metod. do ens. de 2º graus

Alice (P1)	Eulália (P2)	Elisa (P3)	Carolina (P4)	Elza (P5)	Marília (P6)
Núcleo de Estudos Básicos (NEB)	Núcleo de Estudos Básicos (NEB)	Núcleo de Estudos Básicos (NEB)	Núcleo de Estudos Básicos (NEB)	Núcleo de Estudos Básicos (NEB)	Núcleo de Estudos Básicos (NEB)
	• Arte e educação • Educação e gestão socioambiental		• Fund. teor. met. do ensino português • Fund. teor. met. do ensino da matemática • Fund. da educação especial • Avaliação educacional • Didática e formação docente • Tecnologias informáticas e educação • Planejamento educacional • Organização do trabalho pedagógico • Ludicidade e educação		

Alice (P1)	Eulália (P2)	Elisa (P3)	Carolina (P4)	Elza (P5)	Marília (P6)
Núcleo de Estudos Básicos (NEB)	Núcleo de Estudos Básicos (NEB)	Núcleo de Estudos Básicos (NEB)	Núcleo de Estudos Básicos (NEB)	Núcleo de Estudos Básicos (NEB)	Núcleo de Estudos Básicos (NEB)
			• Gestão de sistemas e unidades educacionais • Coordenação pedagógica em ambientes escolares • Pedagogia em ambientes não-escolares		

Fonte: elaborado pela autora a partir dos dados de pesquisa

No mapeamento curricular (Quadro 9), constatamos similaridades entre os *núcleos de estudos básicos* dos seis históricos curriculares analisados e os projetos pedagógicos de cursos de Pedagogia em vigor nas universidades onde estudaram as entrevistadas.

Destacamos algumas considerações da análise realizada, conforme uma subcategorização das disciplinas por áreas de proximidade:

- **Fundamentos:** estão as disciplinas de fundamentos gerais, como Psicologia da Educação, História da Educação, Filosofia da Educação, Sociologia da Educação. Estão em todos os currículos, sendo a Antropologia presente em três deles;

- **Sobre os Sujeitos:** encontramos disciplinas que tratam de sujeitos, fundamentos ou modalidades da educação. Considerando a base curricular pautada na docência para os anos iniciais da educação básica, verifica-se uma maior presença de conteúdos voltados para os sujeitos da educação infantil e anos iniciais desse nível de ensino, sendo que os estudos sobre a educação de adultos só aparecem em um currículo;

- **Currículo, Didática e Metodologias:** as disciplinas que tratam de fundamentos do Currículo e Didática aparecem em todos os históricos analisados. Em relação às metodologias, observa-se este tópico voltado a diversas áreas do conhecimento, como metodologia para a Língua Portuguesa, as Ciências, a Matemática, a História, a Geografia, e aplicada à Educação Especial. Em alguns currículos, as metodologias se referem às antigas nomenclaturas do "ensino de 1º e 2º graus";

- **Planejamento e Avaliação:** em relação ao Planejamento Educacional, de seis históricos, cinco apresentam essa disciplina. No que tange ao tema Avaliação, está presente em quatro documentos, sendo diferenciados: Avaliação Institucional (P2); Planejamento, Avaliação Educacional (P3); Avaliação Educacional (P4) e Medidas Educacionais (P6);

- **Gestão e Organização do Trabalho Pedagógico:** as disciplinas de Gestão educacional, Organização do Trabalho Pedagógico, Coordenação Pedagógica e Políticas constam em todos os históricos verificados;

- **Teorias da Pedagogia e Educação:** há poucas disciplinas voltadas especificamente ao estudo das Teorias Pedagógicas ou à Educação, de forma introdutória. Com essas características, encontramos as disciplinas: Introdução à Pedagogia (P1); História das Doutrinas Pedagógicas (P1); Pedagogia e Educação (P2); Introdução à Educação (P4); Pedagogia em ambientes não escolares (P4); e Pedagogia corretiva (P6); Princípios e Métodos da Supervisão Escolar (P6);

- **Políticas Educacionais:** Estrutura e Funcionamento do Ensino de 1º e 2º graus (P1; P6); Políticas Públicas e Educação (P2); Economia, Trabalho e educação (P2); Política Educacional Brasileira (P3); Legislação da Educação Básica (P4) Política Educacional (P4); Estrutura e Funcionamento da Educação Básica (P5); Estatística Aplicada à Educação (P4); Introdução à Economia (P4); Estatística Básica (P6) e Medias Educacionais (P6);

- **Tecnologias, Linguagem e Comunicação:** no que tange à área de tecnologias, informática, comunicação e expressão, os currículos revelam algumas disciplinas que tratam desses conteúdos, mesmo sendo em maioria há mais de 15 anos. São estas disciplinas: Educação, Tecnologia da Informação e Comunicação (P2); Linguagem e Comunicação (P2); Linguagem e Hermenêutica (P3); Metodologia de Ensino, Educação à Distância e Continuada (P3); Psicogênese da Linguagem Oral e Escrita (P4); Expressão e Comunicação Artística (P5); Novas Tecnologias da Educação (P5) e Tecnologia Educacional (P6).

Esse breve mapeamento não objetiva realizar um estudo comparativo entre os projetos pedagógicos vigentes e os projetos pedagógicos antigos onde as nossas interlocutoras cursaram Pedagogia; no entanto, o estudo nos leva a compreender as similaridades existentes entre as disciplinas dos históricos escolares da formação inicial das entrevistadas *antes-DCN de Pedagogia* e a estrutura dos PPCs de Pedagogia (da mesma universidade) *pós-DCN* (Brasil, 2006).

Figura 5. Disciplinas do currículo da formação inicial em Pedagogia das entrevistadas: núcleo de aprofundamento e diversificação de estudos (NADE)

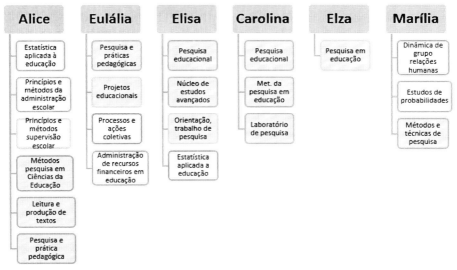

Fonte: elaborado pela autora a partir de dados da pesquisa

Como demonstra a figura 5, o mapeamento revela algumas disciplinas, projetos e laboratórios que se aproximam ao *núcleo de aprofundamento e diversificação de estudos (NADE),* dos quais destacamos: Pesquisa em Educação, presente em todos os currículos; Projetos Educacionais (Eulália – P2); Núcleo de Estudos Avançados (Elisa – P3) e Laboratório de Pesquisa (Carolina – P4).

Os históricos curriculares das pedagogas também indicam que alguns componentes se aproximam ao *núcleo de estudos integradores (NEI),* dos quais destacamos os Seminários das habilitações, de Educação e Tecnologias, de Pesquisa e Integradores (Alice-P1; Eulália-P2; Carolina-P4; Elza-P5), exceto para as interlocutoras Elisa (P3) e Marília (P6), como aponta a figura 6:

Figura 6. Componentes do currículo da formação inicial em Pedagogia das entrevistadas: núcleo de estudos integradores (NEI)

Fonte: elaborado pela autora a partir dos dados de pesquisa

Como podemos observar, embora os cursos de Pedagogia das interlocutoras tenham sido realizados antes das DCN de Pedagogia (Resolução n.º 1/2006), em três históricos aparecem elementos do núcleo de estudos integradores (NEI), orientados pela referida normativa a serem compostos, principalmente, de Seminários, de Atividades Práticas, e de Comunicação e Expressão Cultural (Brasil, 2006), o que também se consolida em relação aos Estágios (Figura 7).

Em relação aos Estágios e Práticas de docência nos anos iniciais do ensino fundamental, observamos nos históricos analisados variadas nomenclaturas para essa etapa de formação, como o Estágio de Supervisão nas Séries Iniciais, a Pesquisa e Estágio, as Práticas Pedagógicas, entre outras demonstradas na figura 7, a seguir.

Figura 7. Componentes do currículo da formação inicial em Pedagogia das entrevistadas: estágios e práticas

Alice	Eulália	Elisa	Carolina	Elza	Marília
Estágio supervisão séries iniciais de 1º grau	Pesquisa e estágio	Práticas pedagógicas	Prática pedagógica	Práticas de ensino nas séries iniciais do ens. fund.	Prática de ensino de 1º grau
Estágio supervisão em adm. escolar	Pesquisa e estágio em espaços formais		Prática de ensino da educação infantil		Prática de ensino de 2º grau
Estágio supervisão em supervisão escolar	Docência e gestão em espaços formais		Prática de ensino na escola fundamental		Estágio supervisão em supervisão escolar
Prática de ensino nas séries iniciais de 1º grau	Pesquisa e estágio em espaços não formais		Prática de ensino na escola normal		
	Docência e gestão em espaços não formais		Estágio supervisionado		

Fonte: elaborado pela autora a partir de dados de pesquisa

Os estágios e práticas registradas nos históricos investigados muito revelam a respeito do campo de atuação enfatizado nos currículos do curso de Pedagogia da época, década de 1990, como os Estágios em Supervisão e Administração Escolar, Estágio de ensino na Escola Normal e Práticas de ensino fundamental e médio (antigos 1.º e 2.º graus, respectivamente).

Ao defender uma outra estrutura de formação para o pedagogo, Libâneo (2006, 2002) discorre que as Faculdades de Educação poderiam oferecer dois cursos diferentes, um para formar o pedagogo especialista, e o outro de licenciatura, para formar o docente para o magistério nos anos iniciais do ensino fundamental e nas antigas disciplinas do curso normal, ofertado pelas Escolas Normais, já extintas, sendo que o pedagogo poderia complementar o curso para ser também licenciado, e o licenciado poderia habilitar-se como pedagogo.

Franco (2002, 2008) coaduna com a ideia de Libâneo e Pimenta, quando afirma que o curso de Pedagogia deve formar o profissional pedagogo, um especialista nas questões da educação, um pesquisador da práxis educativa, sugerindo que a formação de professores ocorra em cursos próprios para dar conta das complexidades.

No entanto as DCN de Pedagogia (Resolução n.º 1/2006) aprovaram a proposta defendida pela ANFOPE, com os núcleos de conteúdos voltados à formação do professor, extinguindo posteriormente as habilitações.

Em face das análises das fontes teóricas e empíricas realizadas, constatamos que as antigas habilitações de administração e supervisão educacional foram "transformadas" em gestão escolar e a orientação educacional foi ou ainda é ofertada como disciplina optativa pelas Faculdades de Educação. Como as DCN orientam, o pedagogo forma-se tanto professor quanto pesquisador para a atuação em diversos espaços educativos. Assim recordamos que na Resolução n.º 2/2015 se amplia às outras licenciaturas a questão da gestão escolar, como já mencionamos. Com isso houve um aumento da oferta do curso de Gestão Escolar em várias instituições públicas e particulares, como exemplos: a Universidade Federal da Fronteira do Sul (UFFS)[43]; o MBA em Gestão Escolar pela Escola Superior de Agricultura Luiz de Queiroz da Universidade de São Paulo (USP/Esalq) [44]; a Universidade Federal de Santa Maria (UFSM)[45]; a Pontifícia Universidade Católica de Minas Gerais (PUC Minas)[46]; entre outras que ofertam o referido curso.

Em relação à atuação na área de Gestão Escolar, ponderamos que o ideal seria ter ficado somente à cargo das Faculdades de Educação a oferta dessa disciplina pela especificidade do objeto da educação (Saviani, 2015). Para além dessa oferta, os cursos lato sensu também poderiam continuar aprofundando (como já o fazem) nas áreas de especialidades oriundas do campo da Pedagogia, sendo que esses cursos devem ser fortalecidos e ter as vagas ampliadas aos profissionais da Educação, promovendo sua formação continuada. Contudo os cursos lato sensu deveriam exigir como requisito de matrícula ter a licenciatura em Pedagogia para poder cursar a especialização em Gestão Escolar. Os profissionais bacharéis formados nas diversas áreas de conhecimento e de outras licenciaturas (sem ser a Pedagogia), e que tivessem interesse em seguir a carreira de gestão escolar, deveriam realizar o curso de Pedagogia como segunda licenciatura.

---

[43] Página institucional da UFFS, *Cf.*: https://www.uffs.edu.br/campi/chapeco/cursos/lato-sensu/gestao-escolar-educacao-basica/gestao-escolar-educacao-basica. Acesso em: abr.2021.

[44] Em relação ao referido curso de Gestão Escolar, a atual coordenadora é bacharel e licenciada em Química, e professora na Escola Superior de Agricultura da USP. *Cf.* endereços eletrônicos: https://mbauspesalq.com/cursos/gestao-escolar/. https://www.youtube.com/watch?v=5L2lW_K3QNk. Acesso em abr.2021.

[45] Página institucional da UFSM, *Cf.*: https://www.ufsm.br/unidades-universitarias/ce/especializacao-em-gestao-educacional/. Acesso em: abr.2021.

[46] Página institucional da PUC Minas, *Cf.*: https://www.pucminas.br/Pos-Graduacao/iec/Paginas/default.aspx. Acesso em abr. 2021.

Registramos essas reflexões para futuras discussões relacionadas a esse tema que possam vir a surgir, inclusive para a alteração do art. 64 da LDB 9.394/96, que dá amparo aos profissionais que não cursaram Pedagogia a atuarem em áreas de gestão escolar da educação básica, somente com uma formação realizada em cursos de pós-graduação:

> Art. 64. A formação de profissionais de educação para administração, planejamento, inspeção, supervisão e orientação educacional para a educação básica, será feita em cursos de graduação em pedagogia **ou** em nível de pós-graduação, a critério da instituição de ensino, garantida, nesta formação, a base comum nacional (Brasil, 2004, grifo nosso).

Essa conjunção "ou" do art. 64 da LDB 9394/96 causou e ainda causa muita confusão que reverbera no curso de Pedagogia. Afinal, a formação de profissionais de Educação para a área de Gestão Escolar "será feita em cursos de graduação em Pedagogia?", ou em cursos de "pós-graduação"? Este trecho "garantida nesta formação, a *base comum nacional*" se refere à base comum nacional do curso de Pedagogia? Entendemos que sim. Desse modo, as DCN de formação inicial e continuada idealizadas e discutidas pelas Faculdades de Educação, Entidades, MEC e CNE precisam retomar o debate para implementar a Lei favorável ao curso de Pedagogia.

2.5 Análise das entrevistas narrativas – 1ª etapa: análise formal do texto (Schütze, 2010)

Nesta 1ª etapa do método de Schütze (2010), da *análise formal do texto*, transcrevemos as narrativas e identificamos principais elementos de pesquisa. Foram momentos iniciais em que revivemos os áudios e identificamos nas passagens narrativas dos textos uma primeira impressão sobre as trajetórias e estrutura como um todo, de referências temporais dos narradores e seus principais esquemas de ação de sua situação biográfica (Weller, 2009).

Como apontamos no percurso metodológico, à medida que as questões da pesquisa avançam, vamos tecendo uma aproximação das etapas de análise da entrevista narrativa (Schütze, 2010) à *tripla mímesis da prefiguração, configuração e refiguração* (Ricoeur, 2010a).

Considerando a **questão geradora 1,** realizada para as pedagogas participantes, iniciamos as análises das entrevistas: *"fale sobre seu currículo do curso de Pedagogia (formação inicial), quais as disciplinas que marcaram* *sua trajetória profissional"*. Da 1ª etapa de análise das narrativas, apresentamos a seguir alguns excertos destacados do *contexto geral do texto transcrito* (Schütze, 2010).

Em sua entrevista, Alice (P1) nos conta a respeito da época em que fez o curso de Pedagogia e das opções que tinha para escolher as habilitações em Pedagogia, das quais escolheu o magistério para os anos iniciais do ensino fundamental e administração e supervisão.

> *Eu entrei na faculdade em 1995 e era um currículo bem diferente do que a gente tem agora. O meu curso foi bem diferente, era a época das habilitações ainda, o nosso curso era em nove semestres, foi noturno, eu já trabalhava em outra área, não era de educação e fazia o curso à noite. Foram nove semestres e eu consegui fazer duas habilitações: eu fiz a do magistério para anos iniciais do ensino fundamental e fiz administração e supervisão. Mas não consegui voltar para fazer a educação infantil e nem a educação especial, por conta da questão das habilitações terem acabado e o currículo ter mudado, então para eu voltar e fazer só o que faltava teria que fazer muito mais coisas e teria que esperar abrir vagas de retorno, então a minha turma do tempo do meu currículo ficou prejudicada, uma formação menor do que eu esperava, a gente brigou, mais não teve muito o que fazer* (Alice-P1).

A entrevistada percebe como negativa a extinção e demonstra certa frustração por não ter conseguido retornar para cursar a habilitação em educação infantil e em educação especial, visto que naquele momento as habilitações foram extintas e passaram pela mudança curricular.

A Eulália (P2) resgata o tempo antes de entrar na universidade, de quando morava no campo, e, depois que entrou para a universidade, gastava duas horas de deslocamento até o campus, mas comemora que se situou como cidadã depois de passar por muitas dificuldades com a família de origem camponesa.

> *Eu morava no interior e tinha que viajar de casa à universidade, duas horas para ir e duas horas para voltar. Eu também consegui me situar como uma cidadã, que precisa buscar muito a educação, porque ela não foi ofertada em condições mais acessíveis para mim [...]. Meu pai é agricultor e minha mãe também, a família vive do cacau e passei minha infância em uma fazenda. Quando eu fui da fazenda morar na cidade fui discriminada, eu tinha um comportamento e um falar que era diferente das pessoas*

> *da cidade, sempre tive baixa autoestima por causa disso, sofri muito bullying. [...] O primeiro semestre é sempre marcante, a gente sai de uma escola e vai para uma universidade, e em uma universidade é tudo diferente* (Eulália-P2).

Em sua entrevista, Elisa (P3) nos conta que as disciplinas foram muito importantes na atuação profissional, pois a ajudaram na carreira de administradora escolar em uma escola pública municipal de 1ª a 4ª séries do ensino fundamental:

> *Eu acho que as [disciplinas] mais importantes foram no início da minha trajetória, após a minha formatura. [...], porque logo que formei entrei na carreira de administradora escolar, depois pedi a exoneração e entrei para [a universidade]. [...] Primeiro trabalhei como administradora escolar, era uma escola pública municipal, uma escola pequena de 1ª a 4ª séries e tinha EJA à noite. Então, eu já tinha experiência como administradora e precisava supervisionar o trabalho nesta escola. Depois eu passei no concurso da Secretaria de Educação para ser coordenadora pedagógica, e fui ser coordenadora, [coloquei] tudo em prática [...]* (Elisa-P3).

Para Carolina (P4), a escolha das habilitações foi marcante, quando rememora aquele momento do curso de Pedagogia nos conta que precisou escolher entre duas habilitações, sendo que, ao entrar no curso a formação, era em Pedagogia magistério, ou Pedagogia administração escolar, ou Pedagogia e educação especial:

> *[...] Fui a primeira a passar no vestibular da minha família, nem meu pai e minha mãe tinham curso superior [...], prestei o vestibular para o curso de Pedagogia. Naquele momento em 1998, como era a Pedagogia: nós tínhamos que escolher duas habilitações; você passava no vestibular para a Pedagogia e escolhia o magistério e educação especial; ou magistério e administração escolar; ou administração escolar e supervisão e orientação. Os cursos eram Pedagogia magistério; ou Pedagogia administração escolar; ou Pedagogia e educação especial* (Carolina-P4).

O currículo do curso de Pedagogia foi marcante para Elza (P5), quando nos conta que na época já atuava como professora:

> *O currículo do curso de Pedagogia foi muito marcante na minha formação, porque na ocasião em que cursei esse curso, ele foi feito para professores do Estado que já atuavam na sala de aula e não tinham formação em Pedagogia* (Elza-P5).

Marília (P6) narra que estudou três anos de magistério antes de entrar no curso de Pedagogia e atuava em área administrativa na universidade, sendo que só exerceu sua formação depois de 13 anos de egressa, quando passou no concurso de pedagoga na mesma universidade.

> Eu comecei os meus estudos na área acadêmica pelo magistério, fiz três anos de magistério e depois fiz o vestibular para Pedagogia, em 1993 era bem concorrido, passei bem, dava até para ter tentado outro curso, mas fiquei em Pedagogia mesmo. No mesmo ano passei no concurso da universidade para a área administrativa [ensino médio]. Então terminei o curso de Pedagogia em 1997, mas não desenvolvi os conteúdos cursados, porque era outra coisa diferente. Depois de treze anos de formada passei no concurso para nível superior de pedagoga, então atuei durante seis anos na [área de ensino da universidade] (Marília-P6).

Como podemos observar nas narrativas, as pedagogas entrevistadas rememoram um episódio no tempo em que se relaciona com a primeira questão realizada, ou seja, o tempo torna-se tempo humano, à medida que vai sendo narrado, significado (Ricoeur, 2010c).

Enquanto as entrevistadas recordam quais as disciplinas que marcaram suas trajetórias, as interlocutoras vão trazendo à tona acontecimentos de suas vidas, de suas famílias, de seus trabalhos, de conteúdos estudados, de experiências pessoais e formativas que as constituem hoje como profissionais.

2.6 Análise das entrevistas narrativas – 2ª etapa: descrição estrutural do conteúdo (Schütze, 2010)

Reforçamos o entendimento para a 2ª etapa de análise da entrevista narrativa, da **descrição estrutural**, que Schütze se refere a partes do conteúdo que apresentam elementos marcadores, ou, ainda, se identificam em diferentes estruturas processuais *do conteúdo* (Schütze, 2010; Weller, 2009, Jovchelovitch; Bauer, 2002; Bohnsack, 2020).

Atemo-nos a excertos acerca das disciplinas curriculares da formação inicial que marcaram as trajetórias das participantes, as quais relacionamos ao chamado "círculo temático" de Schütze, quando se refere a contextos temáticos relacionados aos episódios entrelaçados de importância para o narrador dos quais pode-se elaborar categorias que caracterizem o processo analisado (Weller, 2009).

Quadro 10. 2ª Etapa de análise – *descrição estrutural do conteúdo: narrativas sobre as disciplinas/conteúdos que marcaram trajetórias*

Pedagogas	Narrativas
Alice (P1)	*As disciplinas que me ajudaram bastante foram as de **Fundamentos, de Filosofia, Sociologia, Psicologia, Pesquisa e Prática Pedagógica**. Você tem contato com a prática do que você está estudando na teoria, com os estágios, [por exemplo], pois tem o contato com a escola, com os professores, com a gestão. Outro **problema** que vejo, **eu não sabia desse campo da Pedagogia no ensino superior**, né, a gente não tem muito, **eu não vi nada na graduação** [...].* *Eu fiz o **estágio nos anos iniciais do fundamental**, como eu trabalhava de dia, eu fiz o **Estágio em EJA** durante um ano, e quando me formei fui trabalhar na prefeitura com EJA também, com educandos em um presídio, então isso ajudou também um pouco porque é outra faixa etária. [...] Foi um pouco menos traumática a adaptação no ensino superior, então acho que para nós que trabalhamos na **gestão do ensino superior**, somos um apoio à coordenação, a gente trabalha também com Currículo e a disciplina de **Currículo** (ajudou) [...].* *[...] é assim que eu me sinto no dia a dia, em que aparecem as questões e você tem que fazer, e fala "e agora?", "como eu lido com isso?", "como eu lido com essa situação?", é muito conflito, não sei se você tem também, mas são muitos conflitos na relação de professor e aluno, e a gente tem que ir na mediação, por isso que eu acho que a **Psicologia**, com a **teoria de Vigotski** foi a que mais ajudou nesse sentido.* *[...] **Educação Especial**, por exemplo, a gente teve uma disciplina que tratou sobre o contexto histórico da educação especial e quando eu cheguei aqui tinha uma aluna cega.* *[...] **Planejamento Educacional** também foi uma disciplina que ajuda bem, na minha época era **Currículos e Programas**.*
Eulália (P2)	*Eu gostei muito da disciplina de **Filosofia**, de **Sociologia**, onde consegui me perceber também como sujeito, como uma pessoa mulher. A gente consegue perceber estas questões, que no ensino médio não se trabalha [temas não trabalhados].* *[...] Quando cursei **Educação no Campo**, a disciplina nos levou a visitar o povo do campo, e eu fui entender a cultura do povo do campo. O professor também passou por história semelhante à minha, e quando ele contou, me identifiquei. Estudamos **Paulo Freire**, então mudou a relação com a minha própria história.* *Eu melhorei o olhar sobre minha história, que tem um valor muito grande, que tem um valor muito significativo para mim, então mudou muito.*

Pedagogas	Narrativas
Eulália (P2)	Gostei muito daquelas que abordaram sobre os **movimentos sociais**, que também fazem parte da educação do campo. Eu entendi muito mais sobre esses movimentos, o olhar sobre o MST, a luta das pessoas que estão em condição de desigualdade, que buscam pelos seus direitos. Eu já trabalhei sobre essas questões em sala de aula, fora da universidade, quando fui professora, trabalhei sobre essas questões de forma lúdica com as crianças, sobre as lutas sociais para garantir os direitos indisponíveis, e isso que a universidade me deu de formação que foi muito boa. Então eu também entendi muito sobre a **Antropologia,** toda essa formação básica do currículo do pedagogo é muito importante, porque isso ajuda a entender todo o *"fazer pedagógico",* todo o *"fazer educativo".* Então, as disciplinas introdutórias muitas vezes não são muito queridas pelos alunos porque tem uma carga densa de teorias, mas elas é que dão significados a todas as outras áreas [...].
Elisa (P3)	[...] as disciplinas que marcaram foram: **Filosofia da Educação**, eu me lembro muito bem das aulas, da minhas descobertas sobre o pensamento da criança; me lembro das discussões **de Piaget, Vigotski** [de Psicologia]; **Metodologia e Técnica Científica**, a questão da escrita do trabalho, como fazer uma pesquisa; **Ciências Políticas; Educação e Sociedade**, toda aquela discussão da política e importância da política na educação, como que você pode servir a sociedade através da sua formação pedagógica, qual a mudança que você pode fazer na vida do aluno. Isso eu trabalhei muito como vice-diretora. A disciplina **Prática Pedagógica** também, como fazer a relação entre a teoria e prática, eu lembro muito dessa disciplina e de **Fundamentos da Educação Especial** [...]. [...] **Didática**, [também] muito importante. **Metodologia Aplicada à Educação Especial I**, que vem a complementar a disciplina anterior; e **Fundamentos da Educação Especial. Organização do Trabalho Pedagógico** também; **História da Educação; Planejamento e Avaliação Educacional e Gestão Educacional** [...]. [...] **Tópicos Especiais em Biologia da Educação, eu nem lembro do que que é. Outra disciplina sem utilização é esta Corporeidade e Cidadania**, a ementa poderia ser até bonita, mas o professor era do curso de educação física e ensinava coisas básicas e medíocres.
Carolina (P4)	[...] em relação à nossa formação inicial, vieram todas aquelas disciplinas de introduções, por exemplo, **Introdução à História 1, 2 e 3**, que de um modo geral fala da **História da Educação, Filosofia, Sociologia, Psicologia, Planejamento educacional, e Política Educacional,** fundamental para a nossa formação e atuação, são essas as disciplinas de um modo geral. Ainda tem as **disciplinas do campo da educação infantil, do ensino fundamental e as de metodologias**, como a de **Ensino de Ciências e Metodologia do Ensino da Matemática** etc. [...]. Posso falar de um campo teórico que é fundamental também para a nossa ação que é a questão da **Educação Especial** [...].

Pedagogas	Narrativas
Elza (P5)	*Marcou muito na minha formação as disciplinas de **Pedagogia, de Currículo, de Psicologia, Didática e Organização do Ensino**. Nessa ocasião eu já trabalhava como diretora de escola, assessora e coordenadora pedagógica, então com aquelas disciplinas eu tinha uma certa familiaridade com o fazer. Essas disciplinas marcaram muito para mim, na ocasião o sentimento que eu tinha é que eu não estava preparada e não tinha conhecimento suficiente para absorver tudo aquilo do curso. Somente quando eu terminei o curso de Pedagogia é que eu me senti preparada.*
Marília (P6)	*O que eu mais gostei durante meu curso de Pedagogia foram as disciplinas voltadas para as pessoas, porque eu gosto muito de estar no meio do povo, como **Psicologia da Educação, Sociologia e outras**. Comecei atuando em sala de aula, porque quando a gente estuda e não tem a parte prática é uma coisa, você sai simplesmente com a sua teoria. E [assim] trabalhei, você nem sabe como vai colocar em prática. Porque o **Estágio** não é suficiente para você saber mais ou menos como vai atuar na tua profissão. Enquanto estava em sala de aula, eu procurava fazer o concreto, trabalhar com as crianças de maneira bem concreta, não é **só** falando, mas as mães gostavam bastante do meu trabalho e as crianças se adaptaram bastante.*

Fonte: elaborado pela autora a partir das entrevistas narrativas (grifos nossos)

A partir das narrativas, constatamos um rol de disciplinas e conteúdos que marcaram a formação inicial das pedagogas e suas trajetórias, bem como aqueles conteúdos que não foram vistos, como a *Pedagogia na educação superior*, assim descreve Alice (P1) *"[...] outro problema que vejo, eu não sabia desse campo da Pedagogia no ensino superior, né, a gente não tem muito, eu não vi nada na graduação [...]"* (P1).

Em relação a Eulália (P2), interessante a fala quando rememora sua (auto)biografia e a relaciona ao currículo estudado. Na entrevista nos conta que em virtude de sua história de vida provinda do campo, no curso de Pedagogia se identificou muito com as disciplinas que tratavam de movimentos sociais, e fala a respeito do diferencial que Paulo Freire proporcionou em sua trajetória: *"[...] Estudamos Paulo Freire, então mudou a relação com a minha própria história. Eu melhorei o olhar sobre a minha história, que tem um valor muito grande, que tem um valor muito significativo para mim, então mudou muito"* (P2).

> *Gostei muito daquelas que abordaram sobre os movimentos sociais, que também faz parte da educação do campo, eu entendi muito mais sobre esses movimentos, o olhar sobre o MST[47], a luta das pessoas que estão em condição de desigualdade, que buscam pelos seus direitos. Eu já trabalhei sobre essas questões em sala de aula, fora da universidade, quando fui professora trabalhei sobre essas questões de forma lúdica com as crianças, sobre as lutas sociais para garantir os direitos indisponíveis, e isso que a universidade me deu de formação que foi muito boa* (P2).

Percebemos pela fala de Eulália (P2) que ela já atuou como professora fora da universidade e trabalhou de forma lúdica com seus alunos sobre a questão dos movimentos sociais. Reconhece que a formação recebida pela universidade foi muito boa e sólida, por meio do curso de Pedagogia.

Elisa (P3) rememora inúmeras disciplinas cursadas e destaca *Piaget* e *Vigotski* entre os conteúdos estudados da área de Psicologia. Pontua que as disciplinas Ciências Políticas e Educação e Sociedade a ajudaram quando foi vice-diretora escolar: *"[...] toda aquela discussão da política e a importância da política na educação, como que você pode servir a sociedade através da sua formação pedagógica, qual a mudança que você pode fazer na vida do aluno. Isso eu trabalhei muito como vice-diretora"* (P3).

Curiosamente, a entrevistada faz uma crítica às disciplinas do currículo pouco úteis para a profissão do pedagogo, indagando: *"[...] tópicos especiais em biologia da educação, eu nem lembro do que é. Outra disciplina sem utilização é esta corporeidade e cidadania, a ementa poderia ser até bonita, mas o professor era do curso de educação física e ensinava coisas básicas e medíocres"* (P3).

Destacamos do excerto da narrativa de Carolina (P4) que ela vivenciou o curso de Pedagogia com intensidade:

> *Então na verdade, de fato, vivi o curso de Pedagogia. Se me perguntares "onde, de fato, tu gostas de atuar?", eu te digo que amo a educação infantil. Fui também professora alfabetizadora, eu amo alfabetizar, fui professora do ensino fundamental, também amo estar lá com os meninos nesta idade, meninos até 10,11 anos, e hoje eu atuo no ensino superior. Posso falar de um campo teórico que é fundamental também para a nossa ação que é a questão da educação especial [...]* (P4).

---

[47] Movimento dos Trabalhadores Rurais Sem Terra (MST)

Notamos da fala da entrevistada que ela veio da sala de aula, do "chão" da escola básica, foi professora na educação infantil e nos anos iniciais do ensino fundamental, ama ser professora, ama alfabetizar. Observamos pela fala da entrevistada que em seu ambiente de trabalho, na universidade onde atua hoje, chamam-na de Professora.

Em virtude de Elza (P5) ter cursado a Escola Normal, ela já trabalhava em escolas da educação básica quando entrou no curso de Pedagogia. *"[...] Nessa ocasião eu já trabalhava como diretora de escola, assessora e coordenadora pedagógica, então com aquelas disciplinas [Pedagogia, Currículo, Psicologia, Didática e Organização do Ensino] eu tinha uma certa familiaridade com o fazer"* (P5).

Em sua entrevista, Marília (P6) nos conta que começou atuando como pedagoga em sala de aula, como professora.

Comecei atuando em sala de aula, porque quando a gente estuda e não tem a parte prática é uma coisa, você sai simplesmente com a sua teoria. E [assim] trabalhei, você nem sabe como vai colocar em prática. Porque o estágio não é suficiente para você saber mais ou menos como vai atuar na tua profissão. Enquanto estava em sala de aula, eu procurava fazer o concreto, trabalhar com as crianças de maneira bem concreta, não é só falando, mas as mães gostavam bastante do meu trabalho e as crianças se adaptaram bastante (P6).

As narrativas revelam que as pedagogas já atuavam na área da Educação antes de serem concursadas pelas universidades. Todas são professoras, sendo que duas experienciaram vice-direção e direção de escolas, assessoria e coordenação pedagógica, e três eram professoras de salas de aula do ensino fundamental. A seguir destacamos (Quadro 11) as principais disciplinas/conteúdos que marcaram a formação inicial e trajetórias das entrevistadas.

Quadro 11. Destaques de disciplinas/conteúdos que marcaram a formação inicial e trajetória das pedagogas entrevistadas

Pedagogas	Narrativas: Destaques de Disciplinas/Conteúdos
Alice (P1)	Fundamentos de Filosofia, Sociologia e Psicologia [teoria de Vigotski]; Pesquisa e Prática Pedagógica; Estágio nos anos iniciais do fundamental; Estágio em EJA; Psicologia; Currículo; Educação Especial; Planejamento Educacional; Currículos e Programas.

Pedagogas	Narrativas: Destaques de Disciplinas/Conteúdos
Eulália (P2)	Filosofia; Sociologia; Educação no Campo; Paulo Freire; Movimentos Sociais; e Antropologia.
Carolina (P3)	Filosofia da Educação; Piaget, Vigotski [de Psicologia]; Metodologia e Técnica Científica; Ciências Políticas; Educação e Sociedade; Prática Pedagógica; Fundamentos da Educação Especial; Didática; Metodologia Aplicada à Educação Especial I; Fundamentos da Educação Especial. Organização do Trabalho Pedagógico; História da Educação; Planejamento e Avaliação Educacional e Gestão Educacional.
Elisa (P4)	Introdução à História 1, 2 e 3; História da Educação, Filosofia, Sociologia, Psicologia, Planejamento educacional, Política Educacional; disciplinas do campo da Educação Infantil e do Ensino Fundamental; as de Metodologias, do Ensino de Ciências; Metodologia do Ensino da Matemática e Educação Especial.
Elza (P5)	Pedagogia; Currículo; Psicologia; Didática e Organização do Ensino.
Marília (P6)	Psicologia da Educação, Sociologia e Estágios.

Fonte: elaborado pela autora a partir das entrevistas narrativas

As disciplinas e componentes curriculares mais rememorados nas falas são: Psicologia (P1; P3; P4; P5; P6); Filosofia (P1; P2; P3; P4); Sociologia (P1; P2; P3; P4); Planejamento (P1; P3; P4); Educação Especial (P1; P3; P4); Currículo (P1; P5); Didática (P3; P5); Metodologias de ensino (P3; P4); História (P3; P4); Organização do trabalho pedagógico/ensino (P3; P5); Práticas pedagógicas (P1; P3); Estágio nos anos iniciais do fundamental, outros estágios (P1; P6) e Políticas (P3; P4). Como as narrativas das pedagogas revelam, essas disciplinas e componentes são marcadamente importantes nas trajetórias profissionais, fazendo parte de cotidianos de trabalhos por onde atuaram como professoras, coordenadoras, diretoras de escolas e assessoras pedagógicas.

2.6.1 *Explicação* (Triviños, 2008)

Ao refletirmos a respeito das disciplinas acima evidenciadas que emergem das narrativas, compreendemos as preocupações dos professores Libâneo (2002, 2006), Pimenta (2006) e Franco (2008, 2002) em relação ao perfil do formado pelo curso de Pedagogia como uma demonstração de luta pela profissão do pedagogo, com recomendações para que a pesquisa não fosse enfraquecida, ou ainda, para que o curso não se descaracterizasse com uma outra estrutura devido à inserção de conteúdos da formação docente para o magistério dos anos iniciais do ensino fundamental.

No movimento discordante de Libâneo (2002, 2006) junto à Associação Nacional pela Formação dos Profissionais da Educação (ANFOPE), o autor formula uma concepção de educador em que a *base* de sua identidade profissional seja na teoria e prática em torno de saberes pedagógicos e não na docência, o que torna o embate polêmico com décadas de discussões acerca da identidade do pedagogo (Libâneo, 2002).

> [...] a **base comum de formação do educador** deva ser expressa num corpo de conhecimentos ligados à pedagogia e não à docência, uma vez que a **natureza** e os **conteúdos da educação** nos remetem **primeiro a conhecimentos pedagógicos e só depois ao ensino**, como modalidade peculiar de prática educativa. Inverte-se, pois, o mote "a docência constitui a base da identidade profissional de todo educador" (Libâneo, 2002, p. 55, grifos nossos).

Contudo, pelos estudos teóricos e empíricos presentes nesta pesquisa, avaliamos que a inserção dos conteúdos da docência fortalece os profissionais pedagogos. Decerto que as Faculdades de Educação e Entidades, que discutem a formação de pedagogos, precisam estar em alerta para que as caracterizações específicas do curso não sejam "repassadas", "transferidas" ou "diluídas" em outras ciências da educação, pois isso prejudicaria o futuro existencial do curso de Pedagogia, a ponto de esvair-se.

Com o mapeamento e as entrevistas narrativas a respeito deste capítulo, constatamos que do *núcleo de conteúdos básicos,* há uma sólida *base comum* na formação inicial das pedagogas participantes da pesquisa bem fincada nos conteúdos epistemológicos e teóricos da educação, incluindo os conteúdos de formação docente para o magistério nos anos iniciais do ensino fundamental. Não percebemos uma redução de disciplinas, mesmo se considerando a formação anterior às DCN. Como mencionamos, no momento da pesquisa nos projetos pedagógicos vigentes nas instituições formadoras dessas pedagogas permaneciam as mesmas disciplinas teóricas de base comum, como verificadas nos históricos escolares, e ainda, acrescentados os conteúdos da docência, mantendo-se um perfil de pedagogas-professoras.

Do *núcleo de aprofundamento e diversificação de estudos,* interpretamos das narrativas que o componente das práticas pedagógicas é o mais evidente da rememoração (auto)biográfica das participantes.

Não percebemos rememórias relacionadas ao **núcleo integrador**, ou seja, não houve narrativas em relação a algum seminário realizado durante o curso de Pedagogia que tenha marcado a formação inicial das entrevistadas. Em relação aos **estágios,** destacamos das narrativas os que foram realizados nos anos iniciais do ensino fundamental. Em relação às habilitações, não houve citações a respeito de estágios nessa área; no entanto, entre as falas aparece a disciplina gestão escolar, o que remonta às áreas de Administração e Supervisão Educacional.

2.6.2 Compreensão (Triviños, 2008)

No que se refere à sua conceituação, o campo do Currículo é como um amálgama, uma mistura de diferentes elementos complexos que se debatem nas diferenças e similaridades de suas concepções nos territórios escolares. Vimos pelos referenciais teóricos que o currículo como prescrição (Goodson, 1995, 2019, 2020; Sacristán, 2000, 2013; Borges, 2015; Young, 2011, 2010) é a base que proporciona sólidos conhecimentos das diversas áreas das ciências para o caminho de vida dos sujeitos em processos formativos institucionais; no caso deste estudo, o processo educativo agenciado pelo curso de graduação em Pedagogia.

Desde sua natureza, o campo é tensionado por disputas de diferentes pensamentos, onde cada vertente teórica (Silva, 2017; Malanchen, 2016) justifica suas convicções muito bem fundamentadas, das quais buscam compreender como o currículo é constituído, quais conteúdos são relevantes, quais são selecionados, quais as forças que operam nesse importante composto epistêmico que vem de tradições preestabelecidas historicamente por normativas de políticas curriculares, movimentos e ideários que tensionam os objetivos a serem alcançados nas diversas áreas e níveis da educação formal.

O currículo como um desenho prescritivo apresenta o conhecimento estruturado a ser trilhado; no entanto, para além da estrutura, há as questões das práticas de educação que promovem a constituição da realidade da sociedade (Sacristán, 2000, 2013), e neste *currere* (Pinar, 2007) o ser humano constrói saberes a partir da estrutura clássica de conteúdos *epistêmicos* acumulados cultural e historicamente prontos para serem assimilados pelos estudantes (Saviani, 2015, 2012; Malanchen, 2016).

Dos elementos indicados para a triangulação de dados (Triviños, 2008), constatamos que as disciplinas cursadas nos históricos escolares dos cursos de Pedagogia das entrevistadas são *produtos originados* (Triviños, 2008) de uma estrutura normativa de políticas curriculares anterior às DCN do curso de Pedagogia (Resolução CNE/CP n.º 1/2006), mas que oferecem à docência para os anos iniciais do ensino fundamental, antigo magistério de 1ª a 4 ª séries como parte da formação acrescidos de habilitações como supervisão educacional, orientação e administração escolar, que se configuram como gestão escolar. Como vimos, o currículo como prescrição aponta para uma via histórica, social e cultural na qual trilham os sujeitos (Sacristán, 2000, 2013; Goodson 1995, 2019, 2020).

O paralelo de equivalências que analisamos entre as disciplinas registradas nos históricos escolares, nos núcleos indicados nas DCN de Pedagogia (Resolução CNE/CP n.º 1/2006)[48] e nos projetos pedagógicos dos cursos, constatam evidências de que a base nuclear curricular constante naqueles históricos das entrevistadas perpassam, com algumas mudanças, de políticas em políticas curriculares no decorrer das décadas no bojo dos movimentos de luta das entidades e educadores (ANFOPE, 1983) pelas identidades profissionais de professores formados em licenciaturas e do que preceitua nos patamares institucionais das universidades e órgãos reguladores, como o Ministério da Educação e Conselho Nacional de Educação. "Todas as licenciaturas (Pedagogia e demais licenciaturas) deverão ter uma base comum: são todos professores. A docência constitui a base da identidade profissional de todo educador" (ANFOPE, 1983, p. 4).

> a) Em relação à licenciatura de Pedagogia, a partir da base comum a todo educador, define-se, como corpo de conhecimento que lhe é próprio, o seguinte:
> * teorias da educação – incluindo a análise filosófica, histórica, sociológica do processo educativo;
> * dinâmica e organização da educação brasileira e em especial da escola e do sistema de ensino;
> * processo de ensino-aprendizagem nas diferentes modalidades educativas.
> b) A licenciatura de Pedagogia forma prioritariamente o Professor das matérias pedagógicas. Poderá ter "áreas de concentração" ou "campos de estudo" como Educação de

---

[48] Embora tenhamos balizado a análise pelas DCN de Pedagogia (Resolução nº 1/2006), as DCN da formação inicial e continuada promulgada pela Resolução n.º 2/2015 é referenciada nos projetos pedagógicos observados, portanto também está implicitamente contemplada.

Adultos, Pré-escola, etc. que permitam o aprofundamento de conhecimentos, que reflitam as necessidades das IES em atender às exigências do projeto educacional com o qual estiverem comprometidas (ANFOPE, 1983, p. 5).

Esses princípios norteadores da ANFOPE foram percebidos nos históricos curriculares das pedagogas entrevistadas, visto que foram somados às habilitações de especialidades do pedagogo como uma tentativa de unificação, mesmo com habilitações (ainda em vigor na época em que cursaram a graduação) das disciplinas do antigo bacharelado para não haver separação de cursos, valorizando, assim, o licenciado pedagogo/professor (ANFOPE, 1983).

No que se refere a mudanças observadas nos históricos escolares das interlocutoras em relação aos atuais projetos pedagógicos onde cursaram o curso de Pedagogia, destacamos a extinção das habilitações de supervisão, orientação e administração escolar, sendo que estas foram incorporadas ao corpo curricular com disciplinas da área de Gestão Escolar, como demonstra o quadro a seguir.

Quadro 12. Das extintas habilitações aos atuais projetos pedagógicos do curso de Pedagogia

Pedagoga	Habilitações do histórico curricular das entrevistadas. Antes das DCN-Pedagogia Período: antes de 1995 até 2005	Projetos Pedagógicos dos cursos de Pedagogia atuais Período: entre 2006 e 2020
Alice (P1)	Magistério para os anos iniciais; Administração e Supervisão escolar	A docência, a gestão escolar e a educação não formal foram incorporadas ao currículo.
Eulália (P2)	Docência e Gestão de Processos Educativos	A docência e a gestão escolar, de sistemas, projetos e organizações não formais são parte do currículo.
Elisa (P3)	A docência e a gestão educacional constam no histórico curricular (Licenciatura Plena em Pedagogia)	A docência e a gestão educacional estão incorporadas ao currículo do curso. No que tange à gestão educacional, são previstos conteúdos de administração, orientação e supervisão educacional.

Carolina (P4)	Pedagogia (Licenciatura) A docência e a gestão educacional constam no histórico curricular (atuação em anos iniciais do ensino fundamental, na educação infantil, coordenação pedagógica e na educação especial)	A docência, a gestão e a coordenação pedagógica em unidades escolares e não – escolares estão no currículo.
Elza (P5)	A docência e a gestão educacional constam no histórico curricular. (Licenciatura em Pedagogia)	A docência e a gestão escolar de sistemas escolares e não escolares estão no currículo.
Marília (P6)	Licenciatura em Pedagogia: magistério nos anos iniciais ensino fundamental e supervisão escolar	A docência e a gestão pedagógica na educação escolar e não escolar estão no currículo do curso.

Fonte: elaborado pela autora a partir dos dados de pesquisa

Na sequência com o outro elemento da triangulação, a *percepção dos sujeitos* (Triviños, 2008), as entrevistas narrativas revelam uma certa satisfação das interlocutoras por terem cursado essas habilitações antes da extinção, como já mencionado nos excertos das narrativas, e como ponto negativo, percebemos um sentimento de frustração por não terem conseguido cursar todas as habilitações ofertadas, não tendo oportunidade de integralizar todas as áreas de atuação do pedagogo.

Observamos que os projetos pedagógicos atuais têm se constituído como importante processo contínuo de reflexão de todo o trabalho pedagógico (Veiga, 2007) escolar, aqui o universitário, em que o currículo permanece não somente nos históricos escolares de seus egressos como um "documento de identidade" (Silva, 2017), mas em suas experiências que são narradas (Josso, 2002; Connelly; Clandinin, 1995; Larrosa, 2014).

Como ponto positivo do processo de análise da historicidade das disciplinas das interlocutoras, elencamos que estas se revelam nas narrativas das pedagogias como marcadores temporais reverberando em suas práticas pedagógicas profissionais e de transformações nas trajetórias pessoais. Nesse sentido, as abordagens das narrativas são convergentes para o entendimento de que as práticas pedagógicas dos trabalhos das interlocutoras, como pedagogas formadas e atuantes, são vinculadas a uma conexão com os conhecimentos adquiridos no curso de graduação em Pedagogia e ao longo do *currere* da vida profissional (Pinar, 2017, 2007).

Os documentos triangulados com as narrativas a respeito das disciplinas que formam a base curricular da formação inicial universitária das pedagogas alargam a compreensão a respeito da identidade profissional, visto que as políticas curriculares têm norteado a composição do currículo como um artefato social e cultural (Silva, 1996). Como vimos, as narrativas revelam o currículo como lócus de determinantes sociais e culturais em diversos contextos e produz a formação de identidades individuais e sociais de profissionais que narram seus aprendizados de conteúdos disciplinares do curso de Pedagogia integrado ao percurso de vida e experiências (Goodson, 2013a, 2013b, 2015).

O mapeamento da história curricular nos revela, portanto, que o currículo prescrito não é estático, sem flexibilidade ou um "currículo-de-calque" (Raic, 2016), mas ele proporciona muitas outras possibilidades derivadas de sua sólida base, em imensas proporções na caminhada dos egressos, aqui, as pedagogas, que percebem naqueles conteúdos iniciais uma multirreferencialidade onde podem expandir suas indagações, suas formações e (auto)formações, questionando o que pode ser reconfigurado na continuidade da vida pessoal e profissional diante dos desafios. O sujeito é único em sua singularidade, mas por meio dela multiplica-se, expande-se em suas trajetórias individuais e coletivas na área da educação e da vida como um todo, e o currículo da formação inicial faz parte dessa transcendência fenomenal.

Assim, a rememoração das histórias narradas pelas pedagogas entrevistadas destaca-se nessas etapas de análises (1ª e 2ª) pela argumentação supracitada e nos leva à próxima fase, que trata da investigação do *campo de atuação profissional e atividades desenvolvidas na função de pedagogo*, temática que compõe nossos objetivos de pesquisa, a ser desenvolvida no próximo capítulo — "Pedagogias: Ciência, Narrativa e Crítica".

PEDAGOGIAS: CIÊNCIA, NARRATIVA E CRÍTICA

Este capítulo desenvolve amplamente a **questão específica de pesquisa nº 2**: "*qual a área de atuação profissional (Pedagogia narrativa) e atividades desenvolvidas na função dos pedagogos?*" Com o respectivo objetivo específico: "*investigar a pedagogia narrativa do campo de atuação profissional e atividades desenvolvidas na função de pedagogo*".

O mapeamento das disciplinas curriculares que compõem os currículos da formação inicial das participantes da entrevista narrativa nos remete a investigar relações existentes entre as concepções de Pedagogia: 1) o que é Pedagogia? a Pedagogia como ciência; 2) o percurso histórico do curso de Pedagogia no Brasil; 3) a Pedagogia narrativa e 4) a Pedagogia crítica.

3.1 O que é Pedagogia? A Pedagogia como Ciência

Argumentamos que esta pesquisa assume o conceito da Pedagogia como a Ciência da Educação. Esse tema é debatido de longa data, principalmente pelas indagações acerca de sua epistemologia. Tecemos um breve olhar.

Segundo Franco (2008), ao final do século XVI, educadores produziram obras revendo seus métodos de investigação da ciência, o que impactava as práticas pedagógicas, como W. Ratke e Comenius, que deram um caráter científico à Pedagogia exercida na época. Essa perspectiva do caráter científico da Pedagogia tradicional foi referenciada na obra *Didática Magna*, de Comenius (1592-1670), quando adota o método empírico para explorar o mundo.

O pensamento de Schleiermacher (1768-1834) reflete nos estudos entre o universal e o particular, com elementos da hermenêutica que reverberam mais adiante para a teoria da educação que lida dialeticamente com a teoria e prática, em ação inversa ao positivismo predominante naquele momento.

> A reflexão hermenêutica de Schleiermacher teve seu impulso inicial determinado pela necessidade teórica de explicar e justificar um procedimento prático, qual seja, o da interpretação e tradução de textos antigos clássicos. Não obstante ser já uma arte bem antiga, a hermenêutica ainda não tinha recebido um tratamento sistemático que a constituísse em ciência (Braida, 2015, p. 14).

Do pensamento de Herbart (1776-1841), surge uma das primeiras obras que tratam da Pedagogia como ciência. Johan Friedrich Herbart foi um filósofo, psicólogo e professor alemão que se dedicou aos estudos da educação, estabelecendo um alicerce sólido para a ciência da Pedagogia. Doutorou-se em Göttingen (Alemanha) com teses sobre questões de educação e em 1806 publicou sua Pedagogia Geral (Riboulet, 1951).

Segundo Riboulet, Herbart criou um seminário para formação de professores. Foi "sua experiência de professor e educador que levou Herbart a esta ideia principal de sua teoria pedagógica, verdadeiro traço de união entre seu sistema filosófico e sua 'pedagogia'" (Hilgenheger, 2010, p. 11).

> A Pedagogia é a ciência que o educador precisa para si mesmo. No entanto, ele também tem de possuir conhecimentos que lhe permitam comunicar [...] (Herbart, 2014, p. 16).

> [...] Para a educação através do ensino, exige ciência e capacidade intelectual - uma ciência e capacidade intelectual *tais*, que sejam capazes de considerar e de representar a realidade próxima como um fragmento do grande todo (Herbart, 2014, p. 19).

Na primeira frase da citação de Herbart, acrescentaríamos "a Pedagogia é a ciência que o educador precisa para si mesmo como para o outro", visto que não se faz educação sozinho (Freire, 2017). Pode ser que ele tenha se referido ao fato de que primeiro o educador precisa estar esclarecido de sua própria Pedagogia. Schmied-Kowarzik (1988) fundamenta que Herbart situa o problema teoria e prática na questão da significação e validade das práticas da determinação teórica de sentido da educação para a práxis educacional.

> Para isto, trata-se de diferenciar "antes de mais nada a pedagogia como ciência da arte do educar". "Ciência" é um "ordenamento de leis constituindo um conjunto de ideias... deduzidas a partir de princípios"; "ela exige a derivação

de leis a partir de seus fundamentos"; "arte" por sua vez é "uma soma de aptidões que precisam ser reunidas para produzir determinado objetivo"; ela exige "uma atividade contínua, apenas conforme os resultados daquela" (*PAEDAGOGISCHE SCHRIFTEN I*, p. 124 *apud* Schmied-Kowarzik, 1988, p. 31-32).

Considerando os problemas de educação de seu tempo, John Dewey (1859-1952) refuta a escola tradicional e propõe uma escola que reconhece a importância das experiências geradas pelos estudantes. Na obra *Experiência e educação,* traduzida no Brasil por Anísio Teixeira, Dewey interpreta a educação como o método científico no qual os humanos estudam o mundo por meio de uma teoria da experiência, "para se poder conduzir inteligentemente a educação na base de experiência" (Dewey, 1976, p. 23).

> O sentido da ênfase por mim dada ao método científico pode sofrer distorções, como resultaria de se compreender por isso apenas o apelo à técnica especial de pesquisa de laboratório conduzida por especialistas. O sentido da ênfase que ponho no método científico tem pouco a ver com técnicas especializadas. O que desejei dizer é que o método científico é o único meio autêntico sob o nosso comando para obter a compreensão da real significação das experiências de todos os dias, no mundo em que vivemos (Dewey, 1976, p. 93).

Segundo Franco (2008), o trabalho de Dewey com a teoria da experiência é significativo na questão de confluência de saberes que vão estruturando a Ciência da Educação/Pedagogia em seu caminhar epistemológico.

Inspirado pelo pensamento de Dewey, Anísio Teixeira idealiza para o Brasil uma escola democrática como direito de todos, em que a dimensão pedagógica se dá pela experiência. Para Teixeira, a necessidade de ensinar a ciência levou à transformação da velha escola em uma nova escola, cabendo-lhe "[...] o dever de aparelhar a criança com uma atitude crítica de inteligência [...]" (Teixeira, 1971, p. 40).

Os escritos de Anísio Teixeira são amplamente difundidos com um arcabouço teórico potente para a educação brasileira, propondo uma reconfiguração da identidade da escola para: se utilizar laboratórios ao desenvolvimento de experiências científicas; ser fomentadora de consciência política e democrática, com fins à emancipação dos cidadãos; ser promotora de oportunidades sociais e ser uma instância que integre a teoria com a prática educacional (Franco, 2008). Anterior ao trabalho de Teixeira, Franco (2008) identifica um *Tratado de Pedagogia* de monsenhor Pedro Anísio (1934), no qual o autor assume convictamente a Pedagogia como ciência da educação.

Libâneo (2001) argumenta que não é pelo fato da palavra Pedagogia se referir à educação e ao ensino de crianças — etimologicamente "peda" vem do grego *"paidós"*, que significa criança, e o outro radical é *"agoge"*, que pode ser traduzido como "condução" — que se concebe o curso de Pedagogia somente como formação de professores. Para o autor, é uma ideia muito simplista e reducionista, defendendo que a concepção para "ser pedagogo" é muito mais extensa.

Mesmo que a Pedagogia também se ocupe da formação de crianças, requer um trabalho com processos educativos, métodos, maneiras de ensinar, e "[...] tem um significado bem mais amplo, bem mais globalizante. Ela é um campo de conhecimentos sobre a problemática educativa na sua totalidade e historicidade e, ao mesmo tempo, uma diretriz orientadora da ação educativa" (Libâneo, 2001, p. 6). Em razão de a Pedagogia ser orientada pela ação educativa, tanto teórica como da prática da educação, que o alemão Schmied-Kowarzik (1988) chama a Pedagogia de ciência *da e para a educação*.

Saviani (2007) acrescenta que o estatuto científico da Pedagogia pode ser constatado na obra *Manuale di pedagogia generale,* escrita por Franco Frabboni e Giovanni Genovesi[49], na qual articulam a educação e a Pedagogia no "contexto dos chamados novos paradigmas que vieram a obter grande articulação a partir da década de 1990 do século XX" (Saviani, 2007, p. 100-101).

De acordo com Pimenta (2006), no VII Encontro Nacional de Didática e Prática de Ensino (ENDIPE), realizado em Goiânia em 1994, a cientificidade da Pedagogia foi indagada: "em que uma ciência poderá contribuir à superação do senso comum na direção de um saber emancipatório?" (Pimenta, 2006, p. 11). Pimenta conta que, no mesmo evento, o professor Tarso Bonilha Mazzotti apresentou o texto "Estatuto de Cientificidade da Pedagogia", com evidências de que é possível constituir uma "ciência da prática educativa" (Mazzotti, 2006, p. 13).

---

[49] Saviani (2007) fundamenta em FRABBONI, F.; PINTO MINERVA, F. *Manuale di pedagogia generale*. Roma-Bari: Laterza, 1994. Segundo Saviani, Genovesi admite a Pedagogia como uma ciência autônoma, que tem o papel de oferecer modelos sobre o problema da formação do indivíduo (SAVIANI, 2007, p. 102). Para a obra apontada por Saviani, *Cf.*: GENOVESI, Giovanni. *Pedagogía, dall'empiria verso la scienza*. Bologna: Pitagora, 1999.

Pimenta (2006) elabora um amplo quadro referencial acerca da Pedagogia como Ciência da Educação e situa relações entre a prática social de educação, a Pedagogia e a Didática. A autora sustenta que se denomine *Pedagogia* à Ciência da Educação, afirmando que a natureza de seu objeto, é a educação enquanto prática social. Esse é o diferencial da Pedagogia em relação às outras ciências da educação, que é de ser uma *ciência prática,* que "parte da prática e para ela se dirige" (Pimenta, 2006, p. 57).

Tendo como principal objeto de estudo a educação, a Pedagogia não deve se diluir nas ciências da educação, mas sim afirma-se como uma ciência prática e normativa da educação. Enquanto as outras ciências da educação, como as licenciaturas, também estudam a educação, entretanto, têm como seu objeto específico principal a História, a Geografia, a Física, a Biologia, a Filosofia, a Química, sendo que a educação fica em segundo plano. Ou seja, cada uma dessas ciências aborda o fenômeno educativo sob as perspectivas de seus próprios conceitos e métodos (Pimenta, 2006; Saviani, 2012; Libâneo, 2002).

Saviani (2012) pontua que as pesquisas realizadas no âmbito das ciências da educação (Sociologia da educação, Psicologia da educação, Economia da educação, Antropologia da educação etc.) já têm seus objetos constituídos e encaram a educação pela ótica desses objetos — como exemplo, o fato sociológico, o psicológico, o antropológico etc.

> As chamadas ciências da educação, em verdade, são ciências já constituídas com um objeto próprio, externo à educação, e que constituem, em seu interior, um ramo específico que considera a educação pelo aspecto de seu próprio objeto, recortando, no conjunto do fenômeno educativo, aquela faceta que lhe corresponde. Diferentemente, a ciência da educação, propriamente dita, se constituiria na medida em que constituísse a educação, considerada em concreto, isto é, em sua totalidade, como seu objeto (Saviani, 2012, p. 120-121).

Pimenta (2006, p. 48) considera que a aplicação relacionada ao fenômeno educativo realizada pelas outras ciências à educação é insuficiente, "uma vez que não partem do fenômeno educativo como problema de investigação". É a Pedagogia que pode postular o educativo propriamente dito e ser ciência integradora dos aportes das demais áreas.

> Quando se analisa o fenômeno educativo sob os ângulos dessas ciências já constituídas, são seus objetos da teoria e da prática que são detectados – e não os da educação.

> Portanto, a especificidade do fenômeno educativo fica totalmente diluída, quer ao nível da prática, quer ao da formulação teórica, uma vez que o *corpus* formado por essas ciências não constitui resposta válida para que a Pedagogia adquira o estatuto de ciência (Pimenta, 2006, p. 45).

Nesse sentido, Libâneo (2006, p. 119) sustenta que, mesmo que o fenômeno educativo requeira uma abordagem transdisciplinar, é a Pedagogia que tem a peculiaridade de "responsabilizar-se pela reflexão problematizadora e unificadora dos problemas educativos, para além dos aportes parcializados pelas demais ciências da educação". Pode, ainda, postular o educativo e ser ciência integradora dos aportes das demais ciências (Libâneo, 2002).

De tal modo, a Pedagogia institui-se como campo próprio de investigação dos problemas educativos com um tratamento globalizante, sendo o "quanto mais der conta de explicitar seu domínio próprio de investigação, mais poderá apropriar-se da contribuição específica das demais ciências" (Libâneo, 2006, p. 119).

> A Pedagogia, com isso, é um campo de estudos com identidade e problemáticas próprias. Seu campo compreende os elementos da ação educativa e sua contextualização, tais como o aluno como sujeito do processo de socialização e aprendizagem; os agentes de formação (inclusive a escola e o professor); as situações concretas em que se dão os processos formativos (entre eles o ensino); o saber como objeto de transmissão/assimilação; o contexto socioinstitucional das instituições (entre elas as escolas e salas de aula). Resumidamente, o objetivo do pedagógico se configura na relação entre os elementos da prática educativa: o sujeito que se educa, o educador, o saber e os contextos em que ocorre (Libâneo, 2002, p. 38).

Como defende Libâneo, Pimenta, Franco, nenhuma das chamadas ciências da educação trata especificamente dessa problemática; é objeto da Pedagogia. Podemos acrescentar na citação acima de Libâneo que, além do saber como transmissão, assimilação, *produz-se e compartilham-se conhecimentos* tanto nas escolas quanto no campo de atuação do pedagogo universitário, como investiga esta pesquisa. Embora Saviani enfatize muito da transmissão de conhecimentos históricos e culturalmente acumulados pela humanidade (Saviani, 2012), Freire (2018) defende que ensinar não é transmitir, mas criar possibilidades para o conhecimento.

Esse tema da Pedagogia como Ciência da Educação urge nos debates atuais e é tão contemporâneo como era naquele momento em que se desenhava um "estatuto epistemológico" por Mazzotti em 1993 e apresentado ao ENDIPE de 1994. O debate deve ser assumido com afinco nas Faculdades de Educação e pelas entidades de pesquisadores brasileiros, considerando também as produções internacionais que tratam do tema.

Em relação às Entidades, em 2020 a movimentação da ANFOPE foi realizada pelas redes sociais, com transmissão de debates on-line em virtude da pandemia de covid-19. As sessões transmitidas trouxeram preocupações e reflexões a respeito da Resolução n.º 2/2019[50] e dos impactos desta no futuro do curso de Pedagogia, do qual se tem sinalização de ser alterado pelo Conselho Nacional de Educação (CNE). Essa sinalização de alteração das DCN do curso de Pedagogia pelo CNE é extremamente preocupante porque os membros do referido Conselho não estavam ampliando as discussões para as Instituições de Ensino Superior (IES), Universidades e Entidades participarem da construção dos documentos normativos, denotando-se, assim, um perfil muito restrito de um debate que deveria ser amplo e democrático.

É certo que urge o debate político dos acontecimentos que giram em torno das DCN e dos temas da formação de profissionais da educação, principalmente do que reverbera da revogação da Resolução n.º 2/2015[51] pela Resolução n.º 2/2019; no entanto, para além disso, é importante retomar questões acerca do estatuto epistemológico da Pedagogia como ciência, que não deve se desvincular do debate curricular. Ao contrário, este o precede.

São inegáveis os avanços obtidos para o campo de formação inicial e continuada de professores de todas as áreas das licenciaturas com a Resolução n.º 2/2015 (revogada), inclusive nas orientações de estruturação curricular, para a organização em núcleos de estudos (inspirados pela DCN de Pedagogia) e um aumento da carga horária do estágio curricular de 300 para 400 horas. Entretanto o que vemos como positivo é que houve uma captura e diluição de temas que antes eram específicos do campo

---

[50] A Resolução n.º 2/2019 - Define as Diretrizes Curriculares Nacionais para a Formação Inicial de Professores para a Educação Básica e institui a Base Nacional Comum para a Formação Inicial de Professores da Educação Básica (BNC-Formação).

[51] A Resolução CNE/CP n.º 2, de 1º de julho de 2015 - Define as Diretrizes Curriculares Nacionais para a formação inicial em nível superior (cursos de licenciatura, cursos de formação pedagógica para graduados e cursos de segunda licenciatura) e para a formação continuada.

epistemológico da Pedagogia, a Ciência da Educação, em outras Ciências da Educação (Licenciaturas, no geral), transposição que tratamos um pouco mais adiante. Essa é uma pauta que deve ser retomada amplamente pelas Faculdades de Educação, cursos de Pedagogia, antes da feitura de uma nova Resolução que vá substituir, futuramente, a Resolução n.º 2/2019 (em vigor), da qual esperamos a revogação/extinção.

Contudo, como dito no início deste tópico, postulamos a Pedagogia como Ciência da Educação, tendo a educação como seu objeto/problema enquanto prática social, de caráter específico que a distingue das demais, como uma ciência da prática, pois parte da prática e a ela retorna (Pimenta, 2006), com sólida base teórica e epistemológica dos conhecimentos da educação (Libâneo, 2006, 2002; Saviani, 2012), tendo como perfil identitário a docência e a pesquisa como base do todo o processo de formação do pedagogo-docente-pesquisador (Borges, 2012; ANFOPE, 1992).

Com esses entendimentos, versaremos um breve histórico do curso de Pedagogia no Brasil, pontuando os principais acontecimentos que permearam esse campo de conhecimento tão disputado pelas políticas públicas, considerando sua tamanha responsabilidade social, tendo a Educação como seu objeto de estudo e principal foco de alcance, tanto na dimensão da ciência quanto nas práticas educativas.

3.2 O curso de Pedagogia no Brasil: breve percurso histórico

Aqui voltamos um pouco no tempo para historicizar um recorte histórico que trata da criação do curso de Pedagogia no Brasil. Fundamentamo-nos em Brzezinski (1996), Sokolowski (2013), Saviani (2012) e Silva (2003) para tecer uma breve síntese das políticas educacionais brasileiras que trouxeram mudanças significativas na trajetória do curso de Pedagogia ao longo de sua história.

Na obra *Pedagogia, pedagogos e formação de professores,* Brzezinski (1996) afirma que o curso de Pedagogia no Brasil foi criado em 1939 e traz um amplo estudo sobre o percurso e sua reconstituição histórica, origens e mudanças estruturais decorrentes de normativas e políticas educacionais que marcaram o curso de formação do pedagogo, dos profissionais da Educação do debate a respeito da identidade profissional do pedagogo.

Aborda sobre o amplo embate da dualidade entre o bacharelado e a licenciatura na formação inicial e as indagações sobre a questão da identidade do pedagogo debatida mais fortemente entre as associações educacionais e os intelectuais da educação em meados da década de 1980, como também corrobora Saviani (2012).

Desde o início do século XX, há preocupações com a formação de professores para o "secundário" em cursos regulares e em específicos, sendo que, em meados de 1939, tinha cursos destinados a formar bacharéis especialistas em Educação e, complementarmente, formar professores para as Escolas Normais dos anos 1930 até 1960. No Brasil, as Escolas Normais e os Institutos de Educação sofriam ajustes para adaptar-se a cada decreto reformador do ensino.

Sokolowski (2013) compreende a década de 1930 como um marco inicial do momento histórico em que a educação nova alargou a sua verdadeira função social, preparando-se para formar a "hierarquia democrática" pela "hierarquia das capacidades", que se abra às mesmas oportunidades de educação. Discute que os intelectuais compreendiam que o "[...] emergente processo de industrialização necessitava de políticas educacionais que modernizassem a educação [...]" (Sokolowski, 2013, p. 83).

A referida autora historiciza a respeito de documentos da legislação educacional que marcaram as políticas voltadas à educação, bem como para a Pedagogia. Um desses documentos foi o Decreto-Lei n.º 1.190 de 4 de abril de 1939, que instituiu o "modelo 3+1", adotado no país inteiro, em cursos de licenciaturas, incluindo o de Pedagogia. Segundo a autora, o modelo consistia em três anos de estudos dos conteúdos das disciplinas específicas do bacharelado e mais um ano de conteúdos didáticos, o curso de didática. Segundo o art. 51 do referido Decreto, o curso de pedagogia fora criado com o objetivo de "preenchimento dos cargos técnicos de educação do Ministério da Educação" (Sokolowski, 2013, p. 84).

Ao longo dos anos 1930 do século XX, a Pedagogia no Brasil foi um movimento renovador que irradiou sua influência na "ocupação dos principais postos da burocracia educacional e pela criação de órgãos de divulgação, buscando hegemonizar o campo educacional [...]" (Saviani, 2012, p. 86).

De acordo com Sokolowski (2013), em 1946 a nova Constituição estabelecia como competência da União legislar sobre as diretrizes e bases da educação. Desse momento em diante os intelectuais começaram a discutir o texto da futura LDB. Em 1948, um anteprojeto para as diretrizes e bases da educação foi enviado à Câmara Federal, o que suscitou muitos embates entre posições ideológicas antagônicas, levando à aprovação da Lei somente em 1961.

Da década de 1940 até a LDB/1961, ocorreram poucas mudanças na alteração do modelo vigente do curso de Pedagogia. De 1960 a 1970, o modelo educacional tecnicista foi implantado, e os pedagogos passaram a ser formados para atuarem segundo esse modelo (Sokolowski, 2013).

Segundo Brzezinski (1996), na década de 1961, a Lei n.º 4.024/61 foi homologada e não modificou a estrutura do curso de Pedagogia, manteve o esquema 3+1 por mais 20 anos, em que os alunos de Pedagogia se formavam bacharéis e cursavam mais um ano de didática para serem licenciados professores.

> Até 1961, portanto, por mais de duas décadas, o curso de pedagogia permaneceu com o esquema "3+1" que acabou sendo reforçado por nova regulamentação contida no Parecer 251/1962, decorrente dos postulados da Lei nº 4.024/1961. [...] Com uma longa explicação contida no Parecer 292/1962, seu relator pretendia esclarecer que, mesmo dicotomizando a formação em bacharelado e licenciatura, não haveria ruptura entre o conteúdo e método na estrutura curricular, como ocorreria no esquema 3+1.
> [...]
> Afirmo, entretanto, que a organização curricular indicada provocaria a separação entre conteúdo e método. Seria impossível ocorrerem momentos de concomitância, se as disciplinas de didática e prática de ensino eram acrescentadas ao bacharelado para formar o licenciado na etapa final do curso de pedagogia (Brzezinski, 1996, p. 56-57).

A este tempo ocorre uma batalha entre os educadores católicos e o movimento dos renovadores da educação no contexto de avanço da Pedagogia Nova (Saviani, 2012, p. 86). Saviani discorre sobre a evolução histórica e os duelos entre os teóricos intelectuais da época: como o ocorrido entre Anísio Teixeira e Ayres Bello (década entre 1930 e 1960); da Pedagogia Tecnicista (década de 1960) e os embates teóricos de Salm e Frigotto (década de 1980).

Muitos conceitos oriundos do momento histórico influenciaram a Pedagogia e a educação conforme a época: a concepção pedagógica produtivista (1969-2001), como arrazoa Saviani (2013a); as concepções contra hegemônicas que emergiram, como a Pedagogia crítica de Freire (2017); a Pedagogia crítico-social dos conteúdos, de Libâneo (1985); e a Pedagogia histórico-crítica, tendo seu principal representante Saviani (2013b).

Brzezinski (1996) explana que a partir da Lei n.º 4.024/61 foram emanados dois pareceres, o Parecer n.º 251/62, que manteve o curso de bacharelado em Pedagogia, fixando o currículo mínimo para o curso, e o Parecer n.º 292/62, que regulamentou as licenciaturas e legislou sobre a formação pedagógica que deveria ser em três disciplinas indicadas pelo CFE e mantinha-se a dualidade bacharelado e licenciaturas.

De acordo com Brzezinski (1996), o currículo determinado pelo Parecer n.º 251/1962 regulamentava o currículo mínimo do curso de Pedagogia e que consistia

> [...] de sete matérias para o bacharelado, quais sejam: psicologia da educação, sociologia (geral da educação), história da educação, filosofia da educação, administração escolar e mais duas matérias a ser escolhidas pelas IES. As sugestões para a escolha eram as seguintes: biologia, história da filosofia, estatística, métodos e técnicas da pesquisa pedagógica, cultura brasileira, higiene escolar, currículos e programas, técnicas audiovisuais de educação, teoria e prática da escola primária, teoria e prática da escola média e introdução à orientação educacional. Essas matérias eram denominadas matérias de caracterização e tinham o objetivo de definir a especificidade do profissional, mediante opções do aluno ou da instituição. Esse afunilamento definiria a parte especial ou diversificada do currículo (Brzezinski, 1996, p. 56).

A referida autora pontua que o currículo mínimo visava manter a unidade nacional de conteúdos aplicáveis como critérios de transferências de alunos, no entanto os educadores protestavam contra essa fixação (Brzezinski, 1996, p. 56). Ainda na década de 1960, outros acontecimentos históricos também influenciaram o curso de Pedagogia e a formação dos professores, a exemplos: os acordos MEC/USAID; Lei n.º 5.540/68, da Reforma Universitária; o Parecer n.º 252/69; e a Lei 5.692/71, da reforma do ensino primário e médio.

Ao final da década de 1970 e início da década de 1980, começaram os movimentos dos intelectuais da educação com debates nacionais a respeito da situação e futuro do curso de Pedagogia (Brzezinski, 1996; Saviani, 2012; Sokolowski, 2013; Silva, 2003; Pimenta, 2006). Os anos de 1980 foram fundamentais para a busca do estatuto epistemológico e da identidade do pedagogo. Segundo Gatti (2011), em meados dos anos 1980, uma grande maioria de cursos manteve cursos de bacharelados em Pedagogia.

Para reconstituir a trajetória do movimento das Associações e Entidades dos educadores, Brzezinski toma por base Limoeiro Cardoso[52] e Saviani[53] para afirmar que "um dos fatos mais significativos engendrados durante a ditadura militar brasileira foi o surgimento e o fortalecimento de formas autônomas de organização dos trabalhadores" (Brzezinski, 1996, p. 93).

Isso indica que no decorrer dos anos 1980 os movimentos coletivos da sociedade civil se articularam e formaram Entidades e Associações, entre elas estão: o Movimento Nacional de Reformulação dos Cursos de Formação dos Profissionais da Educação, a ANFOPE; a Associação Nacional de Pós-graduação e Pesquisa em Educação – ANPEd, que nasceu atrelada ao Estado, mas depois foi transformada em entidade autônoma; o Cedes – Centro de Estudos Educação e Sociedade, que promoveu em conjunto com outras entidades as Conferências Brasileiras de Educação – CBE (Brzezinski, 1996; Pimenta, 2006) e a Associação dos Supervisores de Educação do Estado do Rio Grande do Sul – ASSERS, criada em 22 de agosto de 1972[54], hoje ainda muito atuante na Região Sul do Brasil.

As Associações promoveram ampla movimentação nacional de impacto histórico, como diz Brzezinski, uma "grande explosão de ideias" que debatia as propostas do Conselho Federal de Educação –CFE para a definição de um novo sistema de formação do pedagogo. Destaca que os debates polarizavam entre as questões:

- extinção ou não do curso de pedagogia;
- formação do pedagogo em geral ou do pedagogo especialista;
- formação do especialista nas habilitações da graduação ou na pós-graduação;
- formação na perspectiva da pedagogia do consenso ou da pedagogia do conflito;
- formação mais teórica ou mais prática; entendimento do pedagogo como reprodutor ou produtor de conhecimento;

---

[52] Obra citada por Brzezinski (1996): *Cf.* Cardoso, M.L. *Autonomia dos movimentos sociais.* Boletim ANPEd 8, Niterói, ANPEd, 1986, p. 49-52.

[53] Obra citada por Brzezinski (1996): *Cf.* Saviani, Dermeval. *As associações e o Estado. Boletim ANPEd 8 (3-4).* Niterói, ANPEd 1986c, p. 43-47.

[54] *Cf.* site da ASSERS: https://sites.google.com/site/assersdigital. Acesso em: jul./2021

- adoção de um núcleo central ou de uma base comum de estudos;
- abstração ou concretude do termo educador (Brzezinski, 1996, p. 100).

A década de 1990 "[...] marcou o avanço do neoliberalismo no Brasil e no mundo. Isto trouxe profundas mudanças no campo educacional e consequentemente no processo de formação de pedagogos [...]" (Sokolowski, 2013, p. 88). De acordo com Pimenta (2006, p. 10), nos anos 1990 coloca-se em pauta a questão da especificidade da Educação e, consequentemente, "o caráter científico desta e da Pedagogia e suas vinculações com as ciências da educação".

> [...] a ANFOPE, em seu IX Encontro Nacional realizado em Campinas, em agosto de 1998, formulou o documento intitulado "Proposta de Diretrizes Curriculares Nacionais para os Cursos de Formação dos Profissionais da Educação" (ASSOCIAÇÃO NACIONAL PELA FORMAÇÃO DOS PROFISSIONAIS DA EDUCAÇÃO, 1998, p. 51-54).
> [...] Quanto às áreas de atuação, a ANFOPE especifica as seguintes: educação básica (educação infantil), ensino fundamental, ensino médio, educação de jovens e adultos, educação para portadores de necessidades especiais, curso normal), educação profissional, educação não-formal, educação indígena, educação à distância (Silva, 2003, p. 79-80).

Antes de 1999, o egresso do curso de Pedagogia, além de formado como professor das séries iniciais, também cursava as disciplinas das habilitações técnicas em supervisão escolar e orientação educacional, ou administração e inspeção escolar, para além da atuação em sala de aula, possibilitando trabalhar em outros espaços não escolares.

A Resolução CEB n.º 2, de 19 de abril de 1999 (Brasil, 1999), que instituiu as Diretrizes Curriculares Nacionais para a formação de docentes da educação infantil e dos anos iniciais do ensino fundamental, em nível médio, na modalidade Normal, redirecionou os debates no campo na formação e formação inicial dos formados em Pedagogia. O perfil e a atuação do egresso no campo de trabalho são temas que ainda emergem nas discussões nacionais, inclusive na Associação Nacional dos Profissionais da Educação – ANFOPE.

Entretanto, para essas DCN (Resolução n.º 2/1999), Libâneo e Pimenta (2002) relatam que se manifestaram diferentes posições sobre a formação dos profissionais da educação que não foram incluídas no referido documento. Os autores apresentam uma dessas posições no livro *Pedagogias e pedagogos: caminhos e perspectivas,* no qual distinguem o curso de Pedagogia *(stricto sensu)* e o curso de formação de professores para as séries iniciais do ensino fundamental.

Dessa feita, o modelo atual do curso de Pedagogia foi delineado a partir da LDB 9.394/96, o que contribuiu para as discussões sobre a identidade e atuação do pedagogo que se sucederam aos anos seguintes até em 2006, ao ser publicada a Resolução n.º 1, de 15 de maio de 2006, com as DCN de Pedagogia que definem o papel do pedagogo como um profissional que tem a docência como base de sua formação inicial.

Com a publicação das DCN do curso de Pedagogia (Resolução CNE/CP n.º 1/2006), as instituições formadoras realizaram uma reestruturação curricular, colocando a docência na base de formação do pedagogo, com vistas a formar uma identidade de pedagogo-docente. E os temas que antes eram das habilitações, com décadas de discussões no meio acadêmico das universidades, reorganizam-se com outros conteúdos fundantes para áreas de atuação profissional, para além da sala de aula, como a coordenação e gestão escolar, espaços educativos não escolares e outros onde demandem um pedagogo.

> Art. 4º O curso de Licenciatura em Pedagogia destina-se à formação de professores para exercer funções de magistério na Educação Infantil e nos anos iniciais do Ensino Fundamental, nos cursos de Ensino Médio, na modalidade Normal, de Educação Profissional na área de serviços e apoio escolar e em outras áreas nas quais sejam previstos conhecimentos pedagógicos.
> Parágrafo único. As atividades docentes também compreendem participação na organização e gestão de sistemas e instituições de ensino, englobando: I – planejamento, execução, coordenação, acompanhamento e avaliação de tarefas próprias do setor da Educação; II – planejamento, execução, coordenação, acompanhamento e avaliação de projetos e experiências educativas não-escolares; III – produção e difusão do conhecimento científico-tecnológico do campo educacional, em contextos escolares e não-escolares (Brasil, 2006, p. 2).

As funções descritas pela Resolução n.º 1/2006 e firmadas por meio dos Pareceres CNE n.º 05/2005 e Parecer n.º 03/2006 apresentam a docência não restrita ao sentido de ministrar aulas, mas defende uma concepção de docência ampliada para a participação na organização e gestão de sistemas e instituições de ensino, coordenação, acompanhamento e avaliação de projetos e experiências educativas não escolares.

Observa-se que nas DCN de Pedagogia de 2006 não está explícita a palavra "currículo", mas apresentam-se orientações de uma "estrutura":

> Art. 6º A estrutura do curso de Pedagogia, respeitadas a diversidade nacional e a autonomia pedagógica das instituições, constituir-se-á de:
> I – um **núcleo de estudos básicos** que, sem perder de vista a diversidade e a multiculturalidade da sociedade brasileira, por meio do estudo acurado da literatura pertinente e de realidades educacionais, assim como por meio de reflexão e ações críticas [...];
> II – um **núcleo de aprofundamento e diversificação de estudos** voltado às áreas de atuação profissional priorizadas pelo projeto pedagógico das instituições e que, atendendo a diferentes demandas sociais [...];
> III – um **núcleo de estudos integradores** que proporcionará enriquecimento curricular e compreende participação em: a) seminários e estudos curriculares, em projetos de iniciação científica, monitoria e extensão, diretamente orientados pelo corpo docente da instituição de educação superior; b) atividades práticas, de modo a propiciar vivências, nas mais diferentes áreas do campo educacional, assegurando aprofundamentos e diversificação de estudos, experiências e utilização de recursos pedagógicos; c) atividades de comunicação e expressão cultural (Brasil, 2006, p. 2, grifos originais).

O art. 6º das DCN de Pedagogia (Brasil, 2006) denota uma estrutura direta de currículo, constituída por núcleos: *núcleo de estudos básicos; núcleo de aprofundamento e diversificação de estudos; e núcleo de estudos integradores*, com fins à formação integral do pedagogo. Essa base de entendimento das DCN levaram as instituições formadores a aprofundarem as discussões sobre a estrutura curricular de seus cursos realizando diversos eventos e seminários com a comunidade acadêmica, com fins a elaboração ou reformulação do projeto pedagógico do curso (PPC).

Conforme Aguiar e Melo (2005) compreendem que o papel e a reestruturação dos centros, faculdades e departamentos de educação formadoras dentro de um contexto de reformas educativas requerem

> [...] pensar o projeto político-pedagógico da instituição, como espinha dorsal, sempre revisitado e reconstruído, bem como as suas dificuldades e possibilidades de avanços, na perspectiva da materialização de uma formação humana e profissional integradas. Formação essa que, pelos seus princípios pedagógicos, envolve a compreensão da prática educativa como prática social, sob o prisma das múltiplas dimensões ético-política, epistemológico-cultural, estética, profissional e humana, como também a organização do trabalho pedagógico mais amplo e docente articulados, entendidos nas suas mais diversas especificidades de área de conhecimentos e modalidades de ensino necessárias à formação do profissional da educação (Aguiar; Melo, 2005, p. 962).

Portanto, as instituições formadoras, ao discutirem a formação de profissionais de educação, também devem (re)pensar permanentemente sobre o projeto pedagógico de seus cursos, que não é estático, pelo contrário é vivo e em movimento. Para Aguiar e Melo, a perspectiva de formação humana e profissional desse "pensar" envolve a compreensão da prática educativa em uma ótica de múltiplas dimensões: como a ético-política; epistemológico-cultural; estética; profissional e humana. Especificamente no curso de Pedagogia, essa multidimensionalidade reflete também na organização do trabalho pedagógico mais amplo contemplando a atuação do pedagogo nos espaços escolares e não escolares.

Veiga *et al.* (2003) comentam que as DCN se constituem de orientações para a elaboração de currículos, são respeitadas pelas instituições de educação superior quando da elaboração dos projetos pedagógicos de seus cursos e destacam alguns objetivos das diretrizes:

- Proporcionar maior autonomia às instituições na definição dos currículos de seus cursos, desde que coerentes com as competências básicas e as habilidades propostas.

- Favorecer a flexibilização na duração da carga horária total do curso para atender à disponibilidade do aluno a partir do tempo mínimo estipulado para a integralização.

- Incentivar o reconhecimento de habilidades e competências adquiridas fora do ambiente escolar, por meio do estágio, das práticas profissionais e das atividades complementares.

- Definir o perfil profissional do egresso, descrevendo o que o aluno será capaz de realizar no mundo do trabalho (Veiga *et al.*, 2003, p. 101).

As autoras explanam de forma clara alguns objetivos a serem alcançados pelas diretrizes nos cursos de graduação. Desse modo, as DCN de 2006 foram determinantes para que as instituições formadoras discutissem a respeito de que curso e de qual identidade profissional deveriam ser vislumbrados nos projetos pedagógicos para atender a mais uma temporada normativa. A formação inicial do pedagogo permanece tendo sua base na docência (ANFOPE, 1983), com conteúdo da área de gestão de espaços escolares e não escolares e matriz curricular composta por núcleos estruturantes do currículo.

Portanto, o estágio supervisionado aparece com aproximadamente 9,38% da carga horária mínima exigida pela DCN, destinadas 300 horas a serem realizadas, prioritariamente em educação infantil e nos anos iniciais do ensino fundamental, contemplando também outras áreas específicas, conforme o projeto pedagógico do curso. Tendo sido alterada essa carga horária para 400 horas pela Resolução n.º 2/2015, que será logo comentada.

Com tantos embates que duram décadas a respeito de concepções e identidades do curso de Pedagogia para a formação do pedagogo-professor, a caminhada de disputas de territórios curriculares continua. Esse curso é hoje o curso que forma docentes para a educação infantil e para os primeiros anos do ensino fundamental da educação básica e outras áreas da educação, como gestão educacional e espaços educativos não escolares, ou ainda, para onde demandar-se um pedagogo.

A partir das discussões em torno da formação do pedagogo, a proposta nacional pauta-se firmemente na ideia de que o curso de Pedagogia deveria se organizar como uma licenciatura plena, com base curricular capaz de permitir a formação do professor/profissional da educação para as séries iniciais da escolarização básica. As funções das antigas habilitações (antes de 1999), como supervisão escolar, orientação, administração e inspeção escolar não continuaram presentes nas DCN de 2006, no entanto o Conselho Nacional de Educação determinou que, além da base docente, o curso também deveria conter a formação do gestor educacional.

Borges (2012, p. 130) se posiciona a respeito da formação dos pedagogos e defende que a docência deve ser a base da formação desse profissional, sendo que a docência não "[...] compreende a totalidade dessa formação e que a experiência da sala de aula em ambiente escolar em muito poderá contribuir para a ampliação do trabalho pedagógico em outros cenários educativos".

A Resolução CNE/CP n.º 2/2015, que instituiu as Diretrizes Curriculares Nacionais para a Formação Inicial e Continuada dos Profissionais do Magistério da Educação Básica, reaqueceu as discussões sobre a formação inicial e continuada de professores no foco das reformulações curriculares dos projetos pedagógicos dos cursos de graduação ofertados pelas universidades e instituições formadoras.

Entre os destaques que permanecem em muitos projetos pedagógicos, com as orientações oriundas da Resolução n.º 2/2015, estão o aumento da carga horária dos estágios das licenciaturas para 400 horas e a ampliação de atividades antes compreendidas somente a pedagogos, para todas as licenciaturas, como indicado:

Quadro 13. Ampliação de atividades da Pedagogia para todas as licenciaturas

Resolução n.º 1/2006 (DCN de Pedagogia)	Resolução n.º 2/2015 (DCN da formação inicial e continuada)
Art. 4º [...] Parágrafo único As atividades docentes também compreendem participação na organização e gestão de sistemas e instituições de ensino, englobando: I - planejamento, execução, coordenação, acompanhamento e avaliação de tarefas próprias do setor da Educação; II - planejamento, execução, coordenação, acompanhamento e avaliação de projetos e experiências educativas não-escolares; III - produção e difusão do conhecimento científico-tecnológico do campo educacional, em contextos escolares e não-escolares" (BRASIL, 2006, p. 2)	Artigo 3º [...] § 4º Os profissionais do magistério da educação básica compreendem aqueles que exercem atividades de docência e demais atividades pedagógicas, incluindo a gestão educacional dos sistemas de ensino e das unidades escolares de educação básica, nas diversas etapas e modalidades de educação" (BRASIL, 2015, p. 4).

Fonte: elaborado pela autora (grifos nossos)

Observa-se que a Resolução n.º 2/2015 ampliou atividades que antes estavam somente nas DCN de Pedagogia (Resolução n.º 1/2006) para todas as outras licenciaturas, como a gestão educacional de sistemas de ensino e de unidades escolares de educação básica, nas diversas etapas e modalidades de educação. Ressalta-se que esse ponto não é unânime entre os pesquisadores da área de Pedagogia, visto que se abrem possibilidades a licenciados de outras áreas de conhecimentos de assumirem atividades de gestão e coordenação na educação infantil, como em creches ou em escolas de anos iniciais do ensino fundamental da educação básica, espaços esses de atuação dos licenciados em Pedagogia. Por outro lado, essa significativa alteração na formação inicial das licenciaturas fortalece as matérias do currículo que tratam de gestão e políticas educacionais.

Outra composição inspirada nas DCN de Pedagogia (Resolução n.º 1/2006) para a Resolução n.º 2/2015 foram os núcleos estruturantes do currículo, dos quais: núcleo de estudos de formação geral; núcleo de aprofundamento e diversificação de estudos das áreas de atuação profissional; núcleo de estudos integradores e estágios. Essa composição estrutural sustenta uma Base Comum Nacional (BCN) com os princípios defendidos pela ANFOPE e fortalece a formação inicial e continuada dos profissionais da educação, com a ideia da docência ampliada.

A Resolução n.º 2/2015 foi revogada pela Resolução n.º 2/2019, que define as Diretrizes Curriculares Nacionais para a Formação Inicial de Professores para a Educação Básica e institui a Base Nacional Comum para a Formação Inicial de Professores da Educação Básica (BNC-Formação). No que se refere aos rebatimentos dessa Resolução n.º 2/2029 para o curso de Pedagogia, trata-se de uma outra política de formação inicial baseada em competências, que de modo prejudicial norteia ao desmembramento do curso que hoje oferece uma formação ampliada para o exercício da profissão docente — a docência na educação infantil; nos anos iniciais do ensino fundamental; na gestão escolar; na atuação em outros espaços educativos não escolares, onde se requer um pedagogo — para vários cursos fragmentados de formação de professores para os anos iniciais.

Portanto, a Resolução n.º 2/2019 pode proporcionar um desmembramento e desconstrução da profissão e da identidade do pedagogo do modo como estão estruturadas hoje (Brasil, 2006). Sendo que a atual estrutura de formação foi conquistada com muitas lutas e ressignificações, fruto de discussões, seminários e mobilizações de pesquisadores, Entidades e professores/as das faculdades de educação. Inclusive, a Resolução n.º 2/2019 desnorteia a concepção original do curso de Pedagogia postulada pelas DCN de Pedagogia (Resolução n.º 1/2006). Não ampliaremos a análise da Resolução n.º 2/2019, mas registramos que esta pesquisa apoia a revogação da referida resolução, na qual avaliamos que promove a desvalorização do conhecimento científico construído pelas pesquisas do campo de formação de professores no Brasil e é retrógada para a educação que se espera do século XXI.

Em face dos desdobramentos da Resolução n.º 2/2019, a ANFOPE promoveu inúmeras reuniões virtuais durante o período pandêmico de 2020, a fim de debater e consubstanciar os problemas trazidos pelo novo texto das DCN de formação de professores (Resolução n.º 2/2019). As proposições resultaram no documento publicado em 2021 (ANFOPE, 2021). A Associação Nacional de Pós-Graduação e Pesquisa em Educação (ANPEd) também promoveu debates on-line e produziu documentos a respeito da problemática.

Esse breve percurso em tela traz um recorte de acontecimentos que compõem o quadro de lutas históricas e contemporâneas de instituições universitárias, de intelectuais, de Entidades e de Associações que fundamentam, mobilizam e propõem melhorias para a formação inicial e continuada de profissionais da educação no Brasil. Em relação à Pedagogia e a identidade profissional do pedagogo, tornam-se, mais uma vez, o centro das preocupações.

Na sequência de nosso trabalho, partimos ao conceito de Pedagogia narrativa (Goodson; Gil, 2011, 2014), somando-se a outras fontes de autores, para fundamentarmos a investigação e interpretação das entrevistas narrativas, no que tange à questão provocativa de *quais pedagogias são narradas* pelas entrevistadas participantes da pesquisa.

3.3 Pedagogia narrativa

Compreendemos dos autores estudados acerca do conceito de Pedagogia[55] que este refere-se a todo processo educativo que envolva ensino e/ou aprendizagem, seja na educação básica ou superior, e/ou na formação continuada como constructo (auto)formativo tanto do sujeito individual aprendente como em sua jornada de interlocução com os outros sujeitos aprendentes do convívio de vida pessoal ou profissional, no qual vai constituindo sua identidade.

Na obra *Narrative Pedagogy* (2011), Goodson e Gill afirmam que vivemos em uma época de narrativa, que as histórias de vida são um ingrediente crucial naquilo que nos torna humanos e, por sua vez, que

---

[55] Há muitos conceitos de várias pedagogias, sendo que em um glossário pedagógico constante na obra *Pedagogia no Brasil* de Saviani (2012), o autor elenca acerca de 48 verbetes de diferentes tipos de pedagogias.

tipo de humanos elas fazem de nós. Para o autor, nos últimos anos a análise narrativa tem sido usada em muitas áreas de pesquisa, e o interesse nessa abordagem tem rápido desenvolvimento e leva os pesquisadores a avançarem nessa vertente de maneira confiável e estruturada de modo a interpretarem os resultados de maneira mais eficaz.

> [...] Do ponto de vista do desenvolvimento da pedagogia narrativa é a intersecção de interfaces: o primeiro é entre a ordem simbólica/mental do narrador pessoal e o desenvolvimento de cursos de ação a serem implementados no material mundo. Essa relação é complexa e cada pessoa desenvolve uma forma diferente equilíbrio dessas duas forças. O encontro narrativo no coração da pedagogia narrativa trabalha neste ponto para equilibrar e desenvolver um curso autoatualização de ação (Goodson; Gill, 2011, p. 151, tradução nossa).

Em seu livro, os autores detalham um projeto desenvolvido com a utilização da pedagogia narrativa do qual elencam algumas fases, como a preparação, a colaboração, a localização (da produção da narrativa em seus contextos históricos sociais, culturais, políticos), a teorização e a direção. Segundo os autores, essas fases do projeto foram realizadas por meio de encontros narrativos, nos quais se produziam narrativas que eram compartilhadas e interpretadas (Goodson; Gill, 2011). A perspectiva teórica utilizada pelos autores está pautada na hermenêutica, tendo como referências Gadamer e Ricoeur.

Goodson (2013a) sugere que, em função da valorização dos sentidos de vida das pessoas, é importante empregar as narrativas nos estudos que compreendem currículo, a escola, a atuação do profissional docente — no caso desta pesquisa, profissionais pedagogos. Para o referido autor, o senso de identidade de uma pessoa está embutido na construção da narrativa (Goodson, 2013c, 2015), na narrativa como Pedagogia (Goodson; Gill, 2011, 2014). Faz-se uma potente crítica ao currículo como prescrição e examina, em suas palavras, "noções novas de currículo como aprendizagem narrativa" (Goodson, 2019, p. 281).

Entre tantos projetos desenvolvidos internacionalmente por Goodson na área de pesquisa de narrativas, ele destaca o *Learning Lives* (Goodson, 2006) e o *Narrative learning* (Goodson *et al.,* 2010), em que desenvolve vários estudos sobre aprendizagem narrativa defendendo a ideia de se "levar a narrativa a sério, como um contexto de aprendizagem" (Goodson, 2019, p. 99).

> Narrativas são vividas e experimentadas assim como são contadas: elas podem ser descobertas, criadas, contadas e recontadas. [...] São experienciais e, ao contá-las, fornecem uma maneira de descrever e conectar mundos de vida alternativos, de construir sistemas e símbolos e valores (Goodson, 2019, p. 108).

Goodson defende que os seres humanos, ao se envolverem em suas aprendizagens, constroem significados por meio da narrativa. Para o autor, sem engajamento do próprio sujeito nos processos educativos que se colocam em sua trajetória de vida, haverá pouca aprendizagem. O autor trata de uma Pedagogia pautada em aprendizagens por meio de narrativas que são indissociáveis do currículo que se quer alcançar.

> Primeiro, em relação ao engajamento, seres humanos constroem significado por meio da narrativa. O senso que temos de nós mesmos é incorporado às histórias que contamos e recontamos. Quando a história de vida de uma pessoa está em foco e o processo e o conteúdo de aprendizagem se conectam, eles produzirão significado e se engajarão. Sem engajamento, haverá pouca aprendizagem, e sem um senso de si, haverá pouco engajamento [...].
> Em segundo, em relação à transformação pessoal, mudamos ao mudar as histórias que contamos sobre nós. Usamos histórias para dar sentido à nossa experiência e para construir significado e propósito para nossas vidas. As histórias nos proporcionam uma razão para ação e nos permitem reconstruir nossa identidade (Goodson, 2019, p. 108-109).

Ademais, a pedagogia narrativa revela-se em inúmeros estudos que trazem a ideia de aprendizagens por meio de narrativas (auto) biográficas que evidenciem as experiências dos sujeitos, de suas histórias de vida, acontecimentos, eventos, saberes e conhecimentos que emergem de práticas pedagógicas em diferentes espaços formativos: Gonçalves e Nogueira (2017); Souza e Angelim (2018); Frison e Simão (2011); Girardi e Rausch (2019); Bragança (2014); Aliança (2011); Louro (2016); Dias e Engers (2005); Couto (2011); Robles (2012); Esteban (2002); Mayorga Mendieta *et al.* (2017); Contreras *et al.* (2019); Speakes (2017), entre outros. Ressaltamos que nem todos esses estudos se referem à nomenclatura "pedagogia narrativa", mas analisamos que corroboram os conceitos para além de Goodson ao potencializar a Pedagogia que vem de narrativas.

Nesse sentido, a Pedagogia narrativa de Goodson e Gill (2011, 2014) tem inspirado muitos pesquisadores e professores que realizam as interpretações e transposições pedagógicas dessa teoria para seus campos de atuação profissional.

Portanto, ancorando-se nesse arcabouço teórico no que tange às raízes históricas do campo de estudos da Pedagogia, como Ciência da Educação e narrativa, continuamos a análise das entrevistas narrativas das pedagogas participantes da pesquisa. Como aponta Schütze (2010, p. 214), a partir dos fragmentos de vida específicos e das expressões colocadas sob uma relação sistemática umas com as outras, "[...] a biografia como um todo é construída, isto é, desde a sequência biográfica de estruturas processuais que dominaram a experiência em cada ciclo da vida até a estrutura processual dominante na atualidade".

Em face da contextualização teórica realizada, seguiremos para a *questão gerativa nº 2*, que foi analisada com a 3ª terceira etapa de análise da entrevista narrativa (Schütze, 2010) se aproximando de uma *configuração* do presente vivido a partir do passado rememorado (Ricoeur, 2010a) pelas pedagogas participantes.

3.4 Análise das entrevistas narrativas – 3ª etapa: abstração analítica de conteúdos (Schütze, 2010)

Procedemos nas análises da questão específica de pesquisa relacionada a este capítulo - ***questão gerativa** nº **2:** Comente sobre quais conteúdos com que você convive diariamente na profissão que não estavam no seu currículo do curso de Pedagogia e que você gostaria que fossem parte dessa formação.*

Quadro 14. 3ª Etapa de análise da entrevista narrativa (Alice - P1): *abstração analítica de conteúdos* (Schütze, 2010)

Autorregulação da aprendizgem	• "[...] o que está bem forte para mim, das disciplinas que eu tive, de Psicologia, foi Vigotski, Piaget e Skinner, em três semestres, cada um com um teórico. Mas agora no currículo, os estudantes têm a **teoria do Bandura, de autorregulação de aprendizagem, e fazendo essa disciplina, percebo o quanto isso é importante para mim, no dia a dia**, porque a gente recebe estudantes, e você também deve receber estudantes com os mais variados tipos de problemas. Aumentou bastante o número de estudantes com problemas psicológicos, e assim, problemas de aprendizagem mesmo, do professor vir aqui e falar "tal aluno não consegue escrever um texto acadêmico [...]" (Alice).
Estudo e Produção Acadêmica	• "[...] Eu também não tive uma disciplina que agora temos, chamada de "Estudo e Produção Acadêmica", eu acho super importante, **porque você sai do ensino médio e chega na universidade com outra realidade, é outro tipo de leitura que você têm que fazer, mais crítica, e uma escrita mais acadêmica**, como fazer resenhas [...]" (Alice).
Autorregulação da aprendizagem	• "Pelo que eu estava vendo na disciplina **"Oficina de autorregulação da aprendizagem"** [...], é uma disciplina para estudantes de graduação que a gente chama aqui de multidisciplinar, então, tem alunos de todos os cursos de licenciaturas, de engenharia, da educação física... Porque todos enfrentam esse problema de **como regulamentar o tempo de estudos, como você lida com a sua aprendizagem**, e quais as melhores formas de você estudar e aprender a lidar com essa relação, então, eu acho bem importante. Se eu tivesse [tido essa disciplina] isso ajudaria com certeza, para o atendimento ao estudante que a gente faz bastante" (Alice).
Atuação no Cotidiano Universitário	• "[...] é com muito cuidado [que fazemos as interferências], e é positivo, pela **experiência e pela prática do lugar que a gente ocupa** [...], e isso foi uma **conquista de espaço, da atuação.** A gente percebe de quando entramos na função, e de como estamos hoje. É pela prática mesmo, pelo cotidiano escolar e **aqui é o universitário**, mas é por aí que a gente vai construindo, é uma construção [...]" (Alice).

Fonte: elaborado pela autora a partir das entrevistas narrativas (grifos nossos)

Desse bloco de análise, apreendemos os principais elementos que aparecem nas narrativas de Alice (P1): autorregulação da aprendizagem, com a teoria do Bandura; estudo e produção acadêmica; a autorregulação novamente, em uma oficina de aprendizagem e a atuação do pedagogo no cotidiano universitário.

Quadro 15. 3ª Etapa de análise da entrevista narrativa (Eulália - P2): *abstração analítica de conteúdos* (Schütze, 2010)

Linguagem

*"Eu gostaria demais que tivesse **Linguagem**, para compreendermos aqueles que tivessem dificuldades com linguagem, como por exemplo pessoas especiais que têm síndromes. No curso a gente vê muito pouco sobre linguagem, a construção da linguagem na criança, as crianças que têm dificuldades com a linguagem, até a própria aquisição da língua no currículo, isso tem pouco no currículo" (Eulália).*

Educação Especial

• *"Como o curso de Pedagogia trabalha com séries iniciais e a gente está em um **momento de inclusão**, eu sinto muita falta disso no currículo, porque de repente a gente acha que é uma metodologia diferente para trabalhar com **sujeitos especiais**. Eu realmente preciso de um **suporte teórico**, porque na pedagogia a gente usa muito o termo "desenvolvimento típico", o "não típico", como é que eu lido com isso? [...]" (Eulália).*

Educação Especial

• *"Não tive isso, só tive uma disciplina de **Educação Especial**, mas ela não foi suficiente para que eu tivesse um pouco mais de **suporte teórico** para desenvolver uma boa metodologia, compreensão do processo pedagógico nas crianças que tem necessidades especiais, isso eu sinto dificuldade. Quando que eu fui trabalhar eu senti dificuldade de um pensar sobre estas questões da **educação especial** que o currículo da pedagogia não me deu" (Eulália).*

Fonte: elaborado pela autora a partir das entrevistas narrativas (grifos nossos)

A narrativa da entrevistada Eulália (P2) nos demonstra que as suas indagações para uma formação continuada estão relacionadas à Linguagem e a Educação Especial. Nos conta que diante de sua realidade de trabalho, sente falta de ter tido estes conteúdos de modo mais aprofundado no currículo da formação inicial e reconhece que precisa de um "suporte teórico", assim, é necessária uma formação continuada destes conhecimentos diante destes desafios postos.

Quadro 16. 3ª Etapa de análise da entrevista narrativa (Elisa – P3): *abstração analítica de conteúdos* (Schütze, 2010)

Projeto Pedagógico de Curso; Formação de Docentes; Formação de monitores; Assessoria Pedagógica.

*"No meu trabalho hoje, [trabalhamos] na reformulação de **projetos pedagógicos de curso**; na **formação de docentes**, e dos próprios assessores pedagógicos. Trabalhamos diretamente com os **monitores** e precisamos dar **formação para eles**. Trabalhamos com muitas questões sociais" (Elisa).*

Assessor Pedagógico

• *"Tudo o que a gente trabalha enquanto **assessor pedagógico**, eu tive uma formação no meu histórico escolar, nas minhas disciplinas, porém, poderiam ter sido mais aprofundadas. Nós trabalhamos muito a disciplina sobre "**como construir um projeto pedagógico** [...]" (Elisa).*

Fonte: elaborado pela autora a partir das entrevistas narrativas (grifos nossos)

A Elisa (P4) nos conta que hoje trabalha na assessoria pedagógica com a reformulação de projetos pedagógicos de cursos, na formação de docentes e de monitores. Comenta que na formação inicial estudou disciplinas que contemplam o que ela precisa para desenvolver seu trabalho, mas não foram abordadas de maneira aprofundada.

Quadro 17. 3ª Etapa de análise da entrevista narrativa (Carolina – P4): *abstração analítica de conteúdos* (Schütze, 2010)

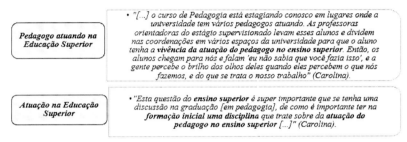

Fonte: elaborado pela autora a partir das entrevistas narrativas (grifo nosso)

A Carolina nos conta que os estudantes da licenciatura em Pedagogia estão realizando estágios nos espaços de atuação dos pedagogos universitários. Essa interlocutora enfatiza em sua fala a importância de se promover uma discussão na graduação em Pedagogia acerca da atuação do pedagogo na educação superior, inclusive sugere a oferta de uma disciplina acerca desse campo de trabalho.

Quadro 18. 3ª Etapa de análise da entrevista narrativa (Elza – P5): *abstração analítica de conteúdos* (Schütze, 2010)

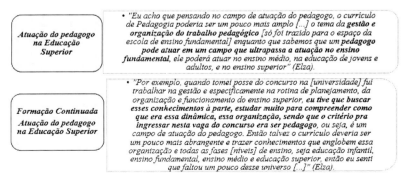

Fonte: elaborado pela autora a partir das entrevistas narrativas (grifos nossos)

Segundo as narrativas de Elza, os conteúdos de gestão e organização do trabalho pedagógico foram levados somente para o espaço das escolas de educação básica, no entanto indaga que o currículo do curso de Pedagogia poderia ser mais amplo, considerando que o pedagogo pode atuar em outros campos, como diz a entrevistada, inclusive no ensino médio, na educação de jovens e adultos e na educação superior.

Quadro 19. 3ª Etapa de análise da entrevista narrativa (Marília - P6): *abstração analítica de conteúdos* (Schütze, 2010)

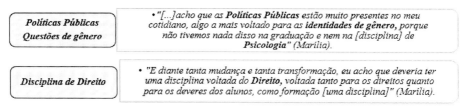

Fonte: elaborado pela autora a partir das entrevistas narrativas (grifos nossos)

Esses conteúdos narrados que não estavam na formação inicial demandam uma *formação continuada em serviço*, como o termo diz, que se reconhece em contínua formação de si mesmo, para sua trajetória profissional e para os outros de seu convívio social. Encontramos amparo teórico nos estudos de Goodson e Gill (2011), ao fundamentarem uma (auto)formação individual e coletiva quando o profissional busca estudos de temáticas que surgem no cotidiano escolar. Ou, ainda, pode buscar cursos de formação stricto sensu em programas de pós-graduação, como especialização, mestrado ou doutorado.

Ao compreendermos a definição de Goodson e Gill (2011) relacionada à pedagogia narrativa, percebemos uma pedagogia crítica muito significativa presente nos processos formativos das trajetórias de vida observadas nessa etapa das entrevistas e inter-relacionamos aos conceitos da pedagogia crítica fundamentados em Paulo Freire (2017) e Giroux (2020), entre outros intelectuais que expandem o legado de Freire, como Goodson e Gill (2014), Goodson (2019), McLaren (1987) e Mayo (2013).

Desse modo, avulta-se que as lacunas de formação apontadas pelas narrativas são mediadas pelas buscas de (auto)formação biográfica das interlocutoras da pesquisa, que encontram em seus ambientes de trabalho temas que exigem um aprofundamento teórico e prático, conforme evidenciamos nas pedagogias e conteúdos narrados.

3.5 Pedagogia crítica

Paulo Freire é um clássico intelectual brasileiro e representa os sólidos fundamentos para o pensamento crítico educacional, ocupando um lugar de destaque nas publicações de pesquisadores do Brasil e do mundo, sendo um dos mais importantes educadores do século XX, com posição permanente entre os fundadores da "Pedagogia crítica" (Giroux, 2016, 2020).

Sua admirável Pedagogia defende que os sujeitos podem *ser mais,* conquistando sua liberdade por meio da educação, com diálogo e participação democrática utilizando-se da reflexão crítica sobre a prática (Freire, 1967, 2017, 2018).

> [...] na formação permanente dos professores, o momento fundamental é o da reflexão crítica sobre a prática. É pensando criticamente a prática hoje ou de ontem que se melhorar a próxima prática. O próprio discurso teórico, necessário à reflexão crítica, tem de ser de tal modo concreto que quase se confunda com a prática. [...] Por outro lado, quanto mais me assumo como estou sendo assim, mais me torno capaz de mudar, de promover-me, no caso, do estado de curiosidade ingênua para o de curiosidade epistemológica (Freire, 2018, p. 40).

Freire explica que na prática docente é necessária uma promoção da curiosidade ingênua para uma curiosidade epistemológica, criticizada. "Ao criticizar-se, tornando-se então, permito-me repetir, *curiosidade epistemológica,* metodicamente 'rigorizando-se' na sua aproximação ao objeto, conota seus achados de maior exatidão" (Freire, 2028, p. 32, grifo do autor).

Para Freire, existir, humanamente, é "*pronunciar* o mundo, é modificá-lo. O mundo *pronunciado,* por sua vez, se volta problematizado aos sujeitos *pronunciantes,* a exigir deles novo *pronunciar*" (Freire, 2017, p. 108). Seu pensamento se refere ao diálogo como ponto de encontro em que os humanos se transformam, nas palavras, no trabalho e na ação-reflexão, com "pensar crítico". "O diálogo é este encontro dos homens, mediatizados pelo mundo, para *pronunciá-lo,* não se esgotando, portanto, na relação eu-tu" (Freire, 2017, p. 109).

> Somente o diálogo, que implica um pensar crítico, é capaz, também, de gerá-lo. Sem ele não há comunicação e sem esta não há verdadeira educação.

CURRÍCULO NARRATIVO: PEDAGOGIAS, IDENTIDADES E EXPERIÊNCIAS DE PEDAGOGAS

> [...]
> Daí que, para esta concepção como prática da liberdade, sua dialogicidade comece, não quando o educador-educando se encontra com os educando-educadores em uma situação pedagógica, mas antes, quando aquele que se pergunta em torno do que vai dialogar com estes. Esta inquietação em torno do conteúdo do diálogo é a inquietação em torno do conteúdo programático da educação (Freire, 2017, p. 115-116).

Esta inquietação provocada por Freire em torno do conteúdo programático da educação se faz pela indicação do autor para que o educador seja dialógico e problematizador, visto que o conteúdo programático da educação não deve ser por imposição, como um "conjunto de informes a ser depositado nos educandos – mas a devolução organizada, sistematizada e acrescentada ao povo daqueles elementos que este lhe entregou de forma desestruturada" (Freire, 2017, p. 116). Segundo o autor, uma educação autêntica, não se faz de "A para B, ou de A sobre B, mas de A *com* B, mediatizada pelo mundo" (Freire, 2017, p. 116).

> De acordo com Freire, a pedagogia crítica proporciona aos alunos a oportunidade de ler, escrever e aprender com uma posição de agência - para se envolver em uma cultura de questionamento que exige muito mais do que competência na aprendizagem mecânica e na aplicação das habilidades adquiridas. Para Freire, a pedagogia tinha que ser significativa para ser crítica e transformadora. Isso significa que a experiência pessoal se tornou um recurso valioso que dá aos alunos a oportunidade de relacionar suas próprias narrativas, relações sociais e histórias com o que estava sendo ensinado. Também significa um recurso para ajudar os alunos a se situarem nas condições concretas de seu cotidiano e, ao mesmo tempo, aprofundar sua compreensão dos limites muitas vezes impostos por tais condições. Sob tais circunstâncias, a experiência torna-se um ponto de partida, um objeto de investigação que poderia ser afirmado, interrogado criticamente e usado como recurso para engajar modos mais amplos de conhecimento e compreensão (Giroux, 2016, p. 299; 2020; p. 181).

Giroux enaltece o pensamento de Freire e afirma que a Pedagogia tinha que ser significativa, crítica e transformadora, e, para isso, as experiências pessoais se tornaram um recurso valioso que oportuniza engajamento das narrativas, das condições do cotidiano e de modos mais amplos de produção de conhecimento. A educação baseada em uma Pedagogia crítica procura questionar de que forma pode-se trabalhar uma reconstrução do imaginário social em prol da liberdade humana, de quais saberes e formas de aprender são necessários a tal projeto (Giroux; Simon, 2011).

Giroux e Simon argumentam a favor de uma Pedagogia crítica que leve em conta os modos simbólicos ocorridos no cotidiano ao fornecerem uma base para "repensar a forma como as pessoas dão sentido e substância ética às suas experiências e vozes" (Giroux; Simon, 2011, p. 109).

> Estamos deliberadamente oferecendo uma noção ampliada e politizada de pedagogia, uma pedagogia que reconhece seu lugar em múltiplas formas de produção cultural, e não simplesmente naqueles espaços que vieram a ser rotulados de "escolas". Qualquer prática que intencionalmente busque influir significados é uma prática pedagógica (Giroux; Simon, 2011, p. 130-131).

Segundo Giroux e Simon (2011, p. 133), a Pedagogia crítica sempre busca incorporar a experiência do aluno ao conteúdo curricular "oficial". Defendem que a Pedagogia crítica deve ser exercida de forma estratégica e prática, mas não científica; no entanto, nesse ponto, discordamos dos autores, pelo fato que para se fazer a crítica ou opor-se a qualquer elemento ou conjunto de universais psicológicos, sociológicos e antropológicos, é necessário conhecê-los, ou seja, essa possibilidade está no estudo epistêmico dos conteúdos curriculares. Concordamos quando afirmam que boa parte do trabalho político da Pedagogia "consiste em articular práticas não somente dentro de determinados ambientes, mas também entre eles" (Giroux; Simon, 2011, p. 131).

> A noção da pedagogia crítica começa com certo grau de indignação, com uma visão de possibilidade e com uma incerteza que nos impele a repensar e renovar constantemente o trabalho que vimos fazendo no âmbito de uma teoria mais ampla de escolarização com forma de política cultural (Giroux; Simon, 2011, p. 138).

Em outro texto de Giroux e McLaren (2001), os autores explicitam que existe Pedagogia em qualquer lugar em que o conhecimento é produzido, no entanto as pedagogias que se posicionam a oferecer novos canais de comunicação, novas codificações de experiências vislumbrando novos olhares sobre as práticas sociais e ações no contexto educacional são as pedagogias críticas de representação que reconhecem as complexidades da cultura em que os conhecimentos são construídos e de como os significados vão construindo as identidades.

> Uma tal estratégia convida os/as estudantes a compreender a forma pela qual as instituições e as rotinas da vida cotidiana fazem surgir e tornam possíveis formações discursivas e práticas sociais particulares. De forma similar, esta abordagem também encoraja os/as estudantes e não santificar o conhecimento ou vê-lo como algo a ser simplesmente reverenciado e recebido, validando, ao mesmo tempo, o conhecimento que os/as estudantes adquiriram a partir de suas próprias experiências pessoais e suas lutas por significado e identidade (Giroux; McLaren, 2001, p. 147-148).

Mesmo que os autores tenham se dirigido com a perspectiva do ensino em sala de aula, esse pensamento cabe para uma realidade na qual profissionais tendem a validar conhecimentos provindos de suas próprias experiências e lutas por significados e identidades. O terreno do cotidiano torna-se territórios de lutas para compreensão das estruturas que a compõem e de afirmação das culturas dos sujeitos envoltos nessa realidade. A Pedagogia crítica deve ser considerada como uma forma de luta cultural quando busca criar formas de conhecimento "não apenas através de uma quebra das fronteiras disciplinares, mas também através da criação de novos espaços onde o conhecimento possa ser produzido" (Giroux; McLaren, 2001, p. 153).

> Isso significa que a pedagogia como uma forma de produção cultural não pode estar limitada a textos canônicos e a relações sociais que medeiem e produzam formas de cultura dominante. O conhecimento deve ser reinventado e reconstruído, convidando-se os/as estudantes a serem cruzadores de fronteiras [...] (Giroux; McLaren, 2001, p. 153).

Os autores motivam que estudantes devem reinventar e reconstruir conhecimentos. Essa ideia dirige-se também aos sujeitos que já atuam no campo profissional da Pedagogia em universidades, como demonstrados nos Quadros 14 a 19, são sujeitos que reinventam o conhecimento e avançam as fronteiras dos estudos da formação inicial.

Segundo Giroux e McLaren, para os educadores responderem a indagações sociais, como "quais as questões que precisam ser enfrentadas a fim de criar uma sociedade mais justa?" ou "quem está escutando?", devem construir um espaço híbrido, onde:

> [...] as/os estudantes não precisem da permissão do colo-
> nizador para narrar suas próprias identidades, um espaço
> onde as identidades individuais encontrem significado
> na expressão coletiva e na solidariedade com outros/as
> trabalhadores culturais, no qual o tempo eurocêntrico e
> a ansiedade caucasiana cedam lugar ao momento vivido,
> histórico, das lutas contemporâneas por identidade (Giroux;
> McLaren, 2001, p. 157).

Como os autores fundamentam, os educadores críticos devem demonstrar uma preocupação que a educação é inseparável de outros campos de conhecimentos, no entanto inferimos que os outros campos de conhecimentos que formam docentes com licenciaturas, como a História, a Geografia, as Letras, a Filosofia, entre outros, bebem na fonte da educação, da Pedagogia como uma ciência da educação.

Giroux (1997) argumenta que a Pedagogia crítica pode ser desenvolvida como política cultural, para isso os sujeitos da educação precisam ser transformadores, quais ele chama de *intelectuais transformadores*. Segundo o autor, esses intelectuais devem ter seu trabalho e pensamento inextrincavelmente relacionados, sem separar a concepção da atuação, valorizando a especificidade das experiências e formas subjetivas que compõem os sujeitos.

> É importante que se desenvolva uma pedagogia crítica em
> torno das conexões internas que elas compartilham dentro
> do contexto de uma política cultural, pois é dentro destas
> interconexões que uma teoria tanto de estrutura quanto
> de agência pode construir uma nova linguagem, apontar
> para novas questões e possibilidades, e permitir que os
> educadores enquanto intelectuais transformadores lutem
> pelo desenvolvimento de escolas como esferas públicas
> democráticas (Giroux, 1997, p. 142).

Giroux sustenta que se deve desenvolver uma Pedagogia crítica nas interconexões internas da instituição escolar que divide uma política cultural, e, nesse espaço, sugere que podem ser construídas novas possibilidades tendo os professores-intelectuais transformadores como atuantes para a afirmação da escola como um espaço público e democrático. O autor teoriza a importância da conscientização e formação para os educadores, que abre vias de ação e emancipação (Carbonell, 2016).

Desse modo, a Pedagogia crítica de Freire faz uma conexão entre as dimensões políticas e culturais e de como se reproduzem os discursos nos cotidianos das escolas, sendo que a linguagem e a cultura estão "imbuídas de uma pluralidade de valores, vorazes e intenções que são, por sua própria natureza, dialógicos" (McLaren, 1987, p. 7).

Em *Echos from Freire for a critically engaged pedagogy*[56], Mayo (2013) compara o trabalho de Freire com uma série de outros pensadores e educadores, incluindo Lorenzo Milani, Antonia Darder, John Dewey, Margaret Ledwith, Antonio Gramsci e Henry Giroux. Mayo demonstra que os estudos de Freire continuam a ressoar no mundo e com importância de continuidade à reinterpretação. Mayo assume seu aprendizado com Freire acerca do lugar central da educação que deve envolver a reflexão sobre a ação crítica e transformadora.

Os fundamentos da Pedagogia crítica têm inspirado o campo das pesquisas narrativas. Na obra intitulada *Critical narrative as pedagogy*[57], Goodson e Gill (2014) desenvolvem amplamente a influência da narrativa crítica como uma Pedagogia, aproximando o diálogo do pensamento de Freire com Gadamer, reconhecendo que as abordagens críticas têm sido integradas na educação como parte da Pedagogia transformadora, sendo a crítica reassumida com novos significados, à luz da narrativa. Na mesma obra, Goodson (2014b) desenvolve o texto sobre *vozes ancestrais*[58], no qual fundamenta experiências de ensino utilizando a Pedagogia crítica inspirada por Freire.

Como vimos neste capítulo, a Pedagogia é uma ciência que tem a educação como objeto de estudo. A história do curso de Pedagogia conta como os movimentos de intelectuais educadores lutaram e continuam lutando por um curso mais coeso, completo, que englobe tanto a pesquisa, no sentido do bacharelado e das funções de gestão educacional, coordenação, orientação, planejamento e organização do trabalho escolar a serem exercidos pelo pedagogo, como a docência no magistério nos anos iniciais do ensino fundamental, para o domínio de conteúdos pedagógicos, e a docência em outras modalidades educacionais, como na educação infantil e na educação de jovens e adultos.

Nesse sentido, os cursos de Pedagogia averiguados nos históricos curriculares versados no capítulo 1 corroboram essa análise do capítulo 2, em que evidenciamos que o curso de Licenciatura em Pedagogia precisa

---

[56] Ecos de Freire por uma Pedagogia engajada pela crítica.

[57] Narrativa crítica como Pedagogia.

[58] *Ancestral Voices*, título original do capítulo.

contemplar a formação de todas as funções previstas para os campos de atuação do pedagogo, conforme determinam as DCN-Pedagogia (Resolução CNE/CP nº 1/2006), bem como deve atentar ao que se emana dos movimentos e embates dos intelectuais da educação, reconhecendo sua relevância e potência. Em relação às influências que reverberaram na estrutura curricular das DCN de Pedagogia de 2006 (Resolução CNE/CP n.º 1/2006), podemos citar a preponderância do ideal de desenvolver um curso único de Pedagogia, "o pedagogo/professor, professor/pedagogo" (ANFOPE, 1990).

As preocupações quanto aos fundamentos epistemológicos da Pedagogia estão presentes nas publicações dos pensadores estudados que percebem o campo como fundamental para a emancipação dos sujeitos por meio da educação, tanto docentes como discentes e a comunidade da qual estes participam. A figura 8 sintetiza as pedagogias estudadas nesta seção.

Figura 8. Pedagogias narrativas das pedagogas entrevistadas

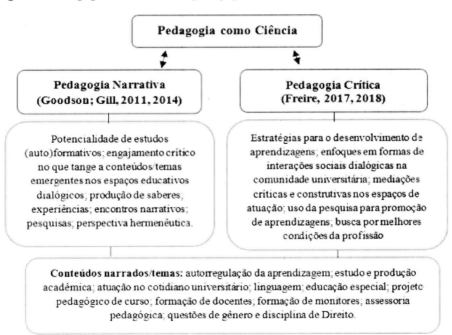

Fonte: elaborado pela autora a partir dos dados de pesquisa

Sobre as pedagogias narradas, Goodson e Gill (2011, p. 81) consideram as narrativas como Pedagogia, pois envolvem os sujeitos em suas individualidades e como participantes nos processos educativos, o que eles chamam de "encontro narrativo"[59]. Desse modo, identificamos nas narrativas das pedagogas conteúdos/temas que emergem nas falas e dos cotidianos universitários e que não foram contemplados na formação inicial do curso de Pedagogia, requerendo estudos continuados no lócus da atuação profissional. As pedagogas realizam pesquisas e estudos autoformativos, e outras promovem formação continuada com docentes e/ou encontros coletivos de formação e reflexão sobre a prática, com estagiários, assessores pedagógicos e monitores.

A Pedagogia narrativa também demonstrou ser crítica, visto que as pedagogas contam suas experiências de modo reflexivo e crítico, sendo mediadoras no rol dos trabalhos pedagógicos desenvolvidos em suas universidades, pesquisando novos conhecimentos e promovendo estratégias formativas e dialógicas. Assim, mediante ao conceito de Pedagogia narrativa amplia-se o conceito da Pedagogia como ciência, visto que a narrativa se torna um artefato de formação.

Consideramos que este estudo acerca das pedagogias narradas seja introdutório, mas nos aponta a possibilidades de explorarmos o potencial das narrativas para evidenciarmos as pedagogias desenvolvidas nas práticas do campo de estágios, do ensino, da pesquisa e da extensão, que são pilares indissociáveis da condição universitária.

---

[59] O processo da entrevista narrativa realizada com as interlocutoras seria considerado por Goodson e Gill (2011) como uma pedagogia narrativa.

4

IDENTIDADE PROFISSIONAL E NARRATIVA: EXPERIÊNCIAS

Neste capítulo apresentamos respostas para a **questão específica de pesquisa nº 3**: *"qual a identidade profissional, narrativa e experiências dos pedagogos das universidades estaduais participantes?"*. Com o respectivo objetivo específico: *"investigar a identidade profissional, narrativa e experiências de pedagogos das universidades estaduais brasileiras"*.

Adotamos alguns fundamentos de estudos que conceituam sobre os termos "experiência", "identidade profissional" e "identidade narrativa", ampliando nosso arcabouço teórico. No eixo **Identidade profissional,** fundamentamos em: Brzezinski (2011a, 2011b); Libâneo (2002, 2006); Imbernón (2011); Nóvoa (2013); Cunha (2002, 2010, 2014, 2018); Tardif (2014); Pimenta (2012); Goodson (2015); Charlot (2000) e Zeichner (1993, 2008). No eixo **Identidade narrativa,** temos como principais referenciais: Ricoeur (2010c, 2006); Yunes (2012); Vigotski (2000) e Pellauer (2013). No eixo **Experiências,** fundamentamos em: Dewey (1976); Heidegger (1990); Larrosa (2014); Passeggi (2011); Delory-Momberger (2006, 2012a, 2012b, 2016); Breton (2020) e outros autores que são citados no capítulo 5. Ademais, analisamos as entrevistas narrativas seguindo a sequência do método de Schütze (2010).

4.1 Identidade profissional

Sobre a construção de identidades encontramos referenciais de estudos em pesquisadores de várias áreas de conhecimento, modernos e pós-modernos. No que diz respeito a atores sociais, Castells (2002, p. 22) entende por identidade "o processo de construção de significado com base em um atributo cultural, ou ainda um conjunto de atributos culturais inter-relacionados, o(s) qual(ais) prevalece(m) sobre outras fontes de significado".

São muitas tensões a respeito do significado de identidade que geram pluralidades no que tange a conceitos de papéis desempenhados pelos sujeitos na sociedade, ao mesmo tempo que essas funções influenciam a constituição de suas próprias identidades e as dos outros indivíduos com os quais convivem nos contextos da vida pessoal e do trabalho. "Contudo, identidades são fontes mais importantes de significado do que papéis, por causa do processo de autoconstrução e individuação que envolvem. Em termos mais genéricos, pode-se dizer que identidades organizam significados, quanto papéis organizam funções [...]" (Castells, 2002, p. 23).

No sentido de uma autoconstrução, Giddens (1994) fundamenta vários elementos a respeito da constituição de identidades na sociedade moderna, na qual a diferenciação da divisão do trabalho deu mais visibilidade à questão da identidade do indivíduo. Segundo o autor, dependendo das variações de cada cultura, a "individualidade" foi mais valorizada sendo cultivadas "as potencialidades individuais" (Giddens, 1994, p. 67).

> [...] É afirmado que a autoidentidade, enquanto fenômeno coerente, pressupõe uma narrativa: a narrativa do *self* é tornada explícita. Escrever um diário, e trabalhar uma autobiografia, são recomendações centrais para a manutenção de um sentido integrado de *self*. [...] a autobiografia — particularmente no sentido lato de uma auto história interpretativa produzida pelo indivíduo em causa, quer seja escrita ou não — encontra-se de fato no núcleo da autoidentidade na vida social moderna (Giddens, 1994, p. 68).

Em relação à identidade no mundo globalizante, Bauman (2008, p. 179) acredita que a identidade "pode nos dizer mais sobre o atual estado da sociedade do que seus resultados conceituais e analíticos nos disseram até agora". Podemos relacionar esse ponto sobre a valorização das identidades e de autoconstrução de identidades aos autores que versam a respeito de identidades em uma perspectiva pós-moderna, com a ideia de que as "identidades são formadas culturalmente" (Hall, 1997, p. 26) e da argumentação em favor de uma "estratégia pedagógica e curricular de abordagem da identidade e da diferença" que leve em conta as contribuições da teoria cultural, como discute Silva (2014, p. 99).

No que tange à identidade profissional, essas pistas sinalizam como as identidades têm sido discutidas e remete à questão da formação inicial de pedagogos/professores que precisa estar atenta às discussões que se movimentam em torno da definição da identidade profissional, visto que a Educação, o Currículo e a Pedagogia são fundamentalmente históricos e multiculturais (Moreira, 2010, 2011). Brzezinski (2011a,

p. 122) considera a identidade profissional como coletiva que vai se delineando "na teia das relações sociais e incorpora a cultura do grupo social e das relações do mundo produtivo no qual o profissional está inserido". Para Dubar (1997, p. 13), a identidade humana não é dada de uma vez por todas, mas construída ao longo da vida. "[...] É um produto de sucessivas socializações".

Desse modo, as práticas educativas estendem-se às mais variadas instâncias da vida social não se restringindo à escola ou à docência, embora sendo estas referenciais da formação do pedagogo escolar (Libâneo, 2006). Com base em nossa investigação, que tem a universidade como lócus de pesquisa, consideramos a universidade como um grande conjunto de escolas, faculdades e institutos multirreferenciados que estudam e produzem as ciências das mais variadas áreas do conhecimento. "Sendo assim, o campo de atuação do profissional formado em Pedagogia é tão vasto quanto são as práticas educativas na sociedade. Em todo lugar onde houver uma prática educativa com caráter de intencionalidade, há aí uma pedagogia" (Libâneo, 2006, p. 116).

No contexto da profissão do pedagogo, concordamos com Libâneo quando afirma que o pedagogo é um profissional atuante em várias instâncias da prática educativa, ligadas às ações de organização e aos processos, *do trabalho educativo,* que envolvam a transmissão, a assimilação, acrescentamos ainda, *a produção* de saberes que visem a formação humana, contextualizados historicamente. A identidade profissional do pedagogo se reconhece na "identidade do campo de investigação e na sua atuação dentro da variedade de atividades voltadas para o educacional e para o educativo" (Libâneo, 2006, p. 119).

> A identidade profissional do pedagogo se reconhece, portanto, na identidade do campo de investigação e na sua atuação dentro da variedade de atividades voltadas para o educacional e para o educativo. O aspecto educacional diz respeito a atividades do sistema educacional, da política educacional, da estrutura e gestão da educação em suas várias modalidades, das finalidades mais amplas da educação e de suas relações com a totalidade da vida social. O aspecto educativo diz respeito à atividade de educar propriamente dita, à relação educativa entre os agentes, envolvendo objetivos e meios de educação e instrução, em várias modalidades e instâncias [...] (Libâneo, 2002, p. 54-55).

Libâneo afirma que a identidade profissional do pedagogo se relaciona ao campo de atuação, com variadas atividades e modalidades, no entanto separa a formação do pedagogo especialista e do pedagogo docente. Afirma que o trabalho pedagógico não se reduz ao escolar e docente, mas todo trabalho docente é um trabalho pedagógico.

Quanto ao pensamento de Brzezinski no que tange à identidade profissional do pedagogo, é consensuada como "professor-pesquisador--gestor" (Brzezinski, 2011a; Brzezinski, 2011b), defendendo uma *"identidade múltipla do pedagogo"* (Brzezinski, 2011a, p. 130), ou *"unitas multiplex"* (Brzezinski, 2011b). Sua posição de luta pela identidade desse profissional é reconhecidamente histórica e consagrada nos movimentos da ANFOPE, como mostra a história do curso de Pedagogia, explicitada no capítulo anterior.

Adotamos os conceitos de identidade *unitas multiplex* do pedagogo professor-pesquisador-gestor educacional desenvolvido por Brzezinski:

> 1. A identidade *unitas multiplex* do pedagogo professor-pesquisador-gestor pela composição profissional, é constituída no encontro do espaço privado do indivíduo com as relações sociais, históricas, culturais, políticas e econômicas do espaço público, republicano e democrático brasileiro;
> 2. A identidade *unitas multiplex* do pedagogo professor-pesquisador-gestor educacional vai se construindo nas mediações estabelecidas na teia das relações humanas, surgindo do eu e tornar-se nossa, porque passará a ser socialmente aceita, razão ainda de sua incompletude, porém, uma nova identidade, porque contemporânea;
> 3. A identidade *unitas multiplex* do pedagogo professor-pesquisador-gestor deve ser construída na cultura do curso de Pedagogia que negue a adoção de uma identidade advinda de cultura alheia à intrínseca cultura brasileira de formar profissionais da educação" (Brzezinski, 2011b, p. 43-44, enumerados nossos).

Nesse intuito, salientamos a importância da formação para o desenvolvimento profissional defendido por Imbernón (2011, p. 47) quando afirma que esse desenvolvimento pode ser concebido como "qualquer intenção sistemática de melhorar a prática profissional, crenças e conhecimentos profissionais, com o objetivo de aumentar a qualidade docente, de pesquisa e de gestão". Apreendemos desse autor que a construção profissional docente compreende tanto o desenvolvimento pedagógico quanto a "compreensão de si mesmo, o desenvolvimento cognitivo ou teórico[...]" (Imbernón, 2011, p. 49), considerando a formação profissional como permanente, tendo a pesquisa como ferramenta dessa formação.

Os papéis identitários da perspectiva pessoal e social são parte das trajetórias de vida, que dão sentidos e compõem saberes. As narrativas são um potencial recurso dialógico para revelar essas identidades, comportamentos e contextos da dimensão pessoal e profissional, que não podem ser separadas (Nóvoa, 2013).

Para Nóvoa (1997, p. 27), a formação pode estimular o desenvolvimento da profissão docente. "Importa valorizar paradigmas de formação que promovam a preparação de professores reflexivos, que assumam a responsabilidade do seu próprio desenvolvimento profissional e que participem como protagonistas na implementação de políticas educativas". Nesse sentido é preciso alargar e aprofundar o conceito de identidade analisando padrões mais amplos acerca de suas concepções múltiplas e multifacetadas (Goodson, 2015).

Corroborando Nóvoa, Brzezinski (2011a, p. 122) reforça que a identidade profissional do profissional da educação é uma identidade coletiva, da qual incorpora-se o modo próprio de ser do profissional, de como este situa-se no mundo, "sua história de vida, as suas representações, os seus desejos e expectativas, as suas realizações e frustrações".

Com esse entendimento, concordamos que a identidade não é um dado imutável, "é um processo de construção do sujeito historicamente situado" (Pimenta, 2012, p. 19). Pimenta sustenta que uma identidade profissional se constrói a partir da significação social da profissão, revisando os significados das tradições e da "reafirmação de práticas consagradas culturalmente e que permanecem significativas. Práticas que resistem a inovações porque prenhes de saberes válidos às necessidades da realidade" (Pimenta, 2012, p. 20).

Importante destacarmos os três saberes para a construção de identidades docentes apontados por Pimenta (2012): *saberes da docência – a experiência; saberes da docência – conhecimento e saberes da docência – saberes pedagógicos.* Sobre os *saberes da docência – a experiência,* Pimenta afirma que são aqueles saberes produzidos no cotidiano escolar em um processo permanente de reflexão sobre a sua prática (Alarcão, 2011, 1996; Cunha, 2018; Silva, 2011; Machado, 2016; Pimenta, 2012; Schön, 1997; Zeichner, 2008, 1993).

Sobre os *saberes de conhecimentos* no ambiente escolar, a autora aponta que é preciso se possibilitar o trabalho com os conhecimentos científicos e tecnológicos para o desenvolvimento de habilidades para operá-los, revê-los, reconstruí-los, confrontá-los e contextualizá-los (Pimenta, 2012). Mesmo que Pimenta tenha se referido a professores lidando com alunos em escolas, inferimos que esse conceito pode ser aplicado a outros espaços de atuação profissional de pedagogos/professores, como nas universidades, bem como na formação continuada. Dos *saberes da docência – pedagógicos* (Pimenta, 2012), destacamos: "Os profissionais da educação, em contato com os saberes sobre a educação e sobre pedagogia, podem encontrar instrumentos para se interrogarem e alimentarem suas práticas, confrontando-os. É aí que se produzem saberes pedagógicos, na ação" (Pimenta, 2012, p. 28).

Para a referida autora, mobilizar os saberes da experiência é o primeiro passo para se mediar o processo de construção de identidade profissionais. Sendo a experiência de trabalho fundamental para a construção de saberes cotidianos que não provêm de uma única fonte, mas de "diferentes momentos da história de vida e da carreira profissional" (Tardif, 2014, p. 21), de contextos diferentes e conforme a temporalidade das trajetórias individuais participantes de coletividades profissionais, sendo que os dois âmbitos da identidade não se separam (Nóvoa, 2013). Outrossim, dentre os vários saberes docentes desenvolvidos por Tardif (2014), destacamos o conceito de *saberes experienciais*, no qual o autor sinaliza que: "Estes saberes não se encontram sistematizados em doutrinas ou teorias. São saberes práticos [...] e formam um conjunto de representações a partir das quais os professores interpretam, compreendem e orientam sua profissão e sua prática cotidiana em todas as suas dimensões" (Tardif, 2014, p. 49).

Aliás, Tardif desenvolve, nessa mesma obra, uma teoria chamada *epistemologia da prática profissional,* que se refere ao estudo do *"conjunto* dos saberes utilizados *realmente* pelos profissionais em seu espaço de trabalho cotidiano para desempenhar *todas* as suas tarefas" (Tardif, 2014, p. 25, grifos do autor). Embora Tardif diferencie o cientista, o técnico e o docente do pedagogo *unitas multiplex* educacional de Brzezinski (2011a, 2011b), observamos que o conceito de Tardif (2014) ajusta-se à realidade de pedagogos que atuam em universidades estaduais brasileiras, tendo, portanto, uma relação da identidade com o saber (Charlot, 2000).

[...] toda relação com o saber apresenta uma dimensão epistêmica. Mas qualquer relação com o saber comporta também uma dimensão *de identidade*: aprender faz sentido por referência à história do sujeito, às suas expectativas, às suas referências, à sua concepção de vida, às suas relações com os outros, à imagem que tem de si e à que quer dar de si aos outros (Charlot, 2000, p. 72, grifo do autor).

A *relação com saber* para Charlot comporta tanto uma dimensão epistêmica quanto de identidade, sendo intrínsecos. Nesse sentido, é por meio das narrativas que os sujeitos podem expressar as suas expectativas, as referências, as concepções de vida e suas relações sociais em processos formativos, como Cunha (2010, p. 201) nos aponta que a "narrativa provoca mudanças na forma como as pessoas compreendem a si próprias e aos outros", proporcionando um trabalho "profundamente formativo e emancipatório em que o sujeito aprende a produzir sua própria formação, autodeterminando a sua trajetória" (Cunha, 2010, p. 200-201).

Assim sendo, compreendemos que o desenvolvimento da identidade do pedagogo é enraizado tanto no âmbito pessoal quanto no profissional corroborado pelas narrativas como ferramentas na formação de professores (Cunha, 2010).

4.2 Análise das entrevistas narrativas – Identidade profissional : 3ª etapa: abstração analítica (Schütze, 2010)

Embasando-nos nesses conceitos, prosseguimos nas análises da **3ª etapa de *abstração analítica*** (Schütze, 2010) do processo interpretativo do texto gerado pelas entrevistas narrativas no intuito de prescindir destas o que tange à **questão gerativa nº 3:** *Fale sobre o trabalho que você desenvolve na universidade (a especificidade da Pedagogia na educação superior).*

Sobre essa questão, a Alice (P1) nos conta que antes de entrar na universidade lecionava aulas de outra área sem ser da Pedagogia, e quando começou a trabalhar na educação superior se aproximou muito do trabalho de apoio às coordenações de graduação. Relembra que a cada semestre dois professores que trabalhavam com os estágios de gestão educacional organizavam o acolhimento aos estudantes calouros e a convidavam para falar sobre a função do pedagogo na educação superior. Nesse momento da fala, reforçou que a universidade na qual trabalha também preceitua o que rege as deliberações do Conselho Estadual de Educação, das quais reverberam em seus processos avaliativos institucionais:

> *Então, para **ir à sala de aula com os estudantes** e **falar sobre a função do pedagogo no ensino superior**, falo desde a **questão da organização da universidade** até o que regulamenta o nosso curso, do que fazemos no dia a dia, de **observar as políticas** e estar atento a isso. O meu dia a dia é muito em relação ao **apoio às coordenações**, principalmente agora que estamos em momento de **reformulação curricular, adequação às diretrizes, adequação das deliberações do Conselho Estadual** [...], que também rege a universidade aqui [na questão] da **avaliação**. Assim a Universidade [...] realiza a avaliação e eu participo todo semestre [...]. A avaliação do curso feita pelos estudantes chamamos aqui de "assembleia de avaliação", **"fórum de avaliação"**, quando a gente já tem um tempinho de alteração curricular, a gente faz também* (Alice, grifos nossos).

Na fala de Alice, identificamos (nos grifos) as atribuições profissionais do trabalho pedagógico no cotidiano da universidade vivenciada pela narradora. Em outro trecho da entrevista, ela nos conta que participa de discussões acerca do funcionamento dos cursos que assessora, em que realizam fóruns avaliativos com docentes e estudantes, tanto do turno diurno quanto do noturno. Relata que nesses momentos tratam de questões que vão desde a infraestrutura até as relacionadas ao currículo e como as disciplinas foram pensadas nas reformulações dos projetos pedagógicos. Reforça que precisa dar conta de: assessorar com toda a legislação relacionada à graduação; atender a estudantes e docentes; apoiar nas questões administrativas relacionadas à sua função; participar de comissões, como a comissão de estágio, de graduação e a comissão de reformulações curriculares.

Ao falar sobre o trabalho desenvolvido na universidade, Eulália (P2) reconhece que sua atuação se concentra em trabalhos administrativos, sendo as funções que mais se aproximam do campo da Pedagogia o atendimento e orientação aos estudantes, e a verificação da integralização do currículo nos históricos dos formandos dos cursos que assessora.

> *Eu já trabalhei como pedagoga em que os saberes da universidade colaboraram muito, no meu fazer docente. No trabalho que faço hoje não utilizo todos esses saberes, mas pensando também que a Pedagogia me ensinou a ser uma **pessoa melhor, com melhores métodos**, com **melhor compreensão de como o mundo aprende, isso me ajuda no meu trabalho porque são relações interpessoais**, eu não utilizo métodos pedagógicos, não utilizo teorias específicas para fazer o meu trabalho, mas*

*se a Pedagogia me ajudou como pessoa, eu compreendo que ela me ajudou no meu trabalho, na relação com as pessoas, e também na **organização do meu trabalho**, porque a **Pedagogia ensina a planejar**, então eu **consigo planejar os processos**, a **organização**, até para despachar um processo, eu despacho com aquilo que eu **aprendi na Pedagogia** (Eulália).*

A entrevistada conta que já atuou como pedagoga em que os saberes adquiridos em seu curso de Pedagogia colaboravam com o seu fazer docente, revela o quanto a Pedagogia a ensinou a ser uma pessoa melhor na compreensão de como o mundo aprende, e, ainda, o quanto que a Pedagogia a ajuda em seu trabalho nas relações interpessoais. Compreende, ao final do excerto destacado, que mesmo não se utilizando de métodos ou teorias pedagógicas, a partir do que a Pedagogia ensina, ela consegue organizar o trabalho, planejar e despachar processos.

A pedagoga Elisa (P3) faz uma análise comparativa entre o trabalho que fazia na escola pública e o que faz na universidade. Conta que na escola pública já atuou como professora, administradora escolar e coordenadora pedagógica, e, ao assumir a função de pedagoga na universidade, pensava que o trabalho seria muito diferente da escola, no entanto vivencia muitas similaridades das rotinas da organização do trabalho pedagógico, ao lidar com assessoramento pedagógico a professores, a estudantes, nos planejamentos etc.

*Então da nossa função, nós temos uma resolução enorme, a **do assessor pedagógico** [...]. Começamos uma discussão com **os assessores efetivos** que se reuniram, da **capital e do interior**, e nós fomos elaborando uma resolução com as nossas atribuições [...]. O mais importante que eu acho do **trabalho do assessor é o "dia a dia"**, o **"corpo a corpo", tanto com os professores, quanto com os alunos**. Esse é o nosso diferencial. Quando eu era assessora de um curso, eu agia da mesma forma de quando eu era administradora escolar [...]. **Pergunto pelos estudantes nominalmente**. Quando pergunto por um aluno, [e me falam] que ele não está, pergunto para o chefe da turma também [se ele sabe] o que houve. Assim **nós detectamos muitos problemas, inclusive de depressão, de tentativas de suicídio que descobrimos assim**, no **corpo a corpo**. Então, o **trabalho pedagógico** que nos **diferencia** do auxiliar administrativo, além das nossas atribuições diferentes, é o **nosso olhar** mais **apurado** para o **aluno e para o professor**. É fazer esse **acompanhamento muito pedagógico diário** com eles [...] (Elisa, grifos nossos).*

> [...] *Quando trabalhamos na* **coordenação geral**, *[que] é o meu caso hoje,* **temos uma visão mais ampla**, *porque temos contato com os professores de todo o centro, com os alunos de todo o centro, então esse* **olhar é diferenciado**. *Temos que esperar eles [alunos e professores] virem até você, então [quando] eles vêm, de qualquer curso, tanto da capital como interior, procuram a Coordenação [assessoria] e relatam as dificuldades deles (tanto alunos como professores) e tentamos ajudar da melhor forma possível. Se for um problema psicológico ou financeiro, fazemos o encaminhamento ao setor responsável, mas é uma resposta quase imediata. Esta pesquisa está fazendo eu retornar lá no meu tempo de aluna, eu estou lembrando o que pensava daquela época, depois como eu pensava como administradora, depois o que pensava como coordenadora e o que penso hoje [como assessora pedagógica]* (Elisa, grifos nossos).

> *É uma luta constante de que o* **assessor pedagógico** *tem para mostrar o* **diferencial no trabalho**. *Não podemos deixar que a carga administrativa transforme os pedagogos desta instituição em auxiliares administrativos, "vocês não são auxiliares administrativos,* **vocês são pedagogos, assessores pedagógicos!"** (Elisa, grifos nossos).

Em sua entrevista, Elisa (P3) explana acerca de suas atribuições no trabalho pedagógico em sua universidade e identifica que é um trabalho de assessoria pedagógica. Conta que são muitas as responsabilidades e que encontra muitas dificuldades, mas valoriza claramente a conquista dessas atribuições que estão escritas em uma resolução institucional a respeito das atribuições da assessoria pedagógica.

A narradora rememora que para construírem a referida resolução, reuniram todos os assessores efetivos da capital e interior vinculados à sua universidade, e pontua que o mais importante do trabalho de um assessor é o "corpo a corpo" do trabalho cotidiano tanto com professores como os estudantes.

No assessoramento aos estudantes, conta que procura acompanhá-los nominalmente de tal modo que se conseguiu identificar problemas como o de depressão e de tentativas de suicídio. Verifica-se na fala da interlocutora que há um reconhecimento do diferencial do trabalho realizado pelo assessor pedagógico na universidade em que atua.

Quando conta a respeito do trabalho que atua na universidade, Carolina (P4) rememora que trabalhou durante oito anos em um campus de sua universidade no interior do estado e quando chegou lá não tinha conhecimento do que ia fazer: "*não teve ninguém que me amparasse, alguém que me dissesse: o trabalho é desta maneira*" (P4).

CURRÍCULO NARRATIVO: PEDAGOGIAS, IDENTIDADES E EXPERIÊNCIAS DE PEDAGOGAS

> *Quando cheguei para um dos coordenadores e perguntei, "e agora, o que eu tenho que fazer?", ele disse sei lá, te senta ali, o teu computador é aquele ali, a tua sala é aquela ali. E daí eu me sentei na frente do computador e pensei "o que eu vou fazer?". Então **comecei a ler o regimento** da universidade, **conversei com estudantes e comecei a ver como as coisas aconteciam**, então partiu dali o **início da minha trajetória** como **assessora pedagógica** (Carolina, grifos nossos).*

A partir desse impacto de entrada na universidade, a referida pedagoga nos conta que começou a estudar os documentos institucionais, conversar com estudantes e observar como tudo acontecia, e sinaliza que nesse momento começaram as discussões na capital para a elaboração de um documento que institucionalizaria a assessoria pedagógica em sua universidade, ao qual encaminhou anotações, visto que na época trabalhava no interior. Segundo a interlocutora, foi gerada uma resolução com as atribuições da assessoria pedagógica, que embasa o trabalho cotidiano dos pedagogos de toda a universidade:

> *[...] a resolução qualifica o nosso trabalho. Lá está escrito exatamente o que a gente deve fazer. **Nossa coordenação é responsável pela organização** e **alocação dos assessores pedagógicos na universidade**. Quando eles chegam, passam pelo RH que nos encaminha. Fazemos a locação deles nos lugares que sabemos que estão precisando, e a partir da conversa inicial que temos com o pedagogo, já a partir do perfil dele ou dela pensamos que pode ir para tal lugar. Porque tem muito do **perfil do pedagogo**, eu por exemplo, gosto muito de **educação infantil**, mas tem pedagogos que não gostam de **dar aula para crianças**, como tem pedagogos que não gostam de ser coordenador pedagógico, outros **gostam de ser professor de sala de aula**, então, a gente procura pensar nesta questão **do que aquele profissional gosta mais de fazer**, **com que ele mais se identifica**, para a gente poder encaminhá-los. Então, quando a gente encaminha esse profissional para o lugar onde ele vai trabalhar, fazemos um memorando, colocamos o artigo que indica as **atribuições do pedagogo**, e fica tudo lá escrito, para quando ele chegar lá no local, ele ou ela, o coordenador verá quais são as atribuições [...]* (Carolina, grifos nossos).

Observamos na narrativa transcrita o quanto o trabalho pedagógico evoluiu considerando o primeiro impacto de ingresso como pedagoga, acontecimento em que procurava entender do que se tratava ser uma pedagoga universitária. Percebemos uma ampliação das atribuições desenvolvidas quando a coordenação da qual faz parte passa a planejar, organizar e alocar novos pedagogos que passam por um processo de formação continuada para assumir as funções na universidade, sendo pensado que perfil de pedagogo se precisa para tal destino dentro da instituição, e, ainda, esclarecidos os órgãos internos acerca do papel a ser desenvolvido por tais profissionais.

De acordo com a entrevistada Elza (P5), o trabalho que ela desenvolve em sua instituição, no espaço enquanto pedagoga dentro da universidade, ainda está sendo construído.

> *Quando eu estava [em outro campus] era outra realidade, lá eu sentia que eles tinham uma clareza e uma intencionalidade maior **de qual seria a prática desse pedagogo**. Quando eu vim pra Reitoria eu já percebi que eles não tinham tanta clareza, inclusive tinham alguns colegas que eram pedagogos e estavam desenvolvendo outras funções. E eu senti que não estava certo, que pela natureza do concurso de Pedagogia, pelo salário, pela formação e experiência que tínhamos, deveríamos oferecer mais para a instituição. Então fomos aprofundando para fazer um melhor trabalho. Começamos a **pensar um pouco mais pedagogicamente** na **organização dos currículos dos cursos**, e a **discutir os projetos pedagógicos** desses cursos, enquanto universidade, juntando todos os cursos da instituição, são mais de 100 cursos [...]* (Elza, grifos nossos).

> *Então a gente começou a pensar sobre todos estes cursos, tanto de **licenciaturas quanto os de bacharelados**, [reunimos e conversamos] com os coordenadores de cursos, pensamos um pouco sobre a **organização desses cursos, a organização didática e a pedagógica**. A gente começou a trabalhar **processos avaliativos** de forma mais consistente, **verificar os dados, analisar** e a **ouvir sobre qual a percepção do aluno** sobre as diversas **dimensões** que envolvem as **questões didáticas e pedagógicas**, que envolvem essa infraestrutura que vai desencadear na **qualidade desse curso**. E a gente começou a fazer esse estudo para perceber o que era possível estarmos fazendo e como **poderíamos fazer melhorias nestes cursos**. É um trabalho grande [...]* (Elza, grifos nossos).

Como demonstrado no texto transcrito, a narradora preocupa-se no estabelecimento de um referencial para o papel do pedagogo em sua instituição. Ao mudar-se de campus, ela se depara com uma imprecisão de "qual seria a prática desse pedagogo" e busca afirmar-se na função

CURRÍCULO NARRATIVO: PEDAGOGIAS, IDENTIDADES E EXPERIÊNCIAS DE PEDAGOGAS

da qual foi nomeada, não se deixando levar pelas incertezas da Pedagogia universitária, que não tinha clareza de quais as atribuições a serem exercidas com base na natureza do cargo. Como visto na narrativa, a interlocutora nos conta que procurou pensar pedagogicamente em seu papel na universidade e convocou um grande debate institucional para a organização dos currículos de mais de 100 cursos, a começar pela discussão dos projetos pedagógicos desses cursos.

Outro destaque de Elza (P5) foi em relação à *avaliação institucional do Sinaes* (Sistema Nacional de Avaliação da Educação Superior). Ela nos fala que trabalham coletando dados de dois em dois anos, a partir de questionários aplicados nos semestres letivos, os quais tabulam e encaminham aos departamentos para provocar uma discussão acerca de pontos que envolvem: "*a questão didática-pedagógica; relação professor-aluno e as questões de infraestrutura*" (P5).

> *[...] algumas questões são semelhantes. Fazemos o encontro dessas informações e vamos na realidade para saber se existe problemas ou não. Pegamos os dados coletados anteriormente para ver o que se repete ou não, que serve tanto para o **planejamento quanto para outras melhorias**. Então, as reformulações dos **projetos pedagógicos** são constantes, os **embates** são **grandes,** então a gente fica em meio a esta seara tentando **buscar caminhos** e ainda buscando essa **afirmação do trabalho e do lugar deste pedagogo** neste espaço e nesta gestão, que as vezes sentimos que é valorizado e as vezes não* (Elza, grifos nossos).

Notamos na narrativa da Elza (P5) que ela também realiza um trabalho de pesquisa de amplo espectro, tabulação e análise de dados de sua universidade, provocando o debate para as melhorias no planejamento e nas reformulações dos projetos pedagógicos dos cursos. Ressalta que os embates são grandes, ou seja, requer pensamento crítico.

Em sua entrevista, a Marília (P6) nos conta que, apesar de já ter atuado como docente por muitos anos em sua universidade, no momento o que mais utiliza da Pedagogia é a forma lúdica de se comunicar.

> *Somos treinados a **saber informações** e a **transmitir conhecimento**, então eu tento **juntar a parte pedagógica com o lúdico no trabalho cotidiano**. Uso bastante a forma de **organização**, a clareza dos fatos. [...] Como muitos **professores são bacharéis** eles sempre me procuram para eu **explicar alguma coisa** [...]* (Marília, grifos nossos).

199

Embora Marília não tenha falado em "assessoria pedagógica", sua narrativa aponta que pelo fato de muitos professores serem bacharéis, eles sempre recorrem a ela para um apoio, que é pedagógico e administrativo. Pelas falas de Marília, percebemos que ela demonstra ter dificuldade em definir a parte pedagógica de seu trabalho, tendo a parte administrativa como predominante. As tarefas que desenvolve se concentram, principalmente, no apoio específico às coordenações de graduação, orientando os professores quanto ao uso dos sistemas, acompanhando os planos de cursos a serem ministrados e atende tanto a professores dos bacharelados e das licenciaturas quanto aos estudantes.

Da área pedagógica, destaca a assistência aos estudantes quanto ao projeto do curso, na qual articula ações no sentido de promover a diminuição da evasão, agregando ao seu cotidiano um diálogo próximo aos discentes, inclusive com murais lúdicos e incentivo aos estudos, o que lembra muito o trabalho de pedagogas de escolas da educação básica por onde já passamos em outras épocas, remetendo à ideia das funções de *supervisão* e *orientação educacional*.

Essas tarefas desempenhadas por Marília nos remetem ao que Cunha (2002) reflete sobre a trajetória da supervisão pedagógica, que naquele momento se apresentava como uma necessária legitimação, sendo buscada pela autora por meio de estratégias, como a de projetos como processo de planejamento e a da pesquisa como base das decisões (Cunha, 2002), entre outras. No caso da Marília, estando hoje na função de pedagoga, nominada como assessoria pedagógica, mesmo que ela não utilize essa nomenclatura, observamos algo similar que urge por estratégias integrativas e de legitimidade da função. No entanto as tímidas iniciativas pedagógicas realizadas pela entrevistada focam mais nos estudantes e em menor grau nos professores, o que requer uma ação pedagógica mais incisiva que promova a outros nortes formativos e emancipatórios. Os projetos podem ser, portanto, uma "estratégia articuladora da ação de assessoramento" (Cunha, 2014, p. 47).

Lucarelli (2002) afirma que o espaço ocupado pelo assessor pedagógico universitário como orientador da prática docente é um assunto de frequentes discussões e análises. No âmbito da Universidade de Buenos Aires, a autora define esse profissional como aquele que "desempenha um papel central, especialmente no que diz respeito ao dispositivo utilizado na identificação, sistematização e difusão das experiências inovadoras levadas a cabo pelos professores universitários [...]" (Lucarelli, 2002, p.

146). Esse perfil de orientador educacional, seja da prática docente ou discente, foi avultado no vislumbre do assessoramento pedagógico percebido tanto nesse trecho analisado da narrativa de Marília quanto das outras pedagogas entrevistadas, acrescido de outras características que serão mais exploradas nas próximas etapas de análise.

Desse modo temos em tela o processo de abstração analítica das *identidades profissionais* percebidas nos textos narrativos, então procedemos a seguir às análises acerca da *identidade narrativa* das pedagogas entrevistadas, ainda dentro do escopo da 3ª etapa de Schütze (2010).

4.3 Identidade narrativa

Nesta seção discorremos sobre o conceito de identidade narrativa para nos conectarmos à próxima etapa de análise das entrevistas narrativas das pedagogas entrevistadas.

No texto intitulado *Psicologia concreta do homem*[60], Vigotski (2000) fundamenta um movimento geral humano das relações psicológicas entre as pessoas consigo mesmas e o social, de modo profundo e complexo, e afirma que o desenvolvimento cultural passa por três estágios: "em si, para outros, para si" (Vigotski, 2000, p. 24). Segundo o autor, o ser humano "é a *personalidade social* = o conjunto de relações sociais, encarnado no indivíduo (funções psicológicas, construídas pela estrutura social)" (Vigotski, 2000, p. 33, grifo nosso).

Vigotski (2000, p. 35) explica sobre a personalidade e afirma que esta é "[...] o conjunto de relações sociais", ou seja, o "eu" com todas as funções de personalidade também se criam, ou se formam, no coletivo. O autor sustenta que a pessoa influencia "a si de *forma social*", "a pessoa influencia a pessoa — obrigatoriamente de fora [...]" e a "pessoa influencia a si — de fora e com a ajuda de sinais, isto é, de modo social" (Vigotski, 2000, p. 39).

Podemos relacionar esse pensamento de Vigotski ao de Ricoeur quando este articula perspectivas referenciais da história e da narrativa nos cinco primeiros capítulos de *Tempo e narrativa*, designando "identidade" no "sentido de uma categoria prática" que conta ou responde a algo (Ricoeur, 2010c, p. 418).

---

[60] Este texto foi traduzido do original russo, publicado no Boletim da Universidade de Moscou, Série 14, Psicologia, 1986, no. 1, por A. A. Puzirei e gentilmente cedido pela filha de Vigotski, G. L. Vigotskaia. Tradução: Alexandra Marenitch; assistente de tradução: Luís Carlos de Freitas; revisão técnica: Angel Pino. Estas informações são do texto em português, publicado no Brasil pela *Revista Educação & Sociedade*, 2000.

O rebento frágil proveniente da união da história e da ficção é a *atribuição* a um indivíduo ou a uma comunidade de uma identidade específica que podemos denominar sua *identidade narrativa*. "Identidade" é tomado aqui no sentido de uma categoria da prática. Dizer a identidade de um indivíduo ou de uma comunidade é responder à pergunta: *quem fez tal ação? Quem é seu agente, seu autor?* [...] Responder à pergunta "quem?", como disse Hannah Arendt, é contar a história de uma vida. A história contada diz o *quem* da ação. *Portanto, a identidade do* quem *não é mais que uma identidade narrativa*. (Ricoeur, 2010c, p. 418, grifos do autor).

Apreendemos de Ricoeur que "o si do conhecimento de si é fruto de uma vida examinada", a qual define como "[...] uma vida depurada, clarificada pelos efeitos catárticos das narrativas tanto históricas como fictícias veiculadas por nossa cultura. A ipseidade é, portanto, de um si atribuído pelas obras da cultura que ele aplicou a si mesmo" (Ricoeur, 2006, p. 419).

[...] se a identidade entendida no sentido de um mesmo *(idem)* for substituída pela identidade entendida no sentido de um si-mesmo *(ipse);* a diferença entre *idem e ipse* não é outra senão a diferença entre uma identidade substancial ou formal e a identidade narrativa. [...] Diferentemente da identidade abstrata do Mesmo, a identidade narrativa, constitutiva da ipseidade, pode incluir a mudança, a mutabilidade, na coesão de uma vida[61]. [...] Como se comprova pela análise literária da autobiografia, a história de uma vida não cessa de ser refigurada por todas as histórias verídicas ou fictícias que um sujeito conta sobre si mesmo. Essa refiguração faz da própria vida um tecido de histórias narradas (Ricoeur, 2010c, p. 419, grifos do autor).

Ricoeur (2006) distingue o *idem do ipse,* defendendo uma dialética entre esses dois termos. O *idem* está mais relacionado ao *"si"* enquanto *"mesmo",* enquanto o *"ipse"* articula processos históricos e dinâmicos: "a identidade imutável do *idem,* do mesmo, e a identidade móvel do *ipse,* do si, considerada em sua condição histórica" (Ricoeur, 2006, p. 136). Para o autor, a identidade pessoal do ser humano é parte de um processo dialético caracterizada tanto como *mesmidade* quanto *ipseidade*. A identidade que permanece no tempo é a *idem,* enquanto a *ipseidade* é a identidade variável e em movimento que vai ao encontro da ideia da *identidade narrativa.*

---

[61] Sobre os conceitos de "coesão da vida", "mutabilidade" e "constância", Ricoeur (2010c) indica a obra de Heidegger, *Ser e tempo.*

Pela ação histórica do "si do conhecimento de si" ser fruto de efeitos catárticos[62] de narrativas históricas e culturais, podemos ousar em dizer que esse sujeito contribui individualmente e coletivamente para construção de culturas, conhecimentos e saberes em sua volta. Ricoeur (2010c) mostra que a identidade narrativa também se refere ao fato de poder ser aplicada tanto à **comunidade** como ao indivíduo.

> Pode-se falar da *ipseidade* de uma comunidade, assim como acabamos de falar da de um sujeito individual: indivíduo e comunidade se constituem em sua identidade recebendo essas narrativas que se tornam, tanto para um como para outra, sua história efetiva (Ricoeur, 2010c, p. 420, grifo do autor).

Do *Percurso do Reconhecimento*, de Ricoeur (2006), Yunes (2012) reflete sobre a construção da identidade narrativa como esculpida "do convívio interpessoal e que cria uma intersubjetividade onde as experiências como o outro se cruzam nos fios que tecem sua singularidade pessoal, nascida de escolhas nunca solitárias, mas solidárias" (Yunes, 2012, p. 261). A autora explana sobre a questão do "reconhecimento de si mesmo" para o "reconhecimento mútuo" (Ricoeur, 2006) e afirma que "o reconhecimento individual ultrapassa o sujeito para ser reivindicado por uma coletividade" (Yunes, 2012, p. 257).

Ricoeur trata de forma dialética as temáticas das ações narradas e a identidade narrativa, quando mostra que "a identidade narrativa depende da ação narrada, mas também como a ação narrada é, ela mesma, dependente da identidade narrativa" (Pellauer, 2013, p. 57). Ancorado na dialética de Ricoeur, Pellauer defende que a identidade narrativa deve ser vista como um fenômeno que envolve o indivíduo, sua relação com o outro e as histórias imbricadas de "continuidade e diferença". Essa ideia remete à formação de saberes e conhecimentos trazidos dos discursos narrados.

> [...] o discurso é ele mesmo um fenômeno complexo no sentido de que, embora possa ser composto por apenas uma sentença, pode também envolver, no caso que Ricoeur chama de um discurso expandido, algo que é mais evidente nos atos de fala ou na inserção deles em um meio composto por mais de uma sentença (Pellauer, 2013, p. 67).

---

[62] A *catarse* é uma das etapas conceituais da Pedagogia Histórico Crítica de Saviani, entendida como uma transformação do homem pelo conhecimento trazido pela educação. Ele assinala a mediação da prática (ponto de partida e ponto de chegada) explicitada por três momentos: *problematização, instrumentação e catarse* (Saviani, 2013b).

Apreendemos que se trata de um fenômeno complexo, visto que a narrativa provém de uma identidade articulada às ações, aos acontecimentos ou eventos da realidade, "[...] as ações narradas se referem a algo realizado, com lugar determinado e função na história, que abre a porta para a ideia de *identidade narrativa* [...]" (Pellauer, 2013, p. 74).

Como já mencionado em nossa pesquisa, lembramos que Ricoeur (2010a, 2010b, 2010c) trabalha a ideia de uma narrativa de ficção em que o sujeito pode introduzir da imaginação como se fosse sua história (real) de vida (Ricoeur, 2010b). O autor busca, incansavelmente, nas três obras, uma aproximação entre a narrativa histórica e a de ficção, o que resulta na identidade narrativa. Por ser um processo hermenêutico, quem se narra é o sujeito, portanto quem revela a história é quem narra, cabe ao receptor da história interpretá-la ao contexto pretendido[63], que pode "designar tanto um indivíduo quanto uma comunidade, um ponto de articulação" (Arfuch, 2010).

Desse modo, do conceito de identidade narrativa, compreendemos que esta é constituída pelo *"idem"* e *"ipse"* (Ricoeur, 2010c), oriunda da identidade pessoal, intrínseca à personalidade formada pela soma de aspectos externos ao sujeito que vai se ressignificando por meio de suas experiências diante dos desafios da vida cotidiana, e de ações práticas que geram reflexões contínuas em sua trajetória, sobre si mesmo, e em convivência com os outros sujeitos da comunidade, sendo um processo *mimético*, de "si mesmo como um outro" (Ricoeur, 2010c, 1991). Portanto, o sujeito não se constitui isolado das relações sociais e culturais que se integram à sua formação como ser humano composto do pessoal e profissional, cuja identidade só faz conhecida se revelada por meio de narrativas orais ou escritas; ao contrário, não seria possível identificá-la.

4.4 Análise das entrevistas narrativas – identidade narrativa: 3ª etapa: abstração analítica (Schütze, 2010)

Em face da compreensão do arcabouço teórico em tela, prosseguimos na análise da **3ª etapa** *abstração analítica* (Schütze, 2010), agora em relação à *identidade narrativa* das pedagogas entrevistadas.

---

[63] Isto também é trabalhado por Goodson quando analisa o capital narrativo a partir de identidades narradas em determinados pontos relacionando a contextos maiores das histórias de vida de quem narra (Goodson, 2006), o que pode ser um exemplo de identidade narrativa que mescla a história e a ficção (Ricoeur, 2010b). Visto que na história narrada, o sujeito que fala pode integrar tanto os elementos ficcionais, de como ele se imagina que seja, mesmo não sendo, quanto de elementos reais, de sua própria história de vida como acontecimento.

Buscamos abstrair do texto narrativo os significados da **questão gerativa nº 4:** *Como você se percebe ou se identifica como pedagogo/a no seu
ambiente de trabalho.*

Em sua entrevista narrativa, a Alice reflete:

> **Sou pedagoga** *e sinto que foi sendo construída uma relação de
> trabalho. [...] As atribuições são um* **diferencial em relação à
> mediação e atendimento com os estudantes.** *A formação em*
> **Pedagogia é um diferencial,** *apesar de que fui [aprendendo]*
> **pegando na prática** *a questão de apoio acadêmico, eu acho
> que é importante falar isso* (Alice, grifos nossos).

Em relação ao *aprender na prática*, a pedagoga relembra que em
sua instituição foi realizado um vestibular indígena e receberam 11 estudantes, sendo quatro na licenciatura integral, quatro no curso noturno e
três na licenciatura integrada em Física e Química. E junto aos professores, coordenadores e outros funcionários acompanha esses alunos que
apresentaram mais dificuldades principalmente em relação à língua e à
cultura. Contudo afirma que ainda é necessário melhorar a questão do
acolhimento aos estudantes.

A entrevistada Eulália tece um longo pensamento sobre sua percepção de ser pedagoga e compreende que se constitui de várias áreas de
conhecimentos, como a Antropologia, a Filosofia e a relação da História
na construção de identidades, dela mesma e dos outros.

> *[...] o meu fazer é construído pelo meu pensar, e o meu pensar
> vem dessa formação de antropologia, que a gente estuda com
> eles, essa formação social, formação que vem da filosofia,* **essa
> construção de identidades,** *de sua* **relação com a História,**
> *isso faz da gente um bom profissional, como é que eu lido com a
> minha história e com a história do outro,* **isso é importante
> na formação do pedagogo,** *a gente se construir no curso para
> colaborar e compreender a história que vem desse outro que é
> diferente de mim, como eu lido com isso, como ajudo também
> ele também ter esse olhar sobre a própria história dele para
> construir uma identidade e um saber, então isso é importante
> na formação do pedagogo* (Eulália, grifos nossos).
> *[...]*
> A **Pedagogia me ensinou** *que para ter um bom resultado* **pre-
> ciso planejar.** *[...] A pedagogia também me ajuda na* **comu-
> nicação com as pessoas** *e me* **explica como orientar.** *Por
> exemplo, se eu vou orientar um aluno aqui, então eu utilizo*

> aquilo que eu sei como pedagoga. Eu mostro ao aluno que ele
> pode seguir uma trajetória de algo que ele precisa fazer, então
> entra a Pedagogia (Eulália, grifos nossos).

Denota-se da descrição um reconhecimento da Pedagogia como fonte inspiradora do planejar e do orientar os estudantes no cotidiano universitário.

A assessoria a estudantes e o trabalhar o acompanhamento pedagógico de forma ampla aparece na (auto)identidade da Elisa:

> Minha função é justamente **assessorar a estudantes** [...]. Nós temos que **trabalhar o acompanhamento pedagógico de forma ampla**. Este é um exemplo básico. Mas tem casos em que o embasamento sobre os fundamentos da Pedagogia, como a questão da filosofia, da educação, da psicologia, e da sociologia etc., temos que colocar em prática no dia a dia. Isso fortalece o nosso trabalho e é um diferencial (Elisa, grifos nossos).

Na fala da entrevistada Carolina, verificamos que se reconhece como uma pedagoga de atitude que desenvolve um trabalho "o corpo a corpo" na universidade.

> O que eu posso dizer em relação a todo esse **percurso profissional** é que uma palavra que pode resumir é **atitude**, é uma palavra que nos define, nem eu e meus colegas somos pedagogas de gabinete, você escolhe como é que você vai trabalhar, todo dia você escolhe. Quando passamos pelos corredores, **os alunos nos têm como referência pedagógica.** Nós falamos entre os pedagogos **"remarque o seu território"**, **"você vai demarcar o seu território pedagógico**, porque **a formação é sua,** alguém pode ir até vir e querer sua atribuição". **Mas você vai ter demarcado seu território, porque você tem consciência da sua formação.** A palavra que nos resume é atitude. Eu sou realizada pelo trabalho que eu faço, como profissional. E assim ver os colegas nos chamando, nos perguntando, o que **nos tem como referência,** significa que **nós demarcamos o nosso espaço,** isso é muito legal e é **uma resposta do nosso trabalho** (Carolina, grifos nossos).
> [...]
> Então, o meu trabalho hoje faz valer a pena, pelo fato de **ser uma assessora pedagógica** efetiva a gente tem vez e voz de falar. Porque a gente sabe que o **nosso papel defendemos "com unhas e dentes"** [com afinco] **e o trabalho e papel dos nossos colegas também.** Esta tem sido a nossa missão na universidade,

> *congregar e apoiar a todos os nossos colegas*, *mostrando a* **nossa competência** *também para os coordenadores de curso e para os alunos* (Carolina, grifos nossos).

De forma muito enfática, Carolina nos conta como se identifica na profissão, pontuando que em sua instituição entre os assessores pedagógicos falam em "marcar o território", no sentido da conscientização da importância da formação, "a formação é sua", disse. Discorre bem mais adiante, no texto narrativo, o fato de ser uma assessora pedagógica efetiva e o quanto defende esse papel dentro da universidade, tanto do que desempenha quanto dos outros colegas, promovendo congregá-los e apoiá-los coletivamente. Outro ponto abstraído indica o reconhecimento por parte dos estudantes desse "território demarcado" por ela enquanto assessora pedagógica.

Em sua fala, a Elza discorre a respeito da importância do trabalho do pedagogo. Ela nos conta que em sua universidade é muito requisitada para as reuniões de gestão e de planejamento, que é convocada para tratar de demandas de importância institucional e vai construindo marcos importantes para o trabalho pedagógico que desenvolve também ligado à pesquisa:

> *[...] justamente essa orientação geral*, **embasada em muitos estudos, em muitas pesquisas, em conhecer esse contexto do trabalho da instituição**, *na base da* **formação**, *é muito* **compromisso**, *muita* **responsabilidade**, *muitas* **perguntas e interrogações**, *às vezes não levamos a* **resposta** *na hora, às vezes* **levamos outras interrogações** *que* **levam a desvendar caminhos** *do porquê dessa situação. Muitas vezes a gente até sabe de respostas que podem não ser acatadas, mas quando trazemos* **respostas consubstanciadas** *fica melhor.*
> *Porque o* **pedagogo** *tem uma questão importantíssima da nossa* **formação** *que nos* **desenvolve a sensibilidade pedagógica da educação, da gestão**, *no* **relacionamento interpessoal**, *que nos dá muito essa base. As disciplinas de Psicologia, fazem todo um diferencial* (Elza, grifos nossos).

Sua narrativa revela a preocupação de fundamentar suas respostas às demandas que surgem com muitos estudos e pesquisas em conhecer a realidade do contexto institucional, permeado por interrogações que requerem desvelamentos desse assessoramento, que busca consubstanciar sua prática. Reconhece-se como pedagoga que desenvolve uma "*sensibilidade pedagógica da educação, da gestão, no relacionamento interpessoal*" de modo embasado e diferenciado (Elza).

Ao provocarmos a questão de como se percebia como pedagoga, a narradora Marília (P6) amplia sua fala e aborda sobre sua experiência como um todo, não sendo direta em (auto)definir-se, somente tece pistas de como se identifica. Volta ao ponto a respeito de sua trajetória na universidade e do trabalho desenvolvido:

> Quando vim para esta universidade [...], **já tinha experiência com a parte pedagógica**, que também era totalmente diferente, com outra linha de prática de ensino e de atuação. Também já tinha experiência na pós-graduação, porque eu vou fazer [muitos anos] de serviço público, então eu **tenho um "pedaço de cada setor" [uma visão]**.
> [...]
> Nosso contato e **preocupação com o aluno** é muito em **relação à permanência** deles na faculdade, **orientamos eles** e o que fugir [do nosso alcance] passamos para o coordenador do curso. [...] Questões sobre o TCC também aparecem **e dialogamos sobre isso com os estudantes,** sobre qual a área e quais disciplinas que eles têm mais afinidade para fazer o TCC e encaminhamos os casos [...] (Marília, grifos nossos).

As pistas de como se percebe ficam emaranhadas em sua fala sobre o trabalho que desenvolve. A narrativa demonstra que a entrevistada: é uma profissional que já tinha experiência pedagógica, mas em outra linha de atuação totalmente diferente; reconhece que tem "um pedaço de cada setor", como uma visão do todo; preocupa-se com os estudantes, com sua permanência na instituição; dialoga e orienta-os dentro de seu escopo de alcance. Desse modo, a assistência estudantil é mais evidente em sua fala.

Nos excertos do texto transcrito das narrativas, pudemos perceber que a noção de identidade narrativa que se revela nas falas das pedagogas, de como elas se percebem, se mescla a elementos reflexivos dos acontecimentos individuais da vida pessoal e da profissional. São diferentes facetas registradas nas memórias que, ao serem narradas, evocam os percursos, as situações educativas de experiências e as áreas de conhecimentos multirreferenciais relacionadas à constituição de suas identidades, como: a Pedagogia (Alice; Eulália; Elisa; Carolina; Marília); a História (Eulália), a Antropologia (Eulália); a Psicologia (Elisa; Elza; Marília); a Filosofia (Elisa) e a Sociologia (Elisa).

Essa análise nos remete ao que Josso (2007) aponta que determinados conceitos apresentados por disciplinas, como da área da Educação, da Sociologia, da Antropologia, da Psicologia, influenciam como os indivíduos são modelados em sua formação ao longo da vida, e como as obrigações sociais e culturais são transmitidas e se constituem nas identidades das pessoas. Segundo Josso (2007, p. 417), o conceito de educação "permitiu reagrupar conjuntos de modalidades formais (instituições escolares e organismos de formação) e informais (mídia, família e meio ambiente) dessa transmissão", sendo que a construção da identidade, em dadas estruturas sociais, se define por papéis e posições que correspondem a determinados comportamentos individuais.

> A concepção experiencial da formação de si em todas as suas facetas, dimensões, registros tem, certamente, articulações importantes com o conceito tradicional de identidade mas ela nos parece muito mais rica que ele porque completa as categorias tradicionais das ciências do humano, dando lugar às vivências refletidas e conscientizadas, integrando assim as dimensões de nosso ser no mundo, nossos registros de expressões, nossas competências genéricas transversais e nossas posições existenciais (Josso, 2007, p. 416-417).

Desse modo, a referida autora nos indica que as narrativas centradas da formação ao longo da vida revelam como os registros do pensar humano, as "ciências do humano"[64] (estruturas de conhecimentos representadas pelas disciplinas/conteúdos), contribuem para a construção de conceitos que se imbricam nas identidades existenciais dos sujeitos. "A identidade individual é, pois, definida a partir de características sociais, culturais, políticas, econômicas, religiosas, em termos de reprodução sociofamiliar e socioeducativa" (Josso, 2007, p. 417).

Para além desse modelo identitário apontado por Josso, a autora discorre sobre sua experiência com a pesquisa-formação de histórias de vida, reforçando a ideia de que os sujeitos precisam trabalhar e refletir sobre os conhecimentos das "ciências do humano" com capacidade criadora, da "invenção de si" que torna-se uma "tomada de poder sobre a maneira como cada individualidade pode descobrir sua singularidade, cultivá-la, inscrevendo-se num *continuum sociocultural*, isto é, numa história coletiva" (Josso, 2007, p. 430).

Como processos de ressignificação do vivido (Abrahão, 2006), as narrativas das pedagogas entrevistadas revelam construções identitárias que elucidam um conhecimento "si" mesmas e do trabalho que desenvolvem na universidade de modo singular e plural, com criatividade, criticidade e

---

[64] No texto de Josso (2007), a tradutora indica que autora adota o termo "ciências do humano" por considerar as "ciências humanas" um termo inadequado, visto que todas as ciências foram criadas pelo homem, não existindo, portanto, "ciências não-humanas".

confronto entre os saberes construídos e as experiências vividas. Por meio da (auto)biografia, são percebidas produções de conhecimentos sobre si que refletem sobre as objetividades e as subjetividades imbricadas nos contextos de atuação profissional das pedagogas.

Como vimos, a compreensão da identidade narrativa das pedagogas interlocutoras perpassa por questões: epistemológicas, dos conhecimentos de suas formações; ontológicas, quando refletem quem elas são; históricas, da temporalidade de suas vidas; social, dos contextos e relações; e cultural, de crenças, comunidade e grupos. Desse modo, a seguir abordamos sobre o conceito de experiência, pois este está em movimento unívoco à identidade narrativa e profissional.

4.5 Experiências

No Brasil a relação entre *experiência e educação* parece ter sido inaugurada por Dewey (1976), que aposta no princípio de continuidade de experiência como um *"continuum experiencial"* relacionando a uma *"filosofia de experiência educativa"* (Dewey, 1976, p. 17). O autor reconhece que a responsabilidade do educador vai além de estar atento às condições do meio que modelam as experiências, demanda em "reconhecer nas situações concretas que circunstâncias ambientes conduzem a experiências que levam ao crescimento" (Dewey, 1976, p. 32). É, portanto, empírica e envolve tanto as condições físicas, históricas, e econômicas como as ocupacionais da comunidade local (Dewey, 1976). Com esses indicativos, não consideramos a escola progressiva de Dewey como "neutra" (Malanchen, 2016), visto que as experiências vão se constituindo em ambientes integrados à sociedade e aos cotidianos.

Em Larrosa (2014), a educação é pensada a partir da *experiência e do sentido*. Explicita que a palavra *experiência* vem do latim *experiri* (provar, experimentar), é "[...] em primeiro lugar um encontro ou uma relação com algo que se experimenta, que se prova" (Larrosa, 2014, p. 26). Ele define o termo *experiência* pelo conceito de Heidegger:

> [...] significa que algo nos acontece, nos alcança; nos contagia, nos tomba e nos transforma. Quando falamos em "fazer" uma experiência, isso não significa exatamente que a fazemos acontecer; fazer significa aqui: sofrer, padecer, receber o que nos chega de maneira receptiva, aceitar, na medida em que a ele nos submetemos. Algo é feito, advém,

acontece. [...] Podemos ser assim transformados por tais experiências, de um dia para o outro ou no transcurso do tempo (Heidegger, 1990, p. 143, tradução nossa).

Apreendemos desse conceito de Heidegger que o impacto da experiência pode ser tão surpreendente que pode desconstruir (abater) e reconstruir, transformar o sujeito, tendo, portanto, um significado ontológico, de existência, de *"ser-no-mundo"* (Heidegger, 2015). Desse modo, concordamos com Larrosa quando este define um "sujeito da experiência" (Larrosa, 2014, p. 28), que pode ser transformado por ela: "somente o sujeito da experiência está, portanto, aberto à sua própria transformação".

[...] a experiência funda também uma ordem epistemológica e uma ordem ética. O sujeito passional tem também sua própria força, e essa força se expressa produtivamente em forma de saber e em forma de práxis. O que ocorre é que se trata de um saber distinto do saber científico e do saber da informação, e de uma práxis distinta daquela da técnica e do trabalho. O saber da experiência se dá na relação entre o conhecimento e a vida humana. De fato, a experiência é uma espécie de mediação entre ambos (Larrosa, 2014, p. 30).

Situamos que esse *saber da experiência* (Larrosa, 2014) está relacionado à própria vida singular, de abertura ao desconhecido e subjetivo, produzido pelas interpretações que os sujeitos constroem de si e dos outros em suas convivências, que se relacionam ao conceito de identidade resultante de multirreferencialidades, provindas de saberes da formação do sujeito, das pessoas de seu meio social, das comunidades nas quais participa e dos espaços de atuação profissional, "[...] trata-se de um saber que revela ao homem concreto e singular, entendido individual ou coletivamente, o sentido ou sem-sentido de sua própria existência, de sua própria finitude (Larrosa, 2014, p. 32).

A partir de estudos sobre as narrativas (auto)biográficas como prática pedagógica, Passeggi (2011, p. 147) reflete sobre a "ressignificação da experiência", no contexto da formação de formadores. A autora afirma que a experiência é um dos terrenos mais férteis da pesquisa (auto)biográfica em educação, que se torna complexo quando somado ao termo "identidade".

A referida autora explora a *experiência em formação* a partir de pesquisas conduzidas nos últimos dez anos sobre narrativas autobiográficas (orais e escritas), das quais organiza em três partes: a aproximação entre recortes históricos da noção de experiência para pensar modos de compreender e ressignificar as experiências e práticas de formação; experiência com "grupos reflexivos" que partilharam experiências, reflexões e ressignificações uns com os outros; e identifica elementos da linguagem e consciência histórica para tecer considerações a respeito das experiências provindas da narrativa na formação docente (Passeggi, 2011, p. 148).

Em Passeggi a experiência é compreendida a partir de si própria e "[...] deve ser situada no contexto imediato das tradições, que sua vez se amplia em círculos cada vez mais amplos para se estender à totalidade histórica, até atingir um conhecimento histórico universal" (Passeggi, 2011, p. 149). Fundamentada em Ricoeur[65], sustenta que "[...] é na construção de um enredo para a história que se dá forma à experiência, que ela adquire sentido, é ressignificada" (Passeggi, 2011, p. 151), assim a consciência histórica faz parte do processo para se compreender a experiência vivida e singular (Delory-Momberger, 2012b).

Delory-Momberger (2006, p. 363) contribui com a fundamentação a respeito das narrativas e experiências dos sujeitos. A autora defende que "é a narrativa que constrói entre as circunstâncias, os acontecimentos, as ações, relações de causa, de meio, de fim; que polariza as linhas de nossos *argumentos* entre um começo e um fim e os atrai para sua conclusão".

Segundo a referida autora, as *experiências de formação* podem ser organizadas nas perspectivas de um projeto. Afirma que a dimensão do projeto "é assim constitutiva no procedimento de formação na medida que instaura uma relação dialética entre o passado e o futuro [...]" (Delory-Momberger, 2006, p. 366). Este exercício de (auto)identificar-se coaduna com o conceito de *biografização, ou saber biográfico*, "saber que vem do singular" ou, ainda, *"saberes da experiência"* nas narrações individuais", também desenvolvido pela autora (Delory-Momberger, 2016, p. 139).

Nesse sentido, Vieira e Henriques (2014, p. 164) afirmam que a representação de nossa experiência de vida é uma narrativa, e nós "utilizamos a narrativa como uma ferramenta, a fim de organizar nosso contato com o mundo em termos de uma experiência inteligível".

---

[65] Passeggi (2011) utiliza a obra de RICOEUR, Paul. *Du texte à l'action*: essais d'hermeneutique. II. Paris: Seuil, 1986.

Ademais, para Breton (2020) a experiência ancora-se em tradições hermenêuticas, das quais destaca Dilthey[66] e Ricoeur. Breton busca uma epistemologia da experiência, diferenciando as narrativas ao questionar:

> [...] as formas de conhecimento produzidas pela exploração da experiência vivida entre **detalhe** e **duração**. Se a narração biográfica permite captar a experiência vivida através da agregação dos acontecimentos de acordo com uma lógica que permite manifestar o desdobramento dos fenômenos ao longo do tempo, o poder da descrição detalhada reside nos seus efeitos de elucidação das dinâmicas e associações lógicas envolvidas na configuração da narrativa, na construção das estruturas narrativas e nos hábitos interpretativos [...] (Breton, 2020, p. 20, grifos do autor).

A pesquisa de Breton (2020) apresenta a *"experiência de referência".* Refere-se àquela já vivida, e a *"experiência narrada",* a que se "concretiza nos discursos ou nos textos" (Breton, 2020, p. 17), para exemplificar os fenômenos experienciais. Esse paralelo do autor nos remete aos projetos de formação com as histórias de vida desenvolvidos por Josso (1999, 2006, 2007, 2014), como mencionado, sobre as referências que os sujeitos revelam das "ciências do humano", o que reforça a ideia de que a construção das experiências e da identidade se referenciam, também, nas epistemologias estudadas na trajetória de vida, principalmente na vida adulta com a formação inicial no curso de graduação, como as narrativas das pedagogas entrevistadas vêm demonstrando nesta pesquisa.

4.6 Análise das entrevistas narrativas – experiências: 3ª etapa: abstração analítica (Schütze, 2010)

Em face dos referenciais explanados, seguimos nas análises das entrevistas narrativas com *3ª Etapa Abstração Analítica* (Schütze, 2010), das experiências, para o alcance dos objetivos da pesquisa. Dirigimos às participantes a **questão gerativa nº 5:** *Narre alguma experiência profissional que passou a fazer parte da pedagogia cotidiana.* Das transcrições das narrativas, destacamos alguns excertos nos Quadros 20 e 21.

---

[66] Segundo Dilthey (1999), a experiência interna na qual ele "apercebe" sua situação, não pode por si só trazer-lhe à consciência a sua própria individualidade, "somente na comparação" dele mesmo "com os outros" que ele faz a experiência "do individual" nele, ser consciente: "[...] somente então que minha própria existência se distingue de outros se torna consciente" (p. 13).

Quadro 20. *3ª Etapa abstração analítica* (Schütze, 2010) – *experiências profissionais da Pedagogia cotidiana*

Políticas de Estágios Supervisionados	• *"Em relação aos **estágios**, temos muitos problemas de parcerias com as escolas. Questões de ser prioritariamente na escola pública, que eu acho é o correto, o estudante que está em uma universidade pública, tem que passar por uma escola pública, ao menos um semestre, e é muito importante. E **fomos elaborando políticas de estágios, com questões que a gente via no cotidiano**, [por exemplo], aparecia estudantes que apresentava problemas para conseguir estágio, de interdisciplinariàade, sabe" (Alice).*
Pensar Metodologias e pensar o outro de uma forma única	• *"Eu também escolhi a ser psicopedagoga porque gosto desse contato com a sala de aula, eu gosto muito da relação "o eu com o outro", [...] porque cada um aprende de um jeito, cada um tem uma história, uma cultura. E quando penso em algo para "ele" (o sujeito) eu penso no "outro". Eu penso "para o outro" que têm uma história diferente, uma necessidade diferente. A Pedagogia **me ensinou a pensar metodologias e pensar o outro de uma forma única**, então me ajudou muito mesmo" (Eulália).*
Coordenação de Monitoria	• *"Nós implementamos a certificação de monitoria, acompanhamos a efetivação das atividades e a carga horária realizada. São monitores de vários cursos, tanto monitores voluntários ou remunerados. A assessoria pedagógica faz todo o processo desde o edital; a seleção; o acompanhamento; e a certificação. **Coordenamos os monitores da capital e do interior**" (Elisa).*

Fonte: elaborado pela autora a partir de dados de pesquisa

Quadro 21. *3ª Etapa abstração analítica* (Schütze, 2010) – *experiências profissionais da Pedagogia cotidiana*

Atividades Complementares: atividades de extensão universitária	• *"[...] a questão foi a das **atividades complementares**. Os estudantes precisavam de atividades complementares para o cumprimento da carga horária curricular, mas precisavam ir à capital ou a outros campi para poder participarem de eventos, porque não tinham eventos em sua cidade. Então nós **organizamos e elaboramos uma agenda de eventos acadêmicos, de semanas acadêmicas** para todos os cursos" (Carolina).*
Projeto Pedagógico de Curso **Avaliação Institucional**	• *"Quando cheguei aqui de outro campus, eu comecei a estudar sobre os **PPCs dos cursos, sobre a estrutura curricular, a matriz curricular**. [...] Começamos a acompanhar os relatórios de **avaliação institucional**, o relatório do ENADE, da autoavaliação, da avaliação do ensino, das comissões que vêm em in loco, comissões de verificação e renovação do reconhecimento. Então buscamos todos estes dados, para uma análise, onde que está se fortalecendo, onde não está [...]" (Elza).*
Organização do trabalho	• *"Procuro **organizar o trabalho**, sou muito de ir atrás para aprender, e como pessoas estavam aposentando, não tinha nenhum manual ou orientação para seguir. A minha primeira pós-graduação foi em gestão escolar, supervisão e orientação, então sempre busquei essa questão da organização, gestão, direção. O **cotidiano do pedagogo tem muita prática, o concreto mostrado**" (Marília).*

Fonte: elaborado pela autora a partir de dados de pesquisa

Em sua fala, a Alice nos conta que foi aprendendo com as questões que chegavam e colaborou na elaboração de uma política dos estágios supervisionados. Explica:

[..] a gente foi aprendendo que o diálogo com as escolas e com os supervisores, professores, foi sendo construído assim, na conversa com os supervisores (professores), com os estudantes e com os orientares professores da universidade. Assim foi sendo **construída essa questão da política** *e de como a gente lida com os* **estágios**, *apesar de ainda ser um "nó" bem grande no currículo, acho desde que estudei na graduação, a questão do curso noturno e os estágios são desafios* (Alice, grifos nossos).

Outra experiência que marca o texto narrativo refere-se à Eulália, que fala da inter-relação de ser psicopedagoga com o ser pedagoga em seu dia a dia, de lidar com o outro que tem uma história diferente, uma cultura e necessidade diferente. Conta que a Pedagogia a provoca a pensar metodologias para os sujeitos que são únicos.

Ao rememorar experiências que marcaram sua trajetória profissional, Elisa nos fala ter identificado estudantes com variados casos de dificuldades que precisaram de encaminhamento. Entre esses casos, também identificou estudantes que planejavam tirar a própria vida.

Através de sondagem e relatos, descobri que um aluno não estava bem, então chamei ele para conversar. Nos primeiros contatos o aluno não quis conversar [se abrir], mas depois de dois dias ele confessou que tentou o suicídio. Então falei com o pai, que nem sabia que o filho estava passando por problemas, nos disse que trabalhava o dia todo e quando o menino chegava da universidade ficava trancado no quarto [o filho tinha quarto individual]. O pai pensava que ele [o filho] estava estudando. Então encaminhamos [esse aluno] para o serviço psicológico da universidade, e o pai também o colocou para tratamento fora. Era um aluno que não tinha mais esperança em nada. Então conversei com um professor, contei da situação deste aluno, que ele já tinha sido reprovado duas vezes no TCC e precisava de um professor [orientador] que o acompanhasse. O professor aceitou e o aluno conseguiu se formar, conseguiu sair, ficou bem. Então isso foi como um prêmio para mim. No dia a dia quando a gente está bem pra baixo, se sentindo bem desvalorizada, uma situação desta mostra o quanto é importante a atuação do pedagogo, desse acompanhamento do pedagogo para a vida dos alunos (Elisa).

Como vimos neste excerto narrativo da interlocutora, esse episódio retrata uma experiência que marca sua trajetória na universidade. Rememorar os bons resultados do acompanhamento estudantil diferenciado no cotidiano a motiva mesmo quando não percebe a devida valorização profissional. Outra experiência narrada refere-se à promoção de condições institucionais para a realização das atividades complementares pelos estudantes:

> [...] Naquele primeiro momento, foi um evento por curso ao ano e no ano seguinte, organizamos dois eventos por ano para cada curso. Assim, começamos a movimentar a universidade com as atividades acadêmicas não só as de ensino, mas chamamos a comunidade para participar, para que a universidade fosse vista na cidade, na comunidade, naquela região, como sendo importante, tanto na formação de profissionais que irão atuar nos municípios, em cidades, como nos povoados mais distantes do interior. Então começamos a fazer essa mudança, eu digo que isto foi algo que marcou muito a minha vida. Hoje eu saí daquele campus, mas conheço toda a realidade, os eventos continuam acontecendo até hoje. Passamos a fazer um trabalho mais próximo da comunidade justamente para mostrar que a universidade não é algo tão distante dela, que está lá para que [a população] também usufrua (Carolina).

Como demonstra o excerto acima, foi marcante para a Carolina a promoção de atividades de extensão tanto para os estudantes integralizarem seus currículos, como o fato de convocarem a comunidade para conhecer a universidade local. Reforça que recebem muitos estudantes e que dialogam a respeito dos problemas, e, quando se excedem as condições de atendimento para além da formação de Pedagogia, encaminham para os especialistas.

> Recebemos muitos alunos para conversar e dialogar, eles trazem os problemas deles. Obviamente não temos condições profissionais de responder [a tudo], por exemplo, psicologicamente, para dar com atendimento psicológico, não é essa a nossa formação, mas encaminhamos a quem é da área específica na universidade. Então é assim, esta tem sido a nossa missão, temos tentado levar com muito carinho, com muito profissionalismo, e sempre com atitude, porque o nosso trabalho é isto, e nós somos felizes! (Carolina).

Na fala da Elza, ela nos afirma que as experiências mais marcantes perpassam pela orientação da implementação, da construção e reformulação de projeto pedagógico de curso – PPC, e questiona:

> *Quando a gente começa a pensar em uma concepção, **qual é a concepção da instituição?** E a gente começa **a pensar esse PPC** independente do campus que eles estejam, a partir de uma concepção geral, e parte deste PPC, é pensado a partir de uma concepção para atender a especificidade daquela localidade, a gente começa a trazer uma identidade institucional. Quando cheguei aqui de outro campus, eu **comecei a estudar sobre os PPCs dos cursos, sobre a estrutura curricular, e a matriz curricular** (Elza, grifos nossos).*

Elza nos conta que engajou toda uma discussão em sua instituição acerca do PPC. No primeiro momento, ainda não tinha Núcleo Docente Estruturante (NDE). Ele foi concebido depois, então buscou por representações dos colegiados, das coordenações de cursos, e lutou para implementar movimento de diálogo para transformar aquele cenário. Explicita que também colaborou na implementação de processo avaliativo, "*[...] o que fez toda a diferença na instituição*" (Elza). Ela nos conta que utilizam muito os relatórios de avaliação institucional.

Além de promover uma (re)organização no trabalho com foco pedagógico desenvolvido na universidade, narrado como experiência, Marília nos conta que, antes de trabalhar em sua atual instituição, já trabalhou como docente em creche institucional:

> *O serviço na creche era mais "braçal" e na hora dos relatórios e planos semanais, nós mesmos que produzíamos os materiais de aula. E nos primeiros anos eram só relatórios que comtemplavam cada criança e em cima de cada eixo. Depois começaram a utilizam os portifólios e eram uma relíquia. [...] Os portifólios eram pensados, planejados, não somente por obrigação de fazer, mas eu penso que para a criança aprender tem que ser trabalhado do concreto* (Marília).

Como as narrativas demonstram, a experiência é uma "caraterística que qualifica os profissionais como pessoas, cuja trajetória é construída à base de experiências práticas" (Flickinger, 2014, p. 97). É o saber acumulado das experiências vividas no cotidiano do profissional que proporciona condições para o trabalho pedagógico em qualquer área de conhecimento. Isso expande ao conceito de *phónesis*[67] defendido por Gadamer, e dele Flickinger aborda a questão da experiência que atua sobre o saber atual do profissional, "enquanto um teste de sua validade, isso pode levar à

---

[67] A frônese (do grego antigo, *phrónesis*), na ética aristotélica distingue-se de outras palavras com que se designa a sabedoria por ser a virtude do pensamento prático, sendo traduzida habitualmente como sabedoria prática.

necessidade de acrescentar-lhe algo ou mesmo de substituí-lo por outro saber. E assim modificado, esse saber será exposto de novo e sempre ao exame da práxis futura" (Flickinger, 2014, p. 99).

Corroborando esse conceito de Flickinger, evidenciamos nas entrevistas a importância das experiências acumuladas pelas pedagogas por meio de suas práticas e de situações vividas. Os conhecimentos que as constituem são acionados nos cotidianos e referenciam a tomada de decisões quando as situações lhes requerem que esses saberes sejam aplicados.

Foram identificadas nas entrevistas narrativas *saberes de experiências* (Tardif, 2014; Pimenta, 2012; Delory-Momberger, 2016; Larrosa, 2014), dos quais destacamos: *saberes experienciais de políticas de estágios incluindo questões interdisciplinares (Alice); saberes experienciais de psicopedagogia, metodologias, o "pensar no outro" de forma única (Eulália); saberes experienciais de coordenação de monitoria no ensino de graduação (Elisa); saberes experienciais de atividades complementares, com semanas acadêmicas integrando à extensão universitária (Carolina); saberes experienciais de trabalhar com o projeto pedagógico do curso e com avaliação institucional, com o relatório do Exame Nacional de Desempenho de Estudantes (ENADE) (Elza) e saberes experienciais de organização do trabalho na prática do cotidiano universitário (Marília).*

Esses *saberes experienciais* aproximam-se do conceito de *relação com o saber* do pensamento de Charlot (2000, p. 77), o qual define como "uma forma de relação com o mundo", tendo como ponto de partida a condição antropológica, "fundamento de toda e qualquer elaboração teórica sobre a relação com o saber". Segundo o autor, a relação com o saber se dá em três pontos: "é relação de um sujeito com o mundo, com ele mesmo e com os outros. É relação com o mundo como *conjunto de significados,* mas também, como *espaço de atividades,* e se inscreve *no tempo*" (Charlot, 2000, p. 78).

Da identidade profissional, discorremos sobre os conceitos fundantes do perfil profissional do pedagogo explicitado essencialmente por Brzezinski (2011a, 2011b).

Compreendemos que nessa relação com o saber as pedagogas selecionaram memórias do passado, articulando a uma narrativa pessoal e profissional com identidades que se apresentam no presente vivido e vislumbram propósitos para as ações futuras demonstrando um entrecruzamento de suas identidades que vão se constituindo na temporalidade social, cultural e escolar, com um *caráter narrativo da experiência* (Arfuch, 2010) em seus espaços comunitários de atuação universitárias.

Salientamos que o modo como foi organizada cada seção da 3ª etapa das *abstrações analíticas* (Schütze, 2010) relativas a cada eixo pesquisado — do currículo, das pedagogias, identidades e experiências — foi resultante do estudo do texto narrativo diante do método utilizado, visto que à medida que as questões provocativas iam sendo realizadas nas entrevistas e as interlocutoras rememoravam fatos mesclados, nem sempre suas falas eram relativas àquela questão lançada, por exemplo, algumas narrativas referentes à primeira questão apareciam em outras, tendo ocorrido em todos os textos narrativos. Por isso fizemos um "mapeamento interno" dos textos narrativos transcritos na primeira etapa de análise *formal do texto* (Schütze, 2010), organizando-os por eixos de interesse da pesquisa.

Na sequência, o capítulo 5 realiza uma sistematização das análises das etapas do método de Schütze (2010), compondo assim o constructo do currículo narrativo.

CURRÍCULO NARRATIVO DE UMA PEDAGOGIA NARRATIVA

Com base na investigação a respeito do currículo da formação inicial das pedagogas participantes (capítulo 2), da pedagogia narrativa (capítulo 3) e de quais identidades narrativas e experiências que se revelam das pedagogas entrevistadas (capítulo 4), neste capítulo realizamos uma sistematização das análises a partir do método da entrevista narrativa utilizado (Schütze, 2010) e apresentamos uma proposição de currículo narrativo provindo de pedagogias narrativas relacionadas às identidades das pedagogas das universidades estaduais brasileiras entrevistadas, respondendo ao objetivo geral da pesquisa.

5.1 O currículo narrativo

Identificamos alguns estudos que utilizam a pesquisa narrativa em diferentes contextos formativos e articulam campos de conhecimentos diversos. Algumas investigações buscam relacionar as práticas pedagógicas aos métodos narrativos para promoverem relações com o campo do Currículo, e, em específico, com o currículo narrativo. Entre estes trabalhos, estão o de Pasuch e Franco (2017) com o currículo narrativo na educação infantil, e o de Rodrigues e Almeida que reiteram "a construção do currículo narrativo como, de fato, um *entre-lugar*" (Rodrigues; Almeida, 2020, p. 222) nas tecnologias e na formação docente, tendo seus textos sido analisados naquela seção.

Dessa feita, mesmo que no decurso da pesquisa tenhamos discorrido em alguns momentos a respeito do conceito de currículo narrativo, avaliamos importante retomá-lo nesta breve introdução do capítulo. Metaforicamente falando, vamos "girar o espiral".

O termo *currículo narrativo* foi inaugurado por Ivor Goodson e se fez conhecido no Brasil principalmente a partir de sua comunicação na sessão especial intitulada "Currículo e História: entrelaçamentos metodológicos", realizada durante a 29ª Reunião Anual da ANPEd realizada em Caxambu (Minas Gerais) de 15 a 18 de outubro de 2006 (Goodson, 2007), tendo o texto sido publicado com o título *"Currículo, narrativa e o futuro social"* (Goodson, 2007) e depois outros textos se sucederam acerca da temática (Goodson, 2013a, 2019).

O autor define o *"currículo como uma construção social"* (Goodson, 2020, p. 199) e segue realizando estudos e projetos de modo a aperfeiçoar suas teses, preocupando-se com a estrutura, políticas e a história do currículo, desafiando a hegemonia de poder e defendendo que "é preciso entender o pessoal e o biográfico para entender o social e o político. Isso é mais do que verdadeiro na relevância da biografia pessoal na escolha do foco e método de pesquisa" (Goodson, 2019, p. 22; 2020, p. 24).

As pesquisas do autor[68] seguem ressignificando métodos narrativos, as maneiras de fazer pesquisa, fazem provocações ao campo do Currículo, da Pedagogia, propõem outras maneiras de aprender, discutem a formação de professores e de outros sujeitos participantes das pesquisas, em um movimento dinâmico, crítico e dialético, não descartando o pós-moderno (Goodson; Gill, 2011; Goodson, 2020).

Goodson (1995, 2001, 2015, 2019) oferece padrões investigativos de que o currículo é um dos instrumentos de reprodução social, desse modo busca agregar outras perspectivas de construção de currículos mais abrangentes a partir dos indivíduos, dos grupos ou coletivos intergeracionais.

> O planejamento futuro da aprendizagem, o currículo como prescrição, é então totalmente inadequado para a ordem do trabalho flexível — nesta análise, está condenado e deverá ser rapidamente substituído por novas formas de organização. [...] A abordagem investigativa do currículo contextualizada e guiada por objetivos, debatida neste capítulo apresenta significativos recursos teóricos e práticos para atender a essa necessidade, porque leva a sério o "sujeito" que está aprendendo, com sua história de vida particular e suas aspirações [...] (Goodson; Crick, 2019, p. 99).

Goodson e Crick apontam que o currículo como prescrição está inadequado e precisará ser mudado por novas formas de organização que valorize o sujeito e suas necessidades de aprendizagem. Desse modo, como proposição, os autores trabalham com *projetos* contextualizados

---

[68] Goodson ampliou sua teoria para muitos conceitos de diversos assuntos da área da Pedagogia, dos quais destacamos: a *Pedagogia narrativa* (Goodson; Gill, 2011); a *Aprendizagem narrativa* (Goodson *et al.*, 2010); o *Capital narrativo* (Goodson, 2006); a *Narrativa crítica como Pedagogia* (Goodson; Gill, 2014); as *Narrativas em educação: a vida e a voz dos professores* (GOODSON, 2015); entre outras publicações (Goodson, 2013b).

guiados por objetivos, que se movimentam em direção à construção de conhecimentos, ao reconhecimento e ao uso de formas de conhecimentos ainda presentes no "currículo prescrito", pois ainda compõem o material para a avaliação e a validação públicas em massa. Segundo os autores, o processo do projeto[69] foi proveitoso porque "lhes deu um vislumbre mais profundo do 'outro' como pessoa em sua inteireza e alguma noção de sua história de vida" (Goodson; Crick, 2019, p. 102).

Goodson busca uma *nova teoria da aprendizagem*, que ao invés do conhecimento como aprendizagem de conteúdo do currículo prescrito, explora para além do prescrito, a aprendizagem pela narrativa (Goodson, 2013c; Goodson *et al.*, 2010; Goodson; Gill; 2011; 2014) "envolvida na construção e na contínua manutenção da narrativa na história de vida" (Goodson; Crick, 2019, p. 113).

> A aprendizagem primária é o tipo de aprendizagem que ocorre na elaboração e manutenção contínua de uma narrativa de vida ou projeto de identidade. Os tipos de motivos que emergem na aprendizagem primária são aqueles como a busca, a jornada, o sonho e todos os motivos centrais para a elaboração contínua de uma missão de vida. Nós vimos este tipo de aprendizagem narrativa como central na maneira como as pessoas aprendem ao longo do curso de vida e percebemos que isso requer uma forma diferente de pesquisa e elaboração para compreender os tipos mais tradicionais de aprendizagem formal e informal. É neste ponto, na investigação da aprendizagem primária, começamos a desenvolver os conceitos de capital narrativo e aprendizagem narrativa (Goodson, 2006, p. 16, tradução nossa).

O autor aborda a "aprendizagem primária" (*primal learning)* como referenciais de aprendizagens sucedidas no curso de vida em que os participantes de sua pesquisa narram, e nas análises tenta maximizar o entendimento dessas histórias de vida junto ao contexto coletivo, procurando compreender as rupturas entre a narrativa de vida individual, a coletiva e a experiência histórica (Goodson, 2006). Vislumbra-se uma passagem da aprendizagem adquirida por meio do currículo prescrito para o narrativo.

> A mudança de currículo que estamos analisando é a passagem de uma aprendizagem primária e de um currículo prescritivo para uma aprendizagem terciária de um cur-

---

[69] Esses projetos descritos pelos autores nos recordam dos projetos desenvolvidos por Paulo Freire acerca dos temas geradores (Freire, 2017).

rículo narrativo. Tal mudança se acelerará rapidamente, à medida que ocorra a mudança para uma organização econômica flexível. A inércia contextual de um currículo prescritivo, baseado em conteúdo, não resistirá às rápidas transformações da nova ordem conteúdo, não resistirá às rápidas transformações da nova ordem do mundo globalizado (Goodson, 2007, p. 251).

Como afirma Silva (1996, p. 176), "as narrativas constituem uma das práticas discursivas mais importantes. Elas contam histórias sobre nós e o mundo que nos ajudam a dar sentido, ordem, às coisas do mundo e a estabilizar e fixar o nosso eu". A interação dinâmica entre três tipos de histórias está "no cerne do currículo como narrativa: *minha história de vida; as histórias da minha cultura e tradição; e as histórias desveladas na construção e no uso do conhecimento*" (Goodson, 2019, p. 113, grifos nossos).

Em obra publicada em 1996, *Identidades terminais: as transformações na política da pedagogia e na pedagogia da política*, Silva afirma que o currículo pode ser considerado como uma narrativa. "Ele traz implícita uma trama sobre o mundo social, seus atores e personagens, sobre o conhecimento" (Silva, 1996, p. 177). Segundo o autor, além de ser uma narrativa própria, o currículo contém muitas narrativas que "contam histórias muito particulares sobre o mundo, sobre o nosso lugar e dos vários grupos sociais nesse mundo, sobre nós mesmos e sobre o 'outro'" (Silva, 1996, p. 177).

Sistematizamos, portanto, os dados gerados pelas entrevistas narrativas realizadas com as pedagogas participantes da pesquisa das cinco universidades estaduais brasileiras averiguadas, a fim de mapearmos um currículo enquanto construção por meio dos processos formativos narrados pelas pedagogas, na integração dos conhecimentos acerca do trabalho e das práticas pedagógicas. Indagamos: "*as narrativas das pedagogas demonstram alguma composição disciplinar a partir de uma pedagogia para um currículo narrativo?*". Essa questão é contextualizada na *4ª etapa: análise do conhecimento* (Schütze, 2010).

5.2 Análise das entrevistas narrativas – 4ª etapa: análise do conhecimento (Schütze, 2010)

Recordamos que, segundo Schütze (2010), depois de averiguados os eventos centrais das experiências torna-se possível explicitar os aportes teóricos argumentativos dos próprios narradores sobre sua história de vida e sua identidade, ou seja, esses "aportes podem ser observados nas narrativas iniciais da entrevista como na seção argumentativa e abstrata" (Schütze, 2010, p. 8). Podem ser construídos conceitos e reflexões, a partir das teorias explicativas sobre determinados acontecimentos ou escolhas, assim como avaliações sobre si mesmo, ou de episódios narrados pelo entrevistado (Jovchelovitch; Bauer, 2002; Weller, 2009; Bohnsack, 2020). Desse modo, é possível que os entrevistados desenvolvam teorias explicativas sobre determinados acontecimentos e experiências.

Nesta etapa de análise, leva-se em consideração os conhecimentos trazidos pelo portador da biografia do ponto de vista da perspectiva atual, das reflexões e percepções das entrevistadas na condição de pesquisadoras em educação. Weller (2009) traduz de Schütze[70] alguns principais "componentes não-indexados" ou formas como o portador reflete sobre sua biografia e características pessoais ou de episódios de vida durante a entrevista, dos quais podem caracterizar-se: *a) por autodescrição biográfica ou teorias sobre o "eu"; b) teorias explicativas; c) avaliação da trajetória biográfica ou teoria sobre a biografia; d) explicações ou construções de fundo; e) projetos biográficos, modelos ou terias que orientam a ação; f) descrições abstratas; e g) avaliações gerais e teorias comentadas.*

Diante das vozes transcritas das profissionais ouvidas, destacamos alguns excertos do que interpretamos como conhecimentos construídos pelas pedagogas desde os primeiros episódios rememorados até a parte de finalização da entrevista narrativa. São destaques dos componentes achados em um movimento *refigurativo* (Ricoeur, 2010a).

Quadro 22. Conhecimentos revelados nas entrevistas narrativas – eixo: Pedagogia

Entrevistas	Características (Schütze, 2010)	Pedagogia: narrativa
Pedagoga 1	*Teorias que orientam a ação*	• Autorregulação de aprendizagem: teoria de Bandura • Estudos de produção acadêmica: escrita mais crítica • Atuação do pedagogo na educação superior
Pedagoga 2	*Projetos biográficos, modelos ou terias que orientam a ação*	• Estudos de Linguagem: para compreender aqueles com dificuldades de linguagem, pessoas especiais com síndromes • Estudos de Educação Especial

---

[70] *Cf.* SCHÜTZE, Fritz. *Die Technik des narrativen Interviews in Interaktionsfeldstudien. Studienbrief der Fernuniversität Hagen.* Hagen, 1987.

Entrevistas	Características (Schütze, 2010)	Pedagogia: narrativa
Pedagoga 3	Avaliações gerais e teorias comentadas	• Projeto pedagógico de curso • Estudos sobre formação de docentes • Formação de monitores • Conteúdos de assessoria pedagógica • Estudos acerca de questões sociais
Pedagoga 4	Teorias que orientam a ação	• Atuação do pedagogo na educação superior • Formação continuada (de si mesmo) e promovida a sujeitos relacionados ao trabalho
Pedagoga 5	Teorias que orientam a ação	• Atuação do pedagogo na educação superior • Formação continuada de conhecimentos requeridos para profissão
Pedagoga 6	Avaliações gerais e teorias comentadas	• Políticas públicas voltadas às identidades de gênero • Direito: conteúdos de direitos e deveres

Fonte: elaborado pela autora com dados da pesquisa

Esses conhecimentos oriundos das narrativas das entrevistadas demonstram quais conteúdos são mais requeridos para uma (auto)formação continuada das pedagogias vivenciadas no cotidiano e que não foram contemplados na formação inicial do currículo do curso de Pedagogia. Sendo o conteúdo mais destacado pelas narrativas: a *"atuação do pedagogo na educação superior"*. Esse conhecimento é do campo de estudo da *Pedagogia universitária* (Pimenta; Almeida, 2009; Cunha, 2009), que pode ser elucidado por Cunha (2006):

> **Pedagogia Universitária:** campo polissêmico de produção e aplicação dos conhecimentos pedagógicos na Educação Superior. Notas: reconhece-se no plural, como pedagogias múltiplas, porque faz interlocução com os distintos campos científicos dos quais toma referentes epistemológicos e culturais para definir suas bases e características (Cunha, 2006, p. 351).

Segundo a autora, sendo um campo científico em fase de legitimação, precisa de reconhecimento da própria comunidade universitária, da "professoralidade do docente da educação superior" (Cunha, 2018,

p. 10). Sendo importante que se desvele essa existência, de um "campo científico específico de saberes que precisam ser mobilizados para que a educação superior alcance sua dimensão política, social e cognitiva, a qual se constitui na Pedagogia universitária" (Cunha, 2018, p. 10).

Lucarelli (2015b) reflete que a presença de ambas as unidades de Pedagogia universitária e Orientação profissional gera uma diferença significativa na universidade argentina desde os anos 1960 (Lucarelli, 2015b):

> [...] gera um significativo avanço na presença do pedagógico e didático na Universidade Argentina, e se materializa através do surgimento de grupos de profissionais das ciências sociais, pedagogos, psicólogos, sociólogos, preocupados com os processos que ocorrem na aula universitária. Estes grupos (que desenvolvem principalmente atividades de formação para professores universitários nas áreas de ensino, aprendizagem, currículo, relações da educação com o contexto) irão posteriormente constituir equipes de orientação pedagógica universitária (Lucarelli, 2015b, p. 104-105, tradução nossa).

Como comenta Lucarelli, a presença do pedagógico e didático na Universidade de Buenos Aires (UBA) vem avançando no desenvolvimento de significativas atividades de formação para professores universitários, que é um diferencial[71]. Nesse sentido, é interessante corroborar a reflexão de Luckesi *et al.* (2003) a respeito do trabalho universitário, visto que propõem trabalhos com grupos no intuito da "apreensão do conhecimento" e assumem a convicção de que "o saber, o conhecimento não é acabado[...]", mas "o saber está em contínuo fazer-se" (Luckesi *et al.,* 2003, p. 157).

> [...] O nosso esforço no trabalho universitário assume o objetivo de criar uma mentalidade que exija união e reunião de inteligência para conquistar novos e mais profundos conhecimentos, a fim de que possamos, mais competentemente e profundamente, transformar a realidade numa realidade humana (Luckesi *et al.,* 2003, p. 157).

Ao refletirem da necessidade de esforço e união, os autores nos remetem à importância da participação da comunidade de cada faculdade na discussão e reformulação de projetos políticos pedagógicos de cursos (Veiga, 2004). Portanto, nossa análise suscinta acerca do conhecimento

---

[71] Sobre isso, *Cf.* a tese de Carrasco (2020), que revela um estudo sobre as assessorias pedagógicas de quatro universidades, sendo duas no Brasil, uma na Argentina e outra no Uruguai.

demandado que mais apareceu, a *pedagogia no contexto universitário*, revela-nos que é possível trabalhar com a pesquisa narrativa e as disciplinas/conteúdos curriculares em ambientes profissionais.

Com sólida base no currículo da formação inicial em Pedagogia, as entrevistadas percebem outros conteúdos no cotidiano universitário que não estavam naquela formação. Desse modo buscam uma (auto)formação epistêmica-curricular no trabalho, somado às experiências pessoais e profissionais, que formam as identidades.

Importante salientarmos que nos fundamentamos em Young (2010) quando este resgata conceitos de Vigotski em relação aos traços reflexivos dos conceitos científicos adquiridos na vida cotidiana. À medida que os conteúdos surgem nos cotidianos, as profissionais refletem com base em sua formação inicial, são conteúdos aprendidos nos núcleos formativos que produzem novos saberes interrelacionados às experiências que depois retornam ao dia a dia universitário.

De acordo com Gauthier *et al.* (1998, p. 391), a Pedagogia "só pode assumir plenamente o seu papel na medida em que se tornar *lugar* onde o saber se constrói; não somente um saber privado (o saber experiencial), mas também um saber público validado, ligado à ação, o saber da ação pedagógica".

Portanto, do conjunto das entrevistas identificamos conteúdos relacionados à atuação do pedagogo na educação superior, componente do campo da *assessoria pedagógica*, em quatro das seis entrevistas narrativas, como demonstrado no Quadro 23 da *análise de conhecimentos*.

Quadro 23. Conhecimentos revelados nas entrevistas narrativas – eixo: Identidade profissional

Entrevistas	Características (Schütze, 2010)	Identidade profissional das pedagogas
Pedagoga 1	*Projetos biográficos, modelos ou terias que orientam a ação*	• Apoiar as coordenações • Participar nas reformulações curriculares • Estudar as normativas das DCN e as deliberações dos Conselhos Estaduais • Apoiar a avaliação institucional

Entrevistas	Características (Schütze, 2010)	Identidade profissional das pedagogas
Pedagoga 2	*Avaliação da trajetória biográfica ou teoria sobre a biografia*	• Melhorar os métodos de trabalho • Compreender como o mundo aprende • Melhorar as relações interpessoais • Organizar e planejar o trabalho
Pedagoga 3	*Avaliações gerais e teorias comentadas*	• Assessorar pedagogicamente a universidade • Participar da assistência estudantil
Pedagoga 4	*Projetos biográficos, modelos ou teorias que orientam a ação*	• Assessorar pedagogicamente a universidade • Coordenar, organizar e alocar assessores pedagógicos na universidade
Pedagoga 5	*Projetos biográficos, modelos ou teorias que orientam a ação*	• Assessorar pedagogicamente a universidade • Pensar na organização dos currículos dos cursos • Discutir projetos pedagógicos • Trabalhar processos avaliativos: verificar dados, analisar e ouvir estudantes quanto as dimensões didáticas e pedagógicas • Planejar melhorias para a realidade a partir da avaliação institucional realizada • Buscar caminhos para afirmação do lugar do pedagogo em espaços de gestão
Pedagoga 6	*Teorias explicativas*	• Apoiar na parte pedagógica, tentando juntar o lúdico ao trabalho cotidiano • Apoiar aos professores, principalmente aos que são bacharéis

Fonte: elaborado pela autora a partir das entrevistas narrativas

No Quadro 23, as entrevistas narrativas revelaram 20 características da identidade profissional das pedagogas que trabalham nas universidades estaduais brasileiras, participantes de nossa pesquisa. Compreendemos que a identidade profissional predominante é a ***assessoria pedagógica***, embora nem todas assumam essa nomenclatura por unanimidade.

Nossa pesquisa revela que as universidades estaduais têm realizado concursos públicos para a nomeação de pedagogos ou técnicos em assuntos educacionais para suprir a necessidade de assessores pedagógicos.

Embora algumas universidades tenham avançado na institucionalização do espaço de atuação do assessor pedagógico com resoluções aprovadas em instâncias superiores, uma parte das pedagogas ainda não têm essa função assegurada, o que pode ocasionar uma transitoriedade para outros espaços de atuação dentro da universidade.

Cunha (2014) aponta que no Brasil "as assessorias pedagógicas ainda não alcançaram o adequado reconhecimento de seu trabalho no espaço acadêmico e podem ser diversas as explicações para esse fenômeno": a crise de valorização do ensino; desafios cada vez maiores para o processo de ensino e aprendizagem em um contexto contemporâneo e a falta de reconhecimento do "próprio campo pedagógico, que está exigindo renovação, para enfrentar as mudanças culturais e epistemológicas atuais" (Cunha, 2014, p. 44).

Essa nova realidade tem produzido estudos no Brasil e no exterior com a publicação de inúmeros artigos, teses e dissertações. Os estudos de Elisa Lucarelli a partir de práticas de assessorias pedagógicas universitárias na Argentina têm contribuído com as pesquisas desse tema no Brasil, como os trabalhos intitulados: *Universidad y asesoramiento pedagógico* (Lucarelli, 2015a); *Las asesorías pedagógicas universitarias en la Argentina* (Lucarelli, 2015b) e *El asesor pedagógico en la universidad* (Lucarelli, 2004), são alguns exemplos.

Em uma busca avançada na BDTD[72] com os descritores "assessoria pedagógica" e "universidade" no título, aparecem dois trabalhos, sendo uma dissertação de Carrasco (2016) e uma tese de Xavier (2019). Ainda que apareçam somente dois trabalhos na BDTD na data investigada, encontramos informações em grupos de pesquisa[73] a respeito de mais duas teses defendidas no final de 2020: Conceição (2020) e Carrasco (2020), totalizando quatro publicações específicas acerca da temática. Sobre o assessoramento pedagógico em faculdades, cursos, carreiras e em outras áreas, Cunha (2014) explana que

> Trata-se de uma estratégia onde o campo científico e/ou profissional se constitui na matriz de organização da ação da assessoria pedagógica. Significa que em cada Faculdade, Curso, Carreira ou Área há um ou mais assessores

---

[72] Busca realizada na Biblioteca Digital Brasileira de Teses e Dissertações (BDTD) em abril/2021.

[73] Grupo de Estudos e Pesquisa de Assessorias Pedagógicas Universitárias (GEAPU) vinculado à Universidade Federal de Alfenas com pesquisadores participantes do Grupo de Estudos e Pesquisas em Pedagogia Universitária da Unesp-Rio Claro, SP.

> que atuam junto a docentes e aos estudantes, apoiando e estimulando ações propositivas de melhorias dos processos de ensinar e aprender.
>
> Essas assessorias, algumas vezes, são compostas de profissionais com formação na área da educação e também na área científica específica. Já é comum a existência de profissionais híbridos, que vem de campos específicos e fazem formação pós-graduação em educação, qualificando a relação entre os campos que caracterizam seu fazer acadêmico (Cunha, 2014, p. 50-51).

Sobre o trabalho de pedagogos em universidades, a dissertação de Tavares (2019) pesquisa sobre a identidade prática laboral de pedagogas técnico-administrativas em educação da Universidade de Brasília (UnB)[74]. A autora conclui que se deve considerar o diferencial da rotina laboral na educação superior com suas "especificidades e que, por sua vez, não é a mesma da Educação Básica" (Tavares, 2019, p. 125). O trabalho de Tavares reconhece que são muitas as atividades e atribuições diferenciadas, mas que não deixam de lado as preocupações de natureza pedagógica.

Nesse sentido, a assessoria pedagógica que surge das entrevistas narrativas de nossa pesquisa revela as seguintes características profissionais:

- A profissão da Pedagogia na atuação em contexto universitário exige conhecimentos teóricos e práticos que vão construindo as experiências de vida;

- As assessoras pedagógicas são professoras licenciadas em Pedagogia;

- A assessoria é curricular e acadêmica multidisciplinar;

- A assessoria pedagógica é atuante e colabora com os processos de construção de projetos pedagógicos de cursos de graduação;

- A assessoria pedagógica participa dos processos de avaliação institucional;

- A assessoria pedagógica realiza assistência aos estudantes de graduação, aos professores e coordenadores de cursos, a outros pares e monitores;

---

[74] Em relação à UnB, remetemos também à experiência da Faculdade de Educação (UnB), quando na gestão da Prof.ª Lívia Freitas Fonseca Borges (2014-2018) foi estruturada uma assessoria pedagógica que fortaleceu a possibilidade de institucionalização das atribuições dessa função, sendo posteriormente inserida no Regimento Interno da FE-UnB, aprovado em abril de 2020.

- A assessoria pedagógica participa da elaboração e promoção de cursos de formação continuada para docentes, outros assessores pedagógicos e monitores;

- A assessoria pedagógica realiza orientação educacional nas práticas pedagógicas cotidianas;

- Revelam uma Pedagogia da práxis, na qual a teoria e a prática do percurso de formação e profissional se encontram e/ou caminham juntas na organização do trabalho no contexto universitário;

- Revelam uma prática pedagógica, considerada como um domínio específico da profissão docente, que vai constituindo a identidade profissional a partir de funções do espaço de atuação universitário;

- Revelam profissionais reflexivos de suas práticas pedagógicas;

- Revelam pedagogas que estudam e pesquisam os temas institucionais que surgem no espaço universitário.

Esta seção também nos revela que as pedagogas são *professoras-pesquisadoras-gestoras* (Brzezinski, 2011b). Como vimos na pesquisa empírica, as pedagogas entrevistadas são professoras licenciadas atuando em áreas específicas da educação superior; têm buscado amparo, cotidianamente, na pesquisa de seus temas de trabalho emergentes; têm realizado cursos de formação continuada em níveis de lato sensu e stricto sensu e, ainda, promovem formação continuada para docentes universitários, assessores pedagógicos e monitores no espaço de atuação profissional nas universidades estaduais brasileiras.

Isso significa que há avanços na valorização do *professor-pesquisador-gestor*, como verificados nas análises, em um contexto de *inovação pedagógica* em espaços universitários (Cunha, 2009). Nesse sentido, Cunha caracteriza como sendo experiências inovadoras: a ruptura com a forma tradicional de ensinar e aprender; a gestão participativa; a reconfiguração dos saberes; a reorganização da relação teoria/prática; o processo de concepção, desenvolvimento e avaliação da experiência desenvolvida; a mediação e o protagonismo (Cunha, 2009, p. 224-226).

Identificamos algumas dessas características desenvolvidas por essa autora nas experiências narradas pelas pedagogas: a gestão participativa; a reconfiguração dos saberes; a reorganização da relação teoria/prática; o processo de concepção, desenvolvimento e avaliação da experiência desenvolvida; a mediação e o protagonismo (Cunha, 2014).

A referida autora sugere a uma ruptura paradigmática para a compreensão do fenômeno humano, a fim de que seja reconhecida a legitimidade de diferentes fontes de saber (Cunha, 2014, p. 225). Destacamos que a pesquisa narrativa tem se tornado um potente instrumento para essa possibilidade, ao proporcionar a revelação de saberes experienciais (Delory-Momberger, 2016; Josso, 2002; Pimenta, 2012).

Stenhouse (2003) defende a necessidade dos professores serem, permanentemente, pesquisadores. Para o autor, não pode haver desenvolvimento curricular sem investigação e pesquisa dos processos educativos por parte dos professores, que devem ter predisposição para (re)examinar a sua própria prática de forma crítica, como vimos nas narrativas das entrevistadas, e disso depende o profissionalismo nas ações e situações de trabalho cotidiano.

As pedagogas entrevistadas se revelam como docentes-pesquisadoras que realizam reflexões críticas sobre suas práticas pedagógicas cotidianas (Zeichner, 2008). Segundo Zeichner, a prática reflexiva é estruturante da formação docente, pois exercem, juntamente a outras pessoas, um papel ativo na formulação dos propósitos de seu trabalho.

Nesse sentido, Nóvoa (1997) argumenta que surge a necessidade de construir uma visão dos *professores como profissionais reflexivos* que supere uma relação linear (e unívoca) entre o conhecimento científico-curricular e as práticas escolares. "Os professores devem possuir capacidades de autodesenvolvimento reflexivo, que sirvam de suporte ao conjunto de decisões que são chamados a tomar no dia a dia, no interior da sala de aula e no contexto da organização escolar" (Nóvoa, 1997, p. 37). Segundo Nóvoa, as experiências e os estudos (auto)biográficos produzidos no âmbito da profissão docente nascem em um movimento do "universo pedagógico, numa amálgama de vontades de produzir um *outro* tipo de conhecimento, mais próximo das realidades educativas e do cotidiano dos professores" (Nóvoa, 2013, p. 19).

> De facto, a qualidade heurística destas abordagens, bem como as perspectivas de mudança de que são portadoras, residem em grande medida na possibilidade de conjugar diversos olhares disciplinares, de construir uma compreensão multifacetada e de produzir um conhecimento que se situa na encruzilhada de vários saberes (Nóvoa, 2103, p. 20).

Nóvoa reconhece como um desafio intelectual e estimulante as possibilidades de se construir um *outro* conhecimento a partir das narrativas (auto)biográficas, de práticas profissionais de professores.

Nesse sentido, Goodson (2015, p. 125) nos fornece um cenário de análise para a identidade de professores como intelectuais ou investigadores e pontua que o professores de sua entrevista "renunciam a uma definição limitada do professor como um técnico, como um cumpridor, um implementador dos objetivos de outras pessoas". Do mesmo modo, os elementos abordados em nossas entrevistas demonstram que cinco das seis pedagogas participantes ultrapassam a visão tecnicista e denotam um sentido de autonomia identitária com perspectivas intelectuais de estudos do campo da Pedagogia e do Currículo (Giroux, 1997), como demonstrados os resultados no quadro a seguir.

Quadro 24. Conhecimentos revelados nas entrevistas narrativas – eixo: Identidade narrativa

Entrevistas	Características (Schütze, 2010)	Percepções do "Ser Pedagoga" (identidade narrativa)
Pedagoga 1	*Autodescrição biográfica e teorias comentadas*	• Sendo pedagoga na educação superior • Aprendendo na prática • Construindo relações de trabalho • Trabalhando na reformulação curricular e adequação às DCN de cursos de graduação • Participando da avaliação institucional da educação superior
Pedagoga 2	*Autodescrição biográfica ou teorias sobre o "eu"*	• Construindo identidades, relação com a história de "si" e do "outro" • Compreendendo como o mundo aprende • Organizando o trabalho • Melhorando relações interpessoais • Planejando o trabalho
Pedagoga 3	*Avaliações gerais e teorias comentadas*	• Sendo assessora pedagógica • Assessorando a estudantes • Acompanhando pedagogicamente aos estudantes

Entrevistas	Características (Schütze, 2010)	Percepções do "Ser Pedagoga" (identidade narrativa)
Pedagoga 4	*Projetos biográficos, modelos ou teorias que orientam a ação:*	• Sendo assessora pedagógica de referência • Tendo atitude profissional e pessoal • Demarcando o território profissional • Conscientizando da formação • Congregando e apoiando aos colegas de profissão • Reconhecendo a competência profissional
Pedagoga 5	*Projetos biográficos, modelos ou teorias que orientam a ação*	• Sendo pedagoga • Realizando de uma prática profissional embasada por estudos e pesquisas • Buscando de conhecimento do contexto de trabalho com base na formação, com compromisso e responsabilidade • Desenvolvendo um ser pedagogo com sensibilidade pedagógica da educação, de gestão e no relacionamento interpessoal
Pedagoga 6	*Teorias explicativas*	• Tendo visão do contexto universitário • Preocupando-se com a permanência do estudante

Fonte: elaborado pela autora a partir das entrevistas narrativas

Quem é o "Si mesmo"? Provocamos as entrevistadas com a questão: "como você se percebe como pedagoga?". Somente a narradora pode dizer. Independentemente de qual fosse a resposta das interlocutoras, essa resposta seria do concreto, da realidade. "A realidade" só pode revelar-se por aquele que a vive, significando-a ao significar-se. "'A-história-de-uma-vida' enquanto contada a uma pessoa particular é obviamente, e num sentido profundo, um produto conjunto do narrador e do que é dito. O Si mesmo, seja qual for, a atitude metafísica de alguém face à 'realidade' [...]", só pode revelar-se a partir do encontro que promova uma troca entre o narrador e o intérprete (Bruner, 2008, p. 153). Desse modo, pudemos apreender das identidades narrativas das pedagogas:

No reconhecimento de "si" (Ricoeur, 2006, 2010c):

- as pedagogas narram a "si", o "ser" pedagoga, ou o "ser" assessora pedagógica;

- no reconhecimento de "si", narram-se tendo atitude profissional e pessoal, com competência profissional para o desenvolvimento do trabalho;

- aprendem na prática e tentam compreender como o mundo aprende;

- participam; organizam; melhoram e planejam seu trabalho na educação superior;

- demarcam territórios profissionais;

- estudam e pesquisam.

No reconhecimento do "outro" (Ricoeur, 2006, 2010c)**:**

- buscam no externo de si, o (re)conhecimento de si mesmas no contexto de trabalho universitário;

- percebem o assessoramento aos "outros": aos estudantes da graduação; aos docentes; aos outros colegas e à comunidade externa à universidade;

- constroem e melhoraram relações interpessoais no trabalho para "si" e para os "outros", com sensibilidade pedagógica e de gestão.

Observamos que as narrativas do *"ser pedagoga"* se assemelham à questão: *"o que você faz?"*, embora não tenhamos provocado aqui sobre o *"fazer",* mas sim sobre o *"ser".*

Isso aponta que as responsabilidades profissionais se entranham com a constituição do pessoal, por isso Nóvoa confirma que não é possível separar as duas identidades. "Urge por isso (re)encontrar espaços de interação entre as dimensões pessoais e profissionais, permitindo aos professores apropriarem-se dos seus processos de formação e dar-lhes um sentido no quadro das suas histórias de vida" (Nóvoa, 1997, p. 25). Sendo a formação construída por meio de um trabalho de "reflexividade crítica sobre as práticas e de (re)construção permanente de uma identidade pessoal" (Nóvoa, 1997, p. 25).

Refletimos também com Ricoeur (2006) que a identidade tem dupla vertente, particular e pública, no entanto "uma história de vida se mistura à história de vida dos outros", considerando a alteridade do outro (Ricoeur, 2006, p. 118) e em função *mimética* interpretativa da "vida em ação" (Bruner, 2008), como expressão da existência (Freydell, 2019).

Segundo Ricoeur (2006), a modernidade marca um avanço em relação ao "reconhecimento de si", no plano da "consciência reflexiva de si mesmo", o que denomina de *"ipseidade"*, do "si mesmo reflexivo" (Ricoeur, 2006, p. 105). Esse reconhecimento ultrapassa do sujeito para uma coletividade, dá-se nas relações humanas, tendo pessoas como referenciais ao longo da vida (Abrahão, 2006; Marcos, 2011; Yunes, 2012), sendo, portanto, antropológica, ontológica, educacional, social e cultural (Carvalho, 2003), como marcam as entrevistadas.

A identidade narrativa captada das pedagogas aponta a importância do engajamento pessoal e profissional no trabalho desenvolvido na universidade, de forma reflexiva, realizada junto aos outros sujeitos de seu convívio. Para Ricoeur (2006, p. 115), "aprender a narrar-se" pode ser um benefício de "apropriação crítica. Aprender a narrar-se é também aprender a narrar a si mesmo de outro modo".

Corroboramos o autor ao considerar que é no quadro da teoria narrativa onde acontece um primeiro desenvolvimento da "dialética concreta" da identidade (Ricoeur, 2006, p. 116). Assim, a identidade narrativa captada das narrativas das pedagogas é construída no convívio concreto de relações humanas de forma reflexiva e dialética, com atitude crítica de luta por reconhecimento ao se buscar demarcar seus territórios bravamente conquistados.

Essa constituição do "si" compõe o *saber da experiência* mediante as ações que vão se movimentando no campo de atuação profissional, como aponta a análise a seguir.

Quadro 25. Conhecimentos revelados nas entrevistas narrativas – eixo: Experiências

Entrevistas	Características (Schütze, 2010)	Experiências das Pedagogas
Pedagoga 1	*Avaliações gerais e teorias comentadas*	• Elaboração de políticas institucionais de estágios supervisionados com questões do cotidiano
Pedagoga 2	*Autodescrição biográfica ou teorias sobre o "eu"*	• Pensar metodologias e pensar o outro de uma forma única
Pedagoga 3	*Teorias explicativas*	• Coordenação de Monitoria da capital e do interior • Acompanhamento e identificação de estudantes com casos de depressão

Entrevistas	Características (Schütze, 2010)	Experiências das Pedagogas
Pedagoga 4	*Avaliações gerais e teorias comentadas*	• Busca de soluções para as atividades complementares: organização e elaboração de agenda para as atividades complementares • Atividades de extensão universitária
Pedagoga 5	*Avaliações gerais e teorias comentadas*	• Estudos sobre os projetos pedagógicos de cursos • Acompanhamento da avaliação institucional
Pedagoga 6	*Teorias explicativas*	• Organização da prática do trabalho cotidiano, onde não se tinham orientações

Fonte: elaborado pela autora a partir das entrevistas narrativas

Assim como as identidades, observamos haver uma aptidão de se organizar as experiências a partir de narrativas, como estruturas e "eventos numa vida em ação" (Bruner, 2008, p. 66). São verdadeiros *saberes experienciais* que não se produziriam de outra maneira, a não ser pela temporalidade das trajetórias de vida e trabalho.

> A experiência, de um modo ou de outro, é sempre experiência da finitude, porque como acontecimento propriamente humano se dá inevitavelmente em um tempo e em um espaço concreto e, portanto, finito. A experiência é uma fonte de aprendizagem que mostra ao ser humano singular sua própria e inevitável finitude (Mèlich, 2012, p. 70).

Mèlich (2012) nos explica que a experiência supõe fazer um "trajeto para fora", desse modo "se alguém se encontra a si mesmo, é respondendo ao outro, às demandas do outro, as solicitudes do outro, e não tem mais remédio que dá resposta a esse desafio, a esse acontecimento, [...] é, pois, inseparável da exterioridade" (Mèlich, 2012, p. 70, tradução nossa). Por isso, sustenta que a "experiência nos transforma" (Mèlich, 2012, p. 70).

Percebemos esse intuito nas narrativas das pedagogas entrevistadas, que as experiências rememoradas são oriundas de histórias e perspectivas educacionais (Clandinin; Connelly, 2011), de experiências formadoras (Josso, 2006; Cunha, 2010; Souza, 2010; Delory-Momberger, 2016, 2006) de caráter tridimensional do tempo caminhado, pensado e vivenciado (Abrahão, 2006; Delory-Momberger, 2012a, 2012b). Em cada situação em que se demandou uma nova experiência, esta surgiu pelos sujeitos como produtores de conhecimento (Porta-Vázquez *et al.,* 2019; Prado, 2013; Bragança, 2011, 2018).

> A aprendizagem experiencial, proposta pela abordagem (auto)biográfica, implica três dimensões existenciais: o conhecimento sobre si, o conhecimento sobre seu fazer, sua prática, e a reflexão crítica sobre suas próprias concepções, traduzindo-se em uma atitude filosófica frente à vida (Bragança, 2011, p. 161).

Com esse entendimento, as narrativas das interlocutoras de nossa pesquisa demonstram saberes e aprendizagens experienciais. À medida que os temas foram surgindo em seu dia a dia, estes foram sendo estudados e pesquisados em processos (auto)formativos de busca, no pensar, no coordenar, no identificar, no acompanhar e no organizar suas alternativas para aqueles momentos em que demandaram de suas atitudes ações reflexivas e inovadoras.

5.3 Análise das entrevistas narrativas – 5ª etapa: comparação contrastiva (Schütze, 2010) – refiguração (Ricoeur, 2010a)

Para essa etapa da *comparação contrastiva,* a análise precisa desvincular-se do individual e realizar uma comparação entre os diferentes textos de entrevistas, a critério dos interesses de pesquisa (Schütze, 2010; Weller, 2009).

Desse modo, nesta seção da *comparação contrastiva* apresentamos a compilação dos resultados das análises das entrevistas narrativas geradas pelas questões rememoradas pelas interlocutoras participantes e discutidas nos capítulos anteriores, revelando assim *um currículo narrativo que provém de pedagogias narradas, identidades, e ainda, das experiências de pedagogas que atuam em universidades estaduais brasileiras* (Quadro 26).

Quadro 26. Comparação contrastiva – semelhanças (Schütze, 2010): **Currículo** narrativo

| | **CURRÍCULO NARRATIVO** | | | |
| | **Compilação das etapas de análise das entrevistas narrativas** | | | |
Questão geradora 1	*Questão geradora 2*	*Questão geradora 3*	*Questão geradora 4*	*Questão geradora 5*
1. Eixo: Currículo Disciplinas do currículo de Pedagogia (que marcaram)	2. Eixo: Pedagogia Processos (auto) formativos	3. Eixo: Identidade profissional	4. Eixo: Identidade narrativa	5. Eixo: Experiências
Psicologia (Alice; Elisa; Carolina; Elza; Marília)	Estudos de conteúdos específicos não abordados na formação inicial referentes a atuação do pedagogo na educação superior (Alice; Elisa; Carolina; Marília)	Estudar e pesquisar temas relacionados ao trabalho universitário cotidiano (Alice; Eulália; Elisa; Carolina, Elza, Marília)	Reconhecer-se a "si mesma", de "ser pedagoga" (Alice; Elisa; Carolina, Elza)	Elaboração de políticas institucionais de estágios supervisionados com questões do cotidiano (Alice)
Filosofia (Alice; Eulália; Elisa; Carolina) Sociologia (Alice; Eulália; Elisa; Carolina)	Estudos acerca de temas relacionados à aprendizagem (Alice; Eulália)	Assessorar pedagogicamente a universidade (Alice; Elisa, Carolina; Elza; Marília)	Perceber-se no aprendizado da prática profissional com estudos e pesquisas, buscando conhecimentos acerca do contexto de trabalho universitário (Alice; Eulália; Elisa; Elza)	Pensar metodologias e pensar o outro de uma forma única (Eulália)

CURRÍCULO NARRATIVO
Compilação das etapas de análise das entrevistas narrativas

Questão geradora 1	Questão geradora 2	Questão geradora 3	Questão geradora 4	Questão geradora 5
1. Eixo: Currículo Disciplinas do currículo de Pedagogia (que marcaram)	2. Eixo: Pedagogia Processos (auto) formativos	3. Eixo: Identidade Profissional	4. Eixo: Identidade Narrativa	5. Eixo: Experiências
Planejamento *(Alice; Elisa; Carolina)* Educação Especial *(Alice; Elisa; Carolina)*	Formação continuada de "si" mesma, processos (auto)formativos *(Alice; Eulália; Elisa; Carolina; Elza; Marília)*	Apoiar na avaliação institucional *(Alice; Elza)*	Reconhecer-se tendo atitude profissional e pessoal, com competência profissional para o desenvolvimento do trabalho *(Eulália; Carolina)*	Coordenação de monitoria da capital e do interior do Estado *(Elisa, Carolina)*
Currículo *(Alice; Elza)* Didática *(Elisa; Marília)* Metodologias de ensino *(Elisa; Carolina)*	Formação continuada promovida a sujeitos dos espaços de atuação na universidade (docentes, monitores e assessores pedagógicos) *(Elisa; Carolina; Elza)*	Estudo de normativas das DCN e dos Conselhos Estaduais, e contribuição com as reformulações curriculares dos projetos pedagógicos de cursos de graduação *(Alice; Elisa Carolina; Elza)*	Perceber-se no assessoramento dos estudantes da graduação, preocupando-se com que consigam integralizar o curso *(Elisa; Marília)*	Busca de soluções para as atividades complementares *(Alice; Carolina)* Atividades de extensão universitária *(Carolina)*

CURRÍCULO NARRATIVO

Compilação das etapas de análise das entrevistas narrativas

Questão geradora 1	Questão geradora 2	Questão geradora 3	Questão geradora 4	Questão geradora 5
1. Eixo: Currículo - Disciplinas do currículo de Pedagogia (que marcaram)	2. Eixo: Pedagogia Processos (auto)formativos	3. Eixo: Identidade Profissional	4. Eixo: Identidade Narrativa	5. Eixo: Experiências
História *(Elisa; Carolina)* Organização do trabalho pedagógico/ensino *(Elisa; Marília)* Práticas pedagógicas *(Alice; Elisa)*	Estudos acerca de políticas e temas relacionados a questões sociais *(Elisa; Marília)*	Organização, planejamento do trabalho e apoio às coordenações de graduação *(Alice; Eulália; Elza)*	Perceber-se construindo e melhorando as relações interpessoais no trabalho, considerando a construção de identidades de "si mesma" e do "outro", com sensibilidade pedagógica e de gestão *(Alice; Eulália; Carolina; Elza)*	Estudos sobre os Projetos Pedagógicos de Cursos *(Alice; Elza)* Acompanhamento da avaliação institucional *(Alice; Elza)* Acompanhamento e identificação de estudantes com casos de depressão *(Elisa)*

CURRÍCULO NARRATIVO

Compilação das etapas de análise das entrevistas narrativas

Questão geradora 1	Questão geradora 2	Questão geradora 3	Questão geradora 4	Questão geradora 5
1. Eixo: Currículo Disciplinas do currículo de Pedagogia (que marcaram)	2. Eixo: Pedagogia Processos (auto) formativos	3. Eixo: Identidade Profissional	4. Eixo: Identidade Narrativa	5. Eixo: Experiências
Estágio nos anos iniciais do fundamental, e outros estágios *(Alice; Marília)* Políticas *(Elisa; Carolina)*	---	Acompanhamento, acolhimento e orientação educacional a estudantes de graduação (assistência estudantil) *(Alice; Eulália; Elisa; Carolina; Marília)*	---	Organização da prática do trabalho cotidiano, onde não se tinham orientações *(Alice; Carolina; Marília)*

Fonte: elaborado pela autora a partir das entrevistas narrativas

O quadro acima demonstra um extrato dos dados gerados pelas entrevistas narrativas que foram sendo analisadas em cada seção do livro. Apreendemos que o painel retrata um possível currículo narrativo resultante dos eixos de pesquisa investigados em cada etapa de análise de Schütze (2010). No que tange às atividades profissionais narradas pelas pedagogas, não foi percebida nenhuma atividade desenvolvida junto à pós-graduação de suas instituições, somente ações inter-relacionadas ao âmbito do ensino de graduação.

Essas dimensões abordadas nas entrevistas das pedagogas da pesquisa apontam a narrativas que se entrecruzam a um currículo narrativo, ou seja, as narrativas revelam conhecimentos e conteúdos da Pedagogia que não estavam presentes na formação inicial das interlocutoras, mas que são requeridos no cotidiano universitário e promovem uma autoformação (Josso, 2006; Souza, 2010; Pineau, 2014). Pineau (2014, p. 108) sustenta a ideia de que estamos em um período chamado idade *neocultural da autoecoformação* conceituando-se a um processo de formação "permanente, dialético e multiforme". Segundo esse autor, a autoformação parte da singularidade de percursos experienciados pelos sujeitos. Corroborando Pineau, Souza (2010) compreende o sujeito como centro do processo formativo:

> Compreender o sujeito como centro do processo de formação na perspectiva da abordagem existencial ou biográfica de formação, relacionada à autoformação, vincula-se à continuidade histórica e ao processo de formação de cada sujeito. A autoformação e a ecoformação articulam os princípios de autonomização e reflexividade do próprio sujeito, provocados a partir do investimento no conhecimento sobre si e sobre as práticas de formação, numa dimensão relacional de ator--autor de sua própria história de vida (Souza, 2010, p. 175).

Souza sustenta que as questões relacionadas à autoformação são marcadas em cada tempo histórico vivido pelo sujeito em espaços individuais e coletivos de memória, que geram aprendizagens experienciais.

Com isso, compreendemos que os eixos desenvolvidos contrastam aos saberes experienciais individuais para uma totalidade que *reconfigura* (Ricoeur, 2010a) o currículo da formação inicial. As relações existentes no cotidiano universitário são parte do todo e a construção de saberes fica evidente para uma proposta de currículo narrativo integrado ao círculo hermenêutico, que é um processo dialético do qual avocamos como *espiral hermenêutico* (Ricoeur, 2010a), proposto no próximo tópico.

São dados novos sentidos ao movimento do vivenciado que ao mesmo tempo "produz conhecimento sobre e a partir do vivido" (Rodrigues; Prado, 2015, p. 100). Rodrigues e Prado (2015) apontam que a potencialidade da narrativa enquanto procedimento teórico-metodológico "favorece a explicitação do vivido como também possibilita a teorização do vivido, transformando-o em *conhecimento acadêmico*" (Rodrigues; Prado, 2015, p. 101, grifo nosso).

As pedagogas narram suas experiências, as narrativas de si, expressando-se a uma *configuração de si mesmas no presente* que constrói um outro tipo de conhecimento que se aproxima das suas realidades educacionais no ambiente universitário, com base em suas histórias de vida e de formação, resultantes de processos antropológicos, culturais, sociais, educacionais, psicológicos e filosóficos, entre outros.

De acordo com Schütze (2010), na *comparação contrastiva* das entrevistas podem ser verificadas categorias opostas ou diferenças apresentadas nas entrevistas. Desse modo optamos em destacar quatro diferenças positivas e três negativas percebidas a partir das análises das narrativas, conforme demonstradas no quadro a seguir.

Quadro 27. Comparação contrastiva das narrativas – diferenças

Diferenças positivas	Diferenças negativas
Promoção de formação continuada voltada para docentes, assessores e monitores.	Duas pedagogas não mencionam estudos (auto)formativos continuados acerca da atuação do pedagogo na educação superior.
Presença do acolhimento aos estudantes e explanação sobre o papel do pedagogo.	Duas entrevistadas não mencionam que participam de estudos ou discussões acerca da reformulação de projetos pedagógicos de cursos.
Presença de assessoria pedagógica em atividades de extensão.	Duas entrevistadas não reconhecem de si mesmas que são assessoras pedagógicas, mas em outros pontos do texto narrativo reconhecem que são pedagogas.
Identificação e acompanhamento de estudantes com problemas de depressão	--

Fonte: elaboração da autora a partir das entrevistas narrativas

Entre os pontos que são um diferencial positivo, estão: a promoção de formação continuada para docentes, assessores e monitores; a presença e acolhimento aos estudantes e explanação sobre o papel do pedagogo; a presença de assessoria pedagógica em atividades de extensão e a identificação e acompanhamento de estudantes com problemas de depressão.

Em relação às diferenças negativas percebidas, a primeira se refere à ausência de (auto)formação continuada referente aos assuntos da área de Pedagogia da educação superior, questão observada em duas narrativas. Ou seja, embora as interlocutoras trabalhem como pedagogas na universidade, não estão atualizando seus conhecimentos de temas recentes em pauta da área de Pedagogia, como a discussão acerca de DCN, por exemplo.

Outro ponto negativo identificado foi a não participação em debates e estudos relacionados aos projetos pedagógicos de cursos nas unidades em que trabalham as profissionais entrevistadas, fato percebido em duas interlocutoras. Outro elemento foi em relação ao não reconhecimento da função de assessoria pedagógica por duas entrevistadas, somente reconhecem que são pedagogas, mas há uma dificuldade do reconhecimento daquela função, devido aos próprios espaços de trabalho tendenciosos ao reducionismo de atribuições pedagógicas somente ao trabalho administrativo, o que elas vêm tentando construir um diferencial cotidianamente a partir de sua formação.

Esses pontos negativos levantados indicam que é importante ampliar as discussões acerca da legitimação da função dos pedagogos universitários na assessoria pedagógica a fim de que não haja equívocos em relação ao perfil ou papel a ser desempenhado por pedagogos atuantes nas instituições de educação superior, principalmente nas universidades públicas. Percebemos que esse problema começa, a princípio, nos próprios cursos de licenciatura que não preveem de forma elucidada as amplas possibilidades de atuação de pedagogos em espaços universitários.

5.4 Construção de uma proposição teórica do currículo narrativo – 6ª etapa de análise (Schütze, 2010) – refiguração (Ricoeur, 2010a)

Nesta 6ª etapa da *construção de um modelo teórico* (Schütze, 2010), consolidamos o objetivo central da pesquisa de um currículo narrativo que provém de pedagogia narrativa, ou melhor, de *currículos, pedagogias, identidades e experiências,* propondo um modelo teórico com dois ensaios (Figuras 9 e 10) inspirados a priori no espiral hermenêutico de Ricoeur (2010a).

Figura 9. Ensaio 1: início do espiral hermenêutico do Currículo narrativo

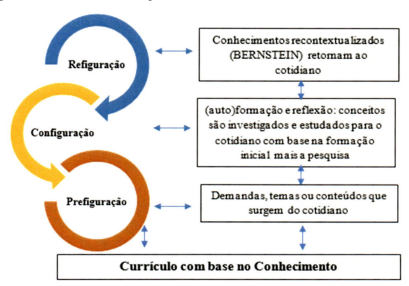

Fonte: elaboração própria pela autora

Este ensaio (1) tem em sua base o *currículo centrado no conhecimento* (Young, 2010, 2011, 2016) com eixos estruturantes (Borges, 2015) para uma *construção social do currículo* (Goodson, 1995, 2001, 2019, 2020) em uma inter-relação com os conteúdos que vêm das experiências do cotidiano por meio das narrativas (auto)biográficas (Bolívar; Domingo; Fernández, 2001), onde o conteúdo do cotidiano é pesquisado, estudado e refletido *(configuração)* e depois de recontextualizado (Bernstein, 1998) retorna ao cotidiano *(refiguração)* (Ricoeur, 2010a; Pinar, 2017).

A *tripla mímesis* (Ricoeur, 2010a) se entrecruza com a recontextualização curricular (Benstein, 1998) proporcionada pelas narrativas dos sujeitos, movimento que também se assemelha ao método *currere* (Pinar, 2007; 2017) quando se ressalta que o *currículo é uma conversa complicada* na experiência cotidiana.

> O infinitivo latino de currículum — *currere* — que invoquei em 1974 para enfatizar a experiência do currículo, é a expe-

riência vivida encarnada enquanto estruturada pelo passado ao tempo em que se enfoca no futuro. Para estudar essa experiência, sugeri um método em quatro etapas ou fases: o método *currere* com suas etapas regressiva, progressiva, analítica e sintética. Na fase **regressiva**, volta-se ao passado (não é se recordar simplesmente), ou a aspectos dele: por exemplo, a experiência escolar, a experiência de um professor ou texto influente, ou a relação contínua com uma disciplina acadêmica. Na fase **progressiva**, imagina-se o futuro (pessoal, social, político). Na etapa **analítica**, se analisam esses textos e as experiências que eles registram e nos proporcionam para entender o que antes poderia ter sido obscurecido por se estar no presente. Essa subjetividade expandida se **sintetiza,** no quarto momento ou fase, pelo que se permite agir renovadamente nos mundos privados e públicos em que se vive (Pinar, 2017, p. 56, tradução e grifos nossos).

O método *currere* invoca quatro fases que se complementam: *regressiva; progressiva; analítica e sintetizada.* Pensamos que esse método de Pinar seja muito aproximado à tripla *mímesis* de Ricoeur, sendo importante considerá-lo a uma inter-relação ao currículo narrativo, no sentido em que as fases promovem ressignificações narrativas temporais, do passado, presente e futuro, bem como a descoberta de conteúdos, conhecimentos ou culturas que poderão ser abordados.

Bolívar, Domingo e Fernández (2001, p. 219) fundamentam em Pinar o conceito de reconceptualização curricular, explicando que se trata do propósito em desenvolver novos modos conceituais de "falar sobre o currículo". Corroborando o pensamento de Pinar, os autores apontam que no bojo das quatro fases desenvolvidas estão as experiências e mostram que "o relato autobiográfico que um professor faz de seu processo formativo, se converte em um meio para se estabelecer vínculos mais próximos entre a formação e a vida" (Bolívar; Domingo; Fernández, 2001, p. 221, tradução nossa), pontuamos aqui as experiências provindas da ação.

Segundo Bernstein (1998), o campo recontextualizado tem uma função crucial na criação de autonomia fundamental em educação.

Podemos distinguir entre o *campo recontextualizador oficial* (CRO), criado e dominado pelo Estado e seus agentes e ministros selecionados, e o *campo recontextualizador pedagógico* (CRP). Este último está composto pelos pedagogos de escolas e centros universitários e pelos departamentos

> de ciências da educação, as revistas especializadas e as fundações privadas de investigação. Se o CRP pode produzir algum efeito no discurso pedagógico com independência do CRO, haverá certa autonomia e se produzirão tensões com respeito ao discurso pedagógico e suas práticas, mas, se só existe o CRO, não se terá autonomia (Bernstein, 1998, p. 63, tradução nossa).

Bernstein explica que os agentes do espaço escolar como os pedagogos são o diferencial no campo do Currículo, sendo que sua autonomia *recontextualiza* o discurso oficial (CRO) de normativas curriculares, ao se produzir, com autonomia, uma outra recontextualização pedagógica (CRP) do currículo prescrito. O que Bernstein chama de *pedagogização do conhecimento* (Bernstein, 1998, 2003).

Ao se discutir sobre a teoria da recontextualização de Bernstein, Young (2014) reconhece duas pistas. Uma é essa questão que destacamos acima, das agências CRP e CRO e suas distintas funções no processo tensionado de papéis no curso das normativas e na elaboração no âmbito das universidades, e a segunda pista identifica três processos envolvidos nesta recontextualização: "como o conhecimento é selecionado; como é sequenciado; e como progride" (Young, 2014, p. 200). Young sustenta que, para um currículo promover uma "progressão conceitual" com "ascensão epistêmica", é preciso que se tenham marcos e fronteiras conceituais estabelecidos, de *conhecimento poderoso* (Young, 2016), de forma que se possa de fato "ascender" (Young, 2014, p. 200). Nessa análise o autor se refere aos cursos de graduação, mas apontamos que pode ser aplicado como referencial ao currículo narrativo (Goodson, 2007, 2019, 2020) proposto neste livro.

Lopes (2008) argumenta que a concepção de contextualização do discurso e sentidos que se movimentam no interior das instituições escolares são resultados de apropriação de múltiplos discursos curriculares, nacionais e internacionais, associados aos contextos acadêmicos, oficiais e das agências multilaterais, sendo que desse amálgama surge uma ideia de contextualização ligada "à valorização do cotidiano: é defendida a relação intrínseca entre os saberes escolares e as questões concretas da vida dos alunos" (Lopes, 2008, p. 143).

A referida autora salienta a possibilidade da capacidade crítica de um currículo ser potencializada com uma recontextualização, que há espaço para ressignificar os princípios instituídos oficialmente, o que chama de propostas híbridas dependentes das finalidades educacionais dos diferentes discursos curriculares e do contexto de sua produção.

A seguir apresentamos o nosso segundo ensaio do modelo teórico proposto, no qual construímos um *espiral hermenêutico do currículo narrativo* (Figura 10):

Figura 10. Ensaio 2: espiral hermenêutico do Currículo narrativo

Fonte[75]: elaborado pela autora

Neste ensaio (2), imaginamos o espiral hermenêutico do currículo narrativo em movimento sem fim (Ricoeur, 2010a), tendo no núcleo da formação inicial os *eixos estruturantes* epistemológicos curriculares do curso de Pedagogia (Borges, 2015), os quais potencializam a formação continuada de referenciais dos *conhecimentos poderosos* (Young, 2010) em interlocução profícua com a pesquisa narrativa no processo *mimético* (Ricoeur, 2010a; Pinar, 2007, 2017).

Como demonstrado no *espiral hermenêutico do currículo narrativo*, a jornada começa a partir de um núcleo de conteúdos, quando vão soman-

---

[75] Imagem recuperada pelo Windows: licença *Creative Commons* (CC0 1.0) – domínio público universal. Disponível em: https://freesvg.org. Acesso em: abr. 2021.

do-se as *Pedagogias* ligadas aos processos de formação inicial e continuada nos cotidianos universitários. Nesse movimento as *experiências* vão se construindo e sendo narradas pelas vozes que ecoam nos espaços e territórios em disputas nos quais lutam os pedagogos por sua *identidade* profissional e narrativa, *professores-pesquisadores-gestores* (Brzezinski, 2011a, 2011b).

Portanto, as práticas pedagógicas geradas pelas atividades narrativas são muito diversas e produzem muitas possibilidades para a aprendizagem narrativa de profissionais no curso da atuação escolar e universitária (Conle, 2014). Nesse sentido, a dicotomia existente entre o saber paradigmático (estruturado) e a narrativa são colocados em movimento de complementariedade (Rabelo, 2011; Bolívar; Domingo; Fernandéz, 2001). Ou seja, temas que surgem do cotidiano podem transformar-se em "tipologias ou categorias paradigmáticas" de elementos que vão se combinando no caminho da produção de conhecimentos (Rabelo, 2011).

Percebemos, portanto, que no espaço de atuação das pedagogas em cada universidade pesquisada faz-se um trabalho pedagógico gerado com reflexão crítica ligada aos conhecimentos acionados em cada situação ou ação cotidiana que possa surgir, e, ainda, revelam uma busca pelo reconhecimento da função. Desse modo, consideramos, ainda, a presença de uma Pedagogia crítica no vislumbre às lutas da profissão por uma emancipação e afirmação profissional imersas na Pedagogia universitária.

Neste livro trazemos muitos elementos para um debate profundo acerca de aspectos epistemológicos e metodológicos do campo do Currículo e da Pedagogia. Trata-se de um processo dialético entre o que se preconiza na estrutura posta para a formação inicial, especificamente orientada pelas políticas curriculares e do que se espera dos sujeitos, aqui os pedagogos. No entanto verificamos que para o espaço de atuação do pedagogo universitário, como um campo empírico laboral, não se oferecem disciplinas na formação inicial com conteúdos básicos concernentes à educação superior.

Concordamos com Ferrarotti (2014) quando diz que precisamos encontrar um método apropriado, visto que o ser humano é um "universal singular, totalizado" e, "por isso mesmo, universalizado pela sua época, 'retotaliza-a' reproduzindo-se nela enquanto singularidade" (Ferrarotti, 2014, p. 48). Afirma que "o conhecimento integral de um se torna, assim, o conhecimento integral do outro. Coletivo social e universal singular reciprocamente" (Ferrarotti, 2014, p. 49).

Portanto, é possível uma nova teoria da aprendizagem explorando a construção de conhecimentos que vêm das narrativas (Goodson, 2019). Coloca-se, assim, a possibilidade de conjecturá-la com pensadores que buscam envolver de forma ampla os estudantes em suas próprias aprendizagens para significar experiências vivenciadas a fim de construir conhecimentos experienciados, como Jean-Ovide Decroly (1871-1932), Célestin Freinet (1896-1966) e Paulo Freire (1921-1997).

O pensamento de Goodson (2006, 2019) a respeito da *aprendizagem narrativa* (Goodson *et al.,* 2010; Goodson; Gill, 2011), no que tange à utilização do espaço externo à sala de aula para provocar como "uma nova maneira de compreender a aprendizagem" (Goodson, 2019, p. 112), é uma estratégia que se assemelha aos estudos de Decroly, Freinet e Freire, que já apresentavam elementos em suas pedagogias que fugiam ao convencional, quando buscavam novas maneiras de fazer o aluno aprender em ambientes externos, ou trazer símbolos do exterior para o interior da sala de aula e assim ressignificá-los em concomitância aos conteúdos do currículo.

Por exemplo, Decroly postulava como a possibilidade do processo educativo, o professor trabalhar com os alunos não por disciplinas, mas por temáticas produzidas de temas gerados de observações na natureza, ou seja, trabalhava a ideia do todo para as partes, tendo a linguagem como um sistema de signos, acrescentando o termo "expressão" (Dubreucq, 2010). O francês Freinet criou na França uma Pedagogia de inovação de aulas-passeio para observar o ambiente natural e humano trazendo para o ambiente da sala de aula reflexões orais e criação de textos a serem debatidos para a constituição de uma base para a aprendizagem (Legrand, 2010).

Freire traz uma contribuição marcante para o processo de ensino-aprendizagem quando não concorda com a concepção da educação bancária que tem como filosofia o ato "de depositar, de transferir, de transmitir valores e conhecimentos" (Freire, 2017, p. 82), em que os educadores são depositantes de conteúdos e os estudantes são depositários. Ao contrário disso, o pensamento de Freire orienta que os processos formativos devam ser construídos com a liberdade do diálogo, da curiosidade epistemológica, do pensar crítico e do fazer a prática-reflexiva emancipadora. No exercício da profissão do pedagogo, deve se fazer presente o entusiasmo da vocação ontológica de "*ser mais*" (Freire, 2017, p. 85).

Portanto, uma proposição de currículo narrativo pode inspirar-se no pensamento de Freire (2017) quando este trata de currículo ao propor temas geradores dentro de núcleos de estudos integradores (Brasil, 2005, 2006).

> É na realidade mediatizadora, na consciência que dela tenhamos, educadores e povo, que iremos buscar o conteúdo programático da educação. O momento deste buscar é o que inaugura o diálogo da educação como prática da liberdade. É o momento em que se realiza a investigação do que chamamos de *universo temático* do povo ou o conjunto de seus *temas geradores* e a tomada de consciência dos indivíduos em torno dos mesmos. [...] O que se pretende investigar, realmente, não são os homens, como se fossem peças anatômicas, mas o seu pensamento-linguagem referido à realidade, os níveis de sua percepção desta realidade, a sua visão do mundo, em que se encontram envolvidos seus "temas geradores" (Freire, 2017, p. 121, grifos do autor).

Os temas geradores de Freire estão relacionados à condição humana de seres transformadores e criadores que os humanos são. Em suas relações com a realidade, produzem, não somente os bens materiais, mas também as "instituições sociais, suas ideias, suas concepções" (Freire, 2017, p. 128). Estando em permanente transformação da realidade objetiva, os humanos podem tridimensionar o tempo (passado-presente-futuro) (Abrahão, 2006), vão se desenvolvendo em unidades epocais, em *mímesis,* refiguram-se em movimentos dialógicos, dialéticos e inacabados (Freire, 2017; Ricoeur, 2010a, 2006).

> Uma unidade epocal se caracteriza pelo conjunto de ideias, de concepções, esperanças, dúvidas, valores, desafios, em interação dialética com seus contrários, buscando plenitude. A representação concreta de muitas destas ideias, destes valores, destas concepções e esperanças, como também os obstáculos ao *ser mais* dos homens, constituem os temas da época (Freire, 2017, p. 129).

Goodson (2014a) indica os temas geradores de Freire como um eixo central em qualquer Pedagogia crítica. Conta sobre uma experiência curricular ocorrida em uma escola secundária na Inglaterra chamada *Countesthorpe Academy,* onde os temas geradores de Freire foram utilizados. Esse é um dos exemplos do reconhecimento de Goodson à contribuição de Freire ao campo do Currículo. Goodson lembra do que Freire defende, que uma Pedagogia crítica deve viabilizar a exploração do contexto social e do projeto de identidade.

> Pedagogia crítica deve ter como objetivo facilitar a exploração de nosso contexto social, o local do nosso projeto de identidade. Acreditamos que uma vez que temos "narrado" nossa história, uma colaboração visando o aprendizado e a pedagogia devem levar as pessoas a "localizarem" sua narrativa. Em colaboração, os alunos procuram localizar sua própria narrativa no tempo e no espaço cultural e social e, assim, desenvolver uma "teoria do conteúdo" (Goodson 2014b, p. 163, tradução nossa).

Corroborando esse pensamento, Arroyo (2013) argumenta que para superar dicotomias entre as experiências sociais, humanas, trabalho e conhecimento no currículo de formação de professores, pode-se trabalhar com temas geradores por meio de projetos, propostas pedagógicas e didáticas que possam valorizar os saberes dos educandos durante a realização das disciplinas, para que os estudantes possam incorporar os saberes que levam consigo.

Goodson e Gill (2011) explicitam na obra *Pedagogy narrative* que o processo de "experimentação da identidade", de localizar a narrativa de "si", pode ser ajudado ao longo da vida pela colaboração pedagógica. Os autores citam Freire sobre essa relação pedagógica: "Quanto mais analisamos as relações educador-educandos, na escola, em qualquer de seus níveis (ou fora dela), parece que mais nos podemos convencer de que estas relações apresentam um caráter especial e marcante — o de serem relações fundamentalmente *narradoras*" (Freire, 2017, p. 79). Aqui Freire alerta para que os educadores não sejam somente depositários de conhecimentos narrados, sem oportunizar aos estudantes a participação crítica e dialógica, por isso a pedagogia narrativa deve ser crítica, com base curricular nas epistemologias e nas teorias da Pedagogia como ciência, bem como nas outras ciências da educação representadas no currículo prescrito. A teoria do conhecimento de Freire "é o ponto focal de sua pedagogia, porque ela emerge de suas experiências pessoais de aquisição e transmissão e conhecimentos" (Grollios, 2015, p. 63).

Argumentamos que a Pedagogia de Decroly, de Freinet e Freire, sejam um tipo de *pedagogia narrativa,* à luz de Goodson e Gill (2011, 2014). Esses intelectuais que fundamentam teorias do campo da Pedagogia criticaram os modelos tradicionais de sua época, e seus estudos são tão atuais para a pauta de escolas que precisam incentivar a participação com a produção de textos escritos e ouvir as narrativas de seus sujeitos, proporcionando a (re)elaboração de problemas para (re)significação de conhecimentos para além das paredes da escola, para além do professor como centro e detentor de todos os saberes.

No cenário da Pedagogia exercida por profissionais, tomando como referência o lócus de nossa pesquisa, a universidade, é inegável que se realize uma construção de saberes do cotidiano por meio de pesquisas, estudos e da busca de si mesmo em meio ao coletivo da comunidade acadêmica, na observância das necessidades e de temas que surgem. Com as narrativas das entrevistadas, verificamos a presença de uma *pedagogia narrativa* na trajetória profissional, de aprendizagens (auto)formativas que vão se constituindo frente às experiências e situações que requerem a elaboração de (re)significação do fenômeno do conhecimento, em um movimento de complementariedade *doxa (δόξα), sofia (σοφία) e episteme (ἐπιστήμη)* (Saviani, 2015).

Os estudos de Goodson utilizando projetos aos quais se refere em suas publicações são interessantes sugestões de trabalho com a perspectiva de um currículo narrativo e que precisam ser ampliados em sua abordagem narrativa para as teorias de aprendizagem consolidadas no campo da Pedagogia e apropriados pelo campo da Didática. A abordagem narrativa visando à aprendizagem dos estudantes para um *currículo como narrativa* é muito inovadora no que tange às práticas de ensino em ambientes universitários, retratando uma continuidade do trabalho de Goodson a respeito dos estudos da construção social do currículo e para além do Currículo como prescrição, com fortes críticas ao controle exercido sobre esse campo.

Em uma das entrevistas narrativas das interlocutoras participantes de nossa pesquisa, aparece um tema que se relaciona às aprendizagens, a *autorregulação da aprendizagem,* que encontramos nos estudos de Basso e Abrahão (2017), Simão *et al.* (2012), entre outros. São perspectivas diferenciadas trazidas pelas possibilidades da utilização de narrativas em processos formativos.

No que tange à matéria aprendizagem, embora Goodson trate de diversas terminologias, apreendemos que o pesquisador busca otimizar o ensino do currículo para uma aprendizagem mais efetiva pelo uso de narrativas com a intencionalidade de investigar ou promover a aprendizagem. Desse modo, compreendemos que os métodos de ensino com narrativas (auto)biográficas também são parte do campo da Didática geral, sendo esta pertencente ao campo da Pedagogia, ainda que Goodson se refira em seus estudos diretamente à Pedagogia. É uma questão que levantamos para os estudos que devem ser aprofundados em relação a esse autor.

Portanto, urge-se incluir nos currículos da formação inicial de licenciatura em Pedagogia um reforço em fontes de autores que trazem alternativas pedagógicas e que estudam os diferentes modos de aprendizagem para a construção de conhecimentos, no intuito de munir o futuro pedagogo *professor-pesquisador-gestor* (Brzezinski, 2011b) de possibilidades de trabalho educativo com elementos da pesquisa narrativa em salas de aulas ou em outros espaços educativos não escolares onde requeiram um pedagogo.

Nesse sentido, o caminho que se deve buscar é o de construção e ampliação das possibilidades de estudos dos conteúdos curriculares por meio da pesquisa narrativa, seja por meio de temas geradores, seja por projetos, por atividades pedagógicas coletivas (Giroux, 1997) ou por inúmeros artefatos curriculares a serem discutidos pelas assessorias pedagógicas em conjunto com as coordenações de cursos e docentes das universidades e faculdades de educação.

No que tange aos percursos formativos das pedagogas participantes de nossa pesquisa, a (auto)formação também se utiliza de temas geradores quando capta das experiências do cotidiano conteúdos temáticos que requeiram estudos e pesquisas mais aprofundadas, pois é por meio do trabalho educativo no contexto universitário, das vozes, dos diálogos, dos episódios e acontecimentos que se gera a aprendizagem narrativa na composição da identidade e do *currículo como narrativa*.

CONSIDERAÇÕES FINAIS

A pesquisa se debruça sobre o currículo narrativo que provém de pedagogias narrativas, de identidades profissionais, identidades narrativas e das experiências de pedagogas que atuam em universidades estaduais brasileiras.

Para o nosso percurso metodológico, optamos por tecer um recorte temporal da hermenêutica desde Dilthey até Ricoeur (1990, 2013), no intuito de compreender como se deu essa jornada para nos situarmos na vertente teórica da pesquisa narrativa (auto)biográfica de base ricoeuriana. Como método, utilizamos a técnica de análise de dados de Schütze (2010), tendo as seis etapas distribuídas em cada capítulo deste livro. Ademais, buscamos outros autores que elucidaram os procedimentos a serem realizados em cada etapa de análise (Jovchelovitch; Bauer, 2002; Weller, 2009; Flickinger, 2014; Hernández-Carrera; Matos-de-Souza; Souza, 2016; Clandinin; Connelly, 2011).

Apreendemos que a hermenêutica está presente em todo o modo de interpretação humana (Matos-de-Souza, 2011; Palmer, 2018) e busca compreender a expressão desse ser em suas mais complexas manifestações ontológicas, antropológicas, sociológicas, filosóficas, educacionais, psicológicas, históricas e culturais etc. (Abrahão, 2006; Josso, 2007).

Vimos que a pesquisa narrativa promove uma geração de dados construídos da realidade do ser humano onde o sujeito apresenta sua visão de mundo, do que viveu no passado, de como desenvolve sua vida ou trabalho e do que espera para o futuro. Nesse sentido, vimos ser possível um paralelo simbólico entre a atividade mimética e as etapas de análise de Schütze, como demonstramos no decorrer das interpretações das entrevistas, considerando que as etapas de Schütze (2010) vão evoluindo desde a *análise do texto* até a *construção de modelos teóricos,* as de Ricoeur também, desde quando o ser humano se *prefigura até refigurar-se* (Ricoeur, 2010a).

A escolha do lócus de pesquisa justifica-se por termos consultado a BDTD e verificado que há poucas teses e dissertações que versam acerca do trabalho de pedagogas que atuam em universidades estaduais brasileiras. Com isso, buscamos informações dessas instituições no e-MEC de onde os dados nos revelaram o número de 42 universidades estaduais, sendo que cinco estão na Região Norte, dezesseis na Região Nordeste, quatro na região Centro-Oeste, oito na Região Sudeste e nove na Região Sul.

De posse desses dados, averiguamos se nessas instituições dispunham, ou não, de pedagogos em suas equipes. Em virtude da pandemia de covid-19, todos os contatos foram realizados por e-mail, mas somente ao final de 2020 algumas instituições já estavam se adaptando ao atendimento remoto, o que foi muito complicado para o público externo que tentava contato e nem sempre conseguia um retorno por e-mail. Mesmo com essas dificuldades proporcionadas pela crise sanitária com isolamento social global, até o início de 2021 conseguimos levantar dados de 33 universidades estaduais.

Dessas 33 universidades, encontramos: 68 pedagogos na Região Norte; 212 pedagogos na Região Nordeste; 08 pedagogos na Região Centro-Oeste; 322 pedagogos na Região Sudeste e 21 pedagogos na Região Sul, totalizando o cômputo de **631 pedagogos** que trabalham em universidades estaduais brasileiras. São dados interessantes trazidos ao corpo deste estudo, no intuito que se vislumbre a amplitude das instituições e de como podem ser encontrados pedagogos atuantes nesses espaços universitários, que ao nosso ver estão sendo pouco pesquisados no que tange à identidade que se demanda desses profissionais.

Em nossa pesquisa empírica, tínhamos o intuito de entrevistar ao menos uma pedagoga por região brasileira, então conseguimos entrevistar seis profissionais que atuam nas seguintes universidades estaduais, representando, simbolicamente, cada região administrativa: uma pedagoga da Universidade do Estado da Bahia (UNEB); uma pedagoga da Universidade Estadual de Campinas (UNICAMP); duas pedagogas da Universidade do Estado do Pará (UEPA); uma pedagoga da Universidade do Estado de Mato Grosso (UNEMAT); e uma pedagoga da Universidade Estadual do Paraná (UNESPAR). Como já mencionado, essas entrevistas foram analisadas em etapas distribuídas nos capítulos do livro, conforme os eixos iam sendo investigados.

Sobre o campo do *Currículo*, apresentamos um panorama de como se classificam as diferentes correntes teóricas, as tradicionais, críticas e pós-críticas (Silva, 2017). Destacamos que as teorias críticas defendem um currículo com uma estrutura disciplinar (Borges, 2015) e o consideram como um território de lutas políticas, sociais, culturais, educacionais (Apple, 2006; Giroux, 1997; Bernstein, 1996) tensionado por um reconhecimento instituído por normativas que o responsabilizam à indicação um caminho com determinados objetivos de formação, a partir dos quais os conhecimentos serão ministrados mediante um currículo como prescrição (Sacristán, 2000, 2013; Goodson, 1995; Young, 2010, 2011, 2016).

Das teorias pós-críticas, vimos que algumas vertentes defendem o fim das estruturas, sugerindo "desterritorializar" a lógica disciplinar (Corazza, 2004). Em relação a isso, devido à natureza do campo curricular como ideológica (Apple, 2006) e que a educação não é neutra, não vislumbramos possibilidades de que se possa "desterritorializar" as disciplinas, sendo um tanto improvável. O que podemos apreender das teorias pós-críticas, portanto, é a valorização da questão do discurso, das vozes e das práticas narrativas que ecoam nos ambientes escolares, que se tornam um grande desafio pedagógico de articulação e entrecruzamento do campo do Currículo com as narrativas (auto)biográficas (Pinar, 2017, 2007).

Sobre esse diálogo que ocorre entre as vertentes críticas e pós-críticas, Lopes (2005a, 2005b) o posiciona como híbrido nas teorias de currículo, entrelugar onde nos identificamos, considerando que Goodson (1995, 2001, 2013a, 2013b, 2015), sendo um autor marcadamente da vertente crítica (Goodson; Gill, 2014), tem desenvolvido projetos utilizando indagações pós-críticas no sentido do diálogo.

O mapeamento da história curricular das interlocutoras de pesquisa foi balizado pelos projetos pedagógicos atuais das universidades onde elas cursaram, e tivemos como referencial normativo as Diretrizes Curriculares Nacionais do curso de Pedagogia (Resolução n.º 01/2006). Para esse mapeamento, foi utilizada a técnica da triangulação de dados de Triviños (2008).

Da triangulação de dados com a técnica de Triviños (2008), encontramos a *descrição do 1º aspecto – produtos originados, o histórico curricular das interlocutoras:*

- São uma base que proporciona sólidos conhecimentos das diversas áreas das ciências para indicar caminhos para a vida dos sujeitos em processos formativos institucionais;

- São um desenho prescritivo em que se apresenta o conhecimento estruturado;

- Não são estáticos, sem flexibilidade ou um "currículo-decalque" (Raic, 2016), mas estão vivos nas trajetórias de vida.

Da *explicação acerca do 2º aspecto dos elementos externos, políticas* (Triviños, 2008), fizemos um paralelo de equivalências que analisamos entre as disciplinas constantes nos históricos curriculares, os núcleos de conteúdos indicados nas DCN de Pedagogia (Resolução CNE/CP n.º

1/2006)[76] e os projetos pedagógicos atuais, de como estavam dispostas aquelas disciplinas dos históricos. Dessa feita, constatamos evidências de que a base nuclear curricular constante naqueles históricos das pedagogas entrevistadas que datam, em média, há 25 anos, permanece hoje nos projetos pedagógicos, com grande parte das disciplinas em vigor, mas com algumas mudanças proporcionadas pelas políticas e normativas curriculares em virtude das DCN de Pedagogia (Brasil, 2006) e da Resolução n.º 2/2015.

Da *compreensão do 3º aspecto, da percepção das interlocutoras* (Triviños, 2008), A partir das análises das entrevistas das pedagogas, verificamos que, ao narrar-se, elas percebem naqueles conteúdos iniciais uma multirreferencialidade em que podem expandir suas indagações, suas formações e (auto)formações, podem questionar, inclusive, o que pode ser reconfigurado na continuidade da vida pessoal e profissional. O sujeito é único em sua singularidade, mas por meio dela multiplica-se, expande-se em suas trajetórias individuais e coletivas na área da Educação e da vida como um todo, sendo o currículo da formação inicial parte dessa transcendência fenomenal da trajetória profissional.

Em relação ao *eixo Pedagogia*, discorremos acerca de fundamentos teóricos que sustentam esse campo como ciência, ou seja, a Pedagogia como Ciência da Educação (Pimenta, 2006), de sólida base teórica e epistemológica dos conhecimentos da educação (Libâneo, 2006, 2002; Saviani, 2012), tendo como perfil identitário a docência e a pesquisa como base do todo o processo de formação do pedagogo (Borges, 2012; ANFOPE, 1992) também *docente-pesquisador-gestor* (Brzezinski, 2011a).

Sobre a breve história do curso de Pedagogia (Brzezinski, 1996; Silva, 2003; Pimenta, 2006; Saviani, 2012; Sokolowski, 2013), vimos a longa caminhada registrada com lutas e conquistas acerca da docência e do perfil do pedagogo. Em relação à pedagogia narrativa, temos em Goodson e Gill (2011, 2014) seus principais representantes.

Das análises das entrevistas, observamos que as pedagogas participantes acionam elementos da Pedagogia crítica (Freire, 2017, 2018) no dia a dia do ambiente universitário. Desse modo, apresentamos as seguintes pedagogias identificadas a partir das análises das entrevistas narrativas construídas no capítulo 4, da respectiva etapa transcorrida de Schütze (2010):

---

[76] Embora tenhamos balizado a análise pelas DCN de Pedagogia (Resolução n.º 1/2006), as DCN da formação inicial e continuada promulgada pela Resolução n.º 2/2015 são referenciais dos projetos pedagógicos observados, portanto também estão implicitamente contempladas.

- **Pedagogia narrativa:** potencialidade de estudos (auto)formativos; engajamento crítico no que tange a conteúdos/temas emergentes nos espaços educativos dialógicos; produção de saberes; experiências; encontros narrativos; pesquisas e perspectiva hermenêutica;

- **Pedagogia crítica:** estratégias para o desenvolvimento de aprendizagens; enfoques em formas de interações sociais dialógicas na comunidade universitária; mediações críticas e construtivas nos espaços de atuação; uso da pesquisa para promoção de aprendizagens e busca por melhores condições da profissão;

- **Conteúdos, temas narrados do eixo *Pedagogia*:** a autorregulação da aprendizagem; estudo e produção acadêmica; atuação no cotidiano universitário; linguagem; educação especial; projeto pedagógico de curso; formação de docentes; formação de monitores; assessoria pedagógica e questões de gênero e Direito.

Os conhecimentos acima identificados demonstram que as narrativas das pedagogas revelam conteúdos que emergem das falas ocorridas durante os cotidianos universitários e que não foram contemplados na formação inicial do curso de Pedagogia, requerendo estudos continuados no lócus da atuação profissional. As pedagogas realizam pesquisas e estudos autoformativos (individuais) e outras promovem formação continuada com docentes e/ou encontros coletivos de formação e reflexão sobre a prática, com estagiários, assessores pedagógicos e monitores.

Dos eixos *identidades profissionais, narrativas, e experiências*, vamos pontuando um a um dos achados da pesquisa. Em relação à *identidade profissional,* do conjunto das entrevistas narrativas, as análises revelaram 20 características da identidade profissional das pedagogas que trabalham nas universidades estaduais brasileiras, participantes de nossa pesquisa, conforme demonstrado (Quadro 20). Compreendemos que a identidade profissional predominante é a de *assessoria pedagógica,* embora nem todas assumam essa nomenclatura por unanimidade, sendo identificada em quatro das seis pedagogas entrevistadas.

Em específico à *assessoria pedagógica,* vimos que seu conceito está ancorado na área da Pedagogia universitária, a qual referenciamos, principalmente, em Cunha (2009, 2014) e Lucarelli (2004, 2015a, 2015b). Outra caraterística da identidade profissional revelada nas entrevistas é a do perfil de pedagogo descrito por Brzezinski (2011b), de *professoras--pesquisadoras-gestoras,* sendo que a pesquisa se refere à institucional, desenvolvida pelas profissionais, conforme a demanda da universidade. Embora desenvolvam as pesquisas institucionais, a pesquisa no sentido da produção acadêmica não fica evidente, a não ser aquela pesquisa individual, e não publicada, mas que se realiza concomitantemente aos estudos que identificamos nas narrativas, dos temas e conteúdos que surgem no dia a dia, são os processos (auto)formativos imersos nas experiências individuais cotidianas das pedagogas.

Nesse sentido, a partir da identidade profissional de *assessoria pedagógica* que se revela nas entrevistas narrativas de nossa pesquisa, apontamos as seguintes características identitárias:

- A profissão da Pedagogia na atuação em contexto universitário exige conhecimentos teóricos e práticos que vão construindo as experiências de vida;
- As assessoras pedagógicas são professoras licenciadas em Pedagogia;
- A assessoria é curricular e acadêmica multidisciplinar;
- A assessoria pedagógica é atuante e colabora com os processos de construção de projetos pedagógicos de cursos de graduação;
- A assessoria pedagógica participa dos processos de avaliação institucional;
- A assessoria pedagógica realiza assistência aos estudantes de graduação, aos professores e coordenadores de cursos, a outros pares e monitores;
- A assessoria pedagógica participa da elaboração e promoção de cursos de formação continuada para docentes, outros assessores pedagógicos e monitores;
- A assessoria pedagógica realiza orientação educacional nas práticas pedagógicas cotidianas;
- Revela uma pedagogia da práxis, na qual a teoria e a prática do percurso de formação e profissional se encontram na organização do trabalho no contexto universitário;

- Revela uma prática pedagógica, considerada como um domínio específico da profissão docente, que vai constituindo a identidade profissional a partir de funções do espaço de atuação universitário;
- Revela profissionais reflexivas de suas práticas pedagógicas;
- Revela pedagogas que estudam e pesquisam os temas institucionais que surgem no espaço universitário.

Esses achados da *Identidade profissional* são elucidados por Brzezinski (2011b), Cunha, (2009), Delory-Momberger (2016), Stenhouse (2003), Zeichner (2008), Nóvoa (1997) e Goodson (2015). São características que se entrecruzam às *identidades narrativas*, apresentadas a seguir, como resultados de pesquisa, que revelam:

No reconhecimento de "si" (Ricoeur, 2006, 2010c): as pedagogas narram a "si", o "ser" pedagoga, ou o "ser" assessora pedagógica; no reconhecimento de "si", narram-se tendo atitude profissional e pessoal, com competência profissional para o desenvolvimento do trabalho; aprendem na prática e tentam compreender como o mundo aprende; participam; organizam; melhoram e planejam seu trabalho na educação superior; demarcam territórios profissionais; estudam e pesquisam.

No reconhecimento do "outro" (Ricoeur, 2006, 2010c), buscam no externo de si o (re)conhecimento de si mesmas no contexto de trabalho universitário; percebem o assessoramento aos "outros", aos estudantes da graduação, aos docentes, aos outros colegas, à comunidade externa à universidade; constroem e melhoram relações interpessoais no trabalho para "si" e para os "outros", com sensibilidade pedagógica e de gestão.

A identidade narrativa captada das pedagogas aponta para a importância do engajamento pessoal e profissional no trabalho desenvolvido na universidade, de forma reflexiva, realizada junto aos outros sujeitos de seu convívio. Para Ricoeur (2006, p. 115), "aprender a narrar-se" pode ser um benefício de "apropriação crítica. Aprender a narrar-se é também aprender a narrar a si mesmo de outro modo".

Em relação às *experiências*, a pesquisa revela que as pedagogas: elaboram de políticas institucionais de estágios supervisionados com questões do cotidiano; pensam metodologias e pensam o "outro" de uma forma única; coordenam de monitoria da capital e do interior; acompanham/assessoram estudantes; buscam soluções para as atividades complementares: organização e elaboração de agenda para as atividades complementares; elaboram atividades de extensão universitária; estudam sobre os projetos pedagógicos de cursos; acompanham a avaliação institucional; organizam práticas do trabalho cotidiano.

As experiências estão entrecruzadas com as identidades profissional e narrativa, e foram analisadas dialogando com autores como Bruner (2008), Mèlich (2012), Clandinin e Connelly (2011), Josso (2006), Cunha (2010), Souza (2010), Delory-Momberger (2006, 2016), Abrahão (2006), Bragança (2011), e Porta-Vázquez *et al.* (2019).

Do ***currículo narrativo que vem de Pedagogia narrativa,*** sistematizamos os dados como uma proposição de currículo narrativo. Postulamos que o *currículo centrado no conhecimento* (Young, 2010; 2011, 2016) tenha *eixos estruturantes* (Borges, 2015) para uma *construção social do currículo* (Goodson, 1995, 2001, 2013a, 2020); na inter-relação com os conteúdos que vêm das experiências do cotidiano, por meio das narrativas (auto) biográficas *(prefiguração)*, em que esses conteúdos são pesquisados, estudados, refletidos *(configuração)* e, depois de recontextualizados (Bernstein, 1998), retornam para o cotidiano *(refiguração)* (Ricoeur, 2010c; Pinar, 2017) como saberes experienciais (Pimenta, 2012; Charlot, 2000; Tardif, 2014; Delory-Momberger, 2016).

Na figura 11, sintetizamos os eixos desenvolvidos durante o livro que compõem seus elementos sistematizados. São os mesmos elementos que integram o *espiral hermenêutico do currículo narrativo,* do modelo teórico proposto na 6ª etapa de análise das entrevistas narrativas (Schütze, 2010):

Figura 11. Eixos que compõem o Currículo narrativo

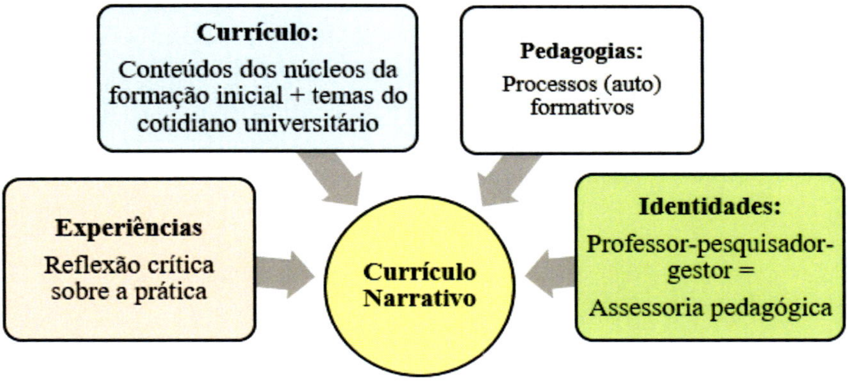

Fonte: elaborado pela própria autora

Cada eixo ilustrado na figura 11 é composto pelos elementos gerados das narrativas e analisados em cada etapa do método utilizado: o currículo da formação inicial; as pedagogias; as identidades; e as experiências.

Com esse entendimento, podemos elaborar conceitos de **currículo narrativo** a partir da pesquisa realizada:

- O currículo narrativo é um amálgama complexo, uma ferramenta a ser explorada e aperfeiçoada;

- O currículo narrativo pode colaborar para a constituição de identidades profissionais e narrativas de formação continuada visando à melhoria de processos institucionais e pedagógicos no mundo do trabalho;

- O currículo narrativo é um artefato social, hermenêutico e dialético;

- O currículo narrativo é uma ferramenta didático-pedagógica;

- O currículo narrativo provém de variadas pedagogias, sendo as estudadas nesta pesquisa: o curso de Pedagogia; a Pedagogia narrativa; a Pedagogia como ciência; a Pedagogia crítica e a Pedagogia universitária que surgiu das entrevistas;

- O currículo narrativo está conectado a várias áreas da educação: ao Currículo prescrito; à Pedagogia; à Didática e à Avaliação;

- O currículo narrativo é construído pela pesquisa narrativa. São as narrativas que revelam as vozes, os saberes e os conhecimentos dos sujeitos participantes;

- O currículo narrativo é multirreferencial, singular e, ao mesmo tempo, plural;

- O currículo narrativo é pluriepistemológico, pois trabalha com narrativas humanas que provêm de várias dimensões do conhecimento: antropológica; educacional; cultural; social; filosófica; sociológica; psicológica; política; histórica, entre outras.

Constatamos, assim, que o caminho trilhado pelas pedagogas entrevistadas foi muito árduo e com muitas lutas para conseguirem avançar na profissão de pedagogas da educação superior. Não é muito simples estarem em um território institucional que não se tinha elucidado quais as atribuições que um pedagogo concursado em nível superior teria que desenvolver na universidade, como averiguamos nas entrevistas narrativas.

São muitos os desafios da realidade universitária. Como vimos, a convivência com docentes, estudantes e outros técnicos é um processo que promove construções identitárias complexas que se fazem a partir de individualidades e coletividades, que geram aprendizagens e ações práticas na busca de soluções até mesmo inovadoras. São saberes experienciais que vão sendo suscitados e que contribuem para a comunidade se fazer universidade em suas dimensões do ensino, da pesquisa e da extensão. Ocorre que a Pedagogia se entrecruza nesses processos de modo a organizar pedagogicamente o trabalho na universidade. E é importante a valorização do pedagogo nesse território, o que potencializa as possibilidades de inspiração para a construção de novos horizontes formativos.

Concluímos, portanto, que, a partir das narrativas de vida das interlocutoras, se revelam as histórias do currículo que estão imbricadas às histórias dos conhecimentos e acontecimentos narrados que vêm desde as experiências vividas e das disciplinas escolares, até as ações desenvolvidas nos ambientes profissionais. Mesmo nos espaços universitários, a base curricular é um multirreferencial para a reconfiguração permanente da trajetória de vida das pedagogas, no vislumbre de que o currículo narrativo pode proporcionar melhorias para os processos pedagógicos visando a uma *construção social e profissional* (Goodson, 1995, 2015, 2019).

Nesse sentido, o caminho da pesquisa aponta na direção em que a atuação de pedagogos no mundo do trabalho não se restringe às escolas da educação básica, mas é preciso que se ampliem as discussões acerca do currículo do curso de Pedagogia no intuito de que sejam considerados outros espaços de atuação demandados pela sociedade, como o da educação superior.

Como futuros apontamentos, os achados da pesquisa prospectam ao campo dos estudos curriculares complexas contribuições para a construção de currículos do curso de Pedagogia que se consideram como referenciais nas pesquisas narrativas provindas de profissionais pedagogos que trabalham em universidades estaduais brasileiras, pois essas descobertas potencializam o debate no campo do Currículo, considerando que é possível uma abordagem hermenêutica do currículo narrativo em espaços universitários onde se insurgem as pedagogias e identidades contemporâneas que se reconfiguram diante das demandas globais nacionais e internacionais.

REFERÊNCIAS

ABRAHÃO, Maria Helena Menna Barreto. (Auto)Biográfico, um método possível de pesquisa? *In:* PASSEGGI, Maria da Conceição; VICENTINI, Paula Perin; SOUZA, Elizeu Clementino de (org.). **Pesquisa (Auto)Biográfica:** narrativas de si e formação. Curitiba, PR: CRV, 2013.

ABRAHÃO, Maria Helena Menna Barreto. As narrativas de si ressignificadas pelo emprego do método autobiográfico. *In:* SOUZA, Elizeu Clementino de; ABRAHÃO, Maria Helena Menna Barreto (org.). **Tempos, narrativas e ficções:** a invenção de si. Porto Alegre: EDIPUCRS; EDUNEB, 2006.

ABRAHÃO, Maria Helena Menna Barreto. Pesquisa (auto)biográfica – tempo, memória e narrativas. *In:* ABRAHÃO, Maria Helena Menna Barreto (org.). **A aventura (auto)biográfica:** teoria e empiria. Porto Alegre: EDIPUCRS, 2004.

AGUIAR, Márcia Angela da S.; MELO, Márcia Maria de Oliveira. Pedagogia e Faculdades de Educação: Vicissitudes e possibilidades da formação pedagógica e docente nas IFES. **Educ. Soc., Campinas**, v. 26, n. 92, p. 959-982, Especial – out./2005. Disponível em http://www.cedes.unicamp.br/. Acesso em: 25 jan. 2021.

ALARCÃO, Isabel. **Professores reflexivos em uma escola reflexiva**. 8.ed. São Paulo: Cortez, 2011.

ALARCÃO, Isabel. Ser professor reflexivo. *In:* ALARCÃO, Isabel (org.). **Formação reflexiva de professores.** Portugal: Porto Editora, 1996.

ALIANÇA, Priscila. Pesquisa (auto)biográfica e (auto)formação crítica do professor de Língua Inglesa. **Holos**, v. 4, 201-214, 2011. Disponível em: https://doi.org/10.15628/holos.2011.673. Acesso em: 31 jan. 2021.

ALVES, Nilda *et al.* (org.). **Criar currículo no cotidiano**. São Paulo: Cortez, 2002.

ANFOPE, Associação Nacional pela Formação dos Profissionais da Educação. **Documento final do I Encontro Nacional**, 1983. Disponível em: http://www.anfope.org.br/. Acesso em: 4 fev. 2021.

ANFOPE, Associação Nacional pela Formação dos Profissionais da Educação. **Documento final do V Encontro Nacional**, 1990. Disponível em: http://www.anfope.org.br/. Acesso em: 4 fev. 2021.

ANFOPE, Associação Nacional pela Formação dos Profissionais da Educação. **Documento final do IX Encontro Nacional**, 1998. Disponível em: http://www.anfope.org.br/. Acesso em: 4 fev. 2021.

ANFOPE, Associação Nacional pela Formação dos Profissionais da Educação. **Documento final do VI Encontro Nacional**, 1992. Disponível em: http://www.anfope.org.br/. Acesso em: 4 fev. 2021.

ANFOPE, Associação Nacional Pela Formação dos Profissionais da Educação. Política de formação e valorização dos profissionais da educação: Resistências propositivas à BNC da Formação inicial e continuada. **Documento final do XX Encontro Nacional**, 2021. Disponível em: http://www.anfope.org.br/. Acesso em: 20 maio 2021.

APPLE, Michael. **Ideologia e Currículo**. 3. ed. Porto Alegre: Artmed, 2006.

ARFUCH, Leonor. **O espaço biográfico**: dilemas da subjetividade contemporânea. Tradução de Paloma Vidal. Rio de Janeiro: EdUERJ, 2010.

ARROYO, Miguel G. **Currículo, território em disputa**. 5. ed. Petrópolis, RJ: Vozes, 2013.

BASSO, Fabiane Puntel; ABRAHÃO, Maria Helena Menna Barreto. Autorregulação da aprendizagem em contexto escolar: uma abordagem baseada em Ateliês Biográficos de Projetos. **Educar em Revista**, Edição Especial 1, p. 171-189, 2017. Disponível em: https://doi.org/10.1590/0104-4060.49420. Acesso em: 3 fev. 2021.

BAUMAN, Zygmunt. **A sociedade individualizada**: vidas contadas e histórias vividas. Tradução de José Gradel. Rio de Janeiro: Jorge Zahar, 2008.

BERNSTEIN, Basil. **A estruturação do discurso pedagógico**: classe, códigos e controle. v. 4 Petrópolis, RJ: 1996.

BERNSTEIN, Basil. **Pedagogía, control simbólico e identidad**: teoría, investigación y crítica. Madrid: Morata; Fundacion Paideia, 1998.

BERNSTEIN, Basil. A pedagogização do conhecimento: estudos sobre recontextualização**. Cadernos de Pesquisa**, n. 120, p. 75-110, nov. 2003. Disponível em: https://doi.org/10.1590/S0100-15742003000300005. Acesso em: 18 dez. 2020.

BOBBITT, John Franklin. **The curriculum.** Boston/New York: Houghton Mifflin Company, 1918. Disponível em: https://archive.org/details/university_of_california_libraries. Acesso em: 18 dez. 2020.

BOHNSACK, Ralf. **Pesquisa social reconstrutiva**: introdução aos métodos qualitativos. Tradução de Markus A. Hediger. Revisão da tradução de Wivian Weller. Petrópolis, RJ: Vozes, 2020.

BOLÍVAR, Antonio. Dimensiones epistemológicas y metodológicas de la investigación (auto)biográfica. *In:* ABRAHÃO, Maria Helena Menna Barreto; PASSEGGI, Maria da Conceição (org.). **Dimensões epistemológicas da pesquisa (auto)biográfica**: Tomo I. Natal: EDUFRN; Porto Alegre: EDIPUCRS; Salvador: EDUNEB, 2012.

BOLÍVAR, Antonio; DOMINGO, Jesús; FERNÁNDEZ, Manuel. **La investigación biográfico-narrativa en educación**: enfoque y metodología. Madrid: Editorial La Muralla, 2001.

BOLÍVAR, Antonio; PORTA, Luís. La investigación biográfico-narrativa en educación: entrevista a Antonio Bolívar. **Revista de Educación,** v. 0, n. 1, p. 201-212, 2010. Disponível em: http://fh.mdp.edu.ar/revistas/index.php/r_educ/article/view/14. Acesso em: 20 dez. 2020.

BORGES, Lívia Freitas Fonseca. Desescolarização nos currículos da Pedagogia: disjunções entre a formação e a atuação profissional. *In:* KASSAR, M. C. M.; SILVA, F. C. T. (org.). **Educação e pesquisa no centro-oeste**: políticas, práticas e fontes da/para a formação do educador. Campo Grande, MS: Editora UFMS, 2012.

BORGES, Lívia Freitas Fonseca. Eixo Estruturante e Transversalidade: elementos orientadores dos currículos da formação de profissionais da educação. *In:* CAVALCANTE, M. M. D.; SALES, J. S. M. de; FARIAS, I. M. S. de; LIMA, M. S. L. (org.). **Didática e prática de ensino**. (Trabalhos apresentados no XVII Encontro Nacional de Didática e Práticas de Ensino: diálogos sobre a Escola, a Formação de Professores e a Sociedade (ENDIPE). EdUECE – Livro 4, 2015.

BOURDIEU, Pierre; PASSERON, Jean-Claude. **A Reprodução**: elementos para uma teoria do sistema de ensino. Tradução de Reynaldo Bairão. Rio de Janeiro: Ed. Livraria Francisco Alves: 1975.

BRAGANÇA, Inês Ferreira de Souza. Curso de Pedagogia no Rio de Janeiro após Diretrizes Curriculares Nacionais: políticas de conhecimento e formação. **Revista Educação e Cultura Contemporânea**, v. 11, n. 26, 2014. Disponível em: https://doi.org/10.5935/reeduc.v11i26.1101. Acesso em: 31 jan. 2021.

BRAGANÇA, Inês Ferreira de Souza. *Pesquisaformação narrativa (auto)biográfica*: trajetórias e tessituras teórico-metodológicas. *In:* ABRAHÃO, Maria Helena Menna

Barreto; CUNHA, Jorge Luiz da; BÔAS, Lúcia Villas. (org.). **Pesquisa (auto)biográfica**: diálogos epistêmico-metodológicos. Direção de Elizeu Clementino de Souza. Coordenação de Jorge Luiz da Cunha, Ecleide Cunico Furlanetto e Maria da Conceição Passeggi. Curitiba: CRV, 2018. (Coleção Pesquisa (auto)biográfica, mobilidades, incertezas e reconfigurações identitárias, v.1).

BRAGANÇA, Inês Ferreira de Souza. Sobre o conceito de formação na abordagem (auto)biográfica. **Educação**, v. 34, n. 2, p. 157-164, 2011. Disponível em: https://revistaseletronicas.pucrs.br/ojs/index.php/faced/article/view/8700. Acesso em: 3 fev. 2021.

BRAIDA, Celso R. Apresentação. *In:* SCHLEIERMACHER, Friedrich D. E. **Hermenêutica – Arte e técnica da interpretação**. 10. ed. Tradução e apresentação de Celso Reni Braida. Petrópolis, RJ: Vozes; Bragança Paulista, SP: Editora Universitária São Francisco, 2015.

BRASIL. Conselho Nacional de Educação-CNE. Conselho Pleno. **Resolução CNE/CP nº 1/2006, de 15 de maio de 2006.** Institui Diretrizes Curriculares Nacionais para o Curso de Graduação em Pedagogia, licenciatura. Brasília, 2006.

BRASIL. Conselho Nacional de Educação-CNE. **Parecer CNE/CP nº 2/2015**. Diretrizes Curriculares Nacionais para a Formação Inicial e Continuada dos Profissionais do Magistério da Educação Básica, aprovada em 09 de junho/15, 2015.

BRASIL. Conselho Nacional de Educação-CNE. **Resolução CEB nº 2, de 19 de abril de 1999.** Institui Diretrizes Curriculares Nacionais para a Formação de Docentes da Educação Infantil e dos anos iniciais do Ensino Fundamental, em Nível Médio, na modalidade Normal. Publicada em 19 de abril de 1999.

BRASIL. Ministério da Educação. **Parecer CNE/CP nº 05/2005** das Diretrizes Curriculares Nacionais para o Curso de Pedagogia. Aprovado em 13 de dezembro de 2005.

BRASIL. **LDB**: Lei 9.394/96. Lei de Diretrizes e Bases da Educação: e legislação correlata. Coordenação André Arruda. Rio de Janeiro: Roma Victor, 2004.

BRASIL. Ministério da Educação. Conselho Nacional de Educação. **Resolução CNE/CP nº 2, de 20 de dezembro de 2019**. Diretrizes Curriculares Nacionais para a Formação Inicial de Professores para a Educação Básica e institui a Base Nacional Comum para a Formação Inicial de Professores da Educação Básica (BNC-Formação), 2019.

BRETON, Herve. Investigação narrativa: entre detalhes e duração. **Revista Educação, Pesquisa e Inclusão,** v. 1, n. 1, p. 12-22, 2020. Disponível em: https://doi.org/10.18227/2675-3294repi.v1i1.6255. Acesso em: 31 jan. 2021.

BRUNER, Jerome. **Actos de Significado**. Lisboa, Portugal: Edições 70, 2008.

BRUNER, Jerome. Construção Narrativa da Realidade. trad. Waldemar Ferreira Netto. **Critical Inquiry**, v. 18, n. 1, p. 1-21, 1991. Disponível em: https://www.academia.edu/4598706/BRUNER_Jerome_A_constru%C3%A7%C3%A3o_narrativa_da_realidade. Acesso em: 19 mar. 2021.

BRZEZINSKI, Iria. Faculdade de Educação da UnB: da Utopia ao Projeto Real. **Linhas Críticas**, v. 3, n. 3-4, p. 31-48, 11, 1997. Disponível em: https://periodicos.unb.br/index.php/linhascriticas/article/view/2636. Acesso em: 28 dez 2020.

BRZEZINSKI, Iria. **Pedagogia, pedagogos e formação de professores**: busca e movimento. Campinas, SP: Papirus, 1996.

BRZEZINSKI, Iria. Pedagogo: delineando identidade(s). **Revista UFG**. Ano XIII, nº 10, julho, 2011a. Disponível em: https://www.revistas.ufg.br/revistaufg/article/view/48363. Acesso em: 9 ago. 2019.

BRZEZINSKI, Iria. As políticas de formação de professores e a identidade *unitas multiplex* do pedagogo: professor-pesquisador-gestor. *In:* SILVA, Marcos Antônio da; BRZEZINSKI, Iria. **Formar Professores-pesquisadores**: construir identidades. Goiânia: Editora da PUC-Goiás, 2011b.

CAINE, V.; ESTEFAN, Andrew; CLANDININ, D. Jean. Return to Methodological Commitment: Reflections on Narrative Inquiry. **Scandinavian Journal of Educational Research**, v. 57, n. 6, p. 574-586, 2013. Disponível em: https://www.tandfonline.com/doi/abs/10.1080/00313831.2013.798833. Acesso em: 17 jun. 2019.

CANCLINI, Néstor García. Noticias recientes sobre la hibridación. **Trans – Revista Transcultural de Música,** núm. 7, diciembre, Sociedad de Etnomusicología Barcelona, España, 2003. Disponível em: https://www.sibetrans.com/trans/articulo/209/noticias-recientes-sobre-la-hibridacion. Acesso em: 13 dez. 2020.

CARBONELL, Jaume. **Pedagogias do século XXI**: bases para a inovação educativa. 3.ed. Porto Alegre: Penso, 2016.

CARRASCO, Ligia Bueno Zangali. **Assessorias pedagógicas das universidades estaduais paulistas**: concepções dos espaços institucionais de formação docente universitário. Dissertação (Mestrado em Educação) – Universidade Estadual Paulista – UNESP, Rio Claro, SP, 2016.

CARRASCO, Ligia Bueno Zangali. **A ação profissional do assessor pedagógico**: diálogos acerca de sua trajetória. Tese (Doutorado em Educação) – Universidade Estadual Paulista – UNESP, Rio Claro, SP, 2020.

CARVALHO, I. C. M. Biografia, identidade e narrativa: elementos para uma análise hermenêutica. **Horizontes Antropológicos**, v. 9, n. 19, p. 283-302, 2003. Disponível em: https://doi.org/10.1590/S0104-71832003000100012. Acesso em: 27 dez. 2020.

CASTELLS, Manuel. **O poder da identidade**. Tradução de Klauss Brandini Gerhardt. v. II. 3. ed. São Paulo: Paz e Terra, 2002.

CHARLOT, Bernard. **Da relação com o saber**: elementos para uma teoria. Tradução de Bruno Magne. Porto Alegre: Artmed, 2000.

CHEVALLARD, Yves. **La transposición didáctica**. Del saber sabio al saber enseñado. Traducción Claudia Gilman. 3.ed. primera reimpresión. Buenos Aires: Aique Grupo Editor SA, 2000.

CHEVALLARD, Yves. Sobre a teoria da transposição didática: algumas considerações introdutórias. **Revista de Educação**, Ciências e Matemática, v. 3, n. 2 maio/ago. 2013. Disponível em: https://publicacoes.unigranrio.edu.br/recm/article/view/2338. Acesso em: 13 mar. 2020.

CLANDININ, D. Jean; CONNELLY, F. Michael. **Pesquisa narrativa**: experiência e história em pesquisa qualitativa. Tradução do Grupo de Pesquisa Narrativa e Educação de Professores ILEEL/UFU. Uberlândia: UDUFU, 2011.

COMENIUS, Jan Amos. **Didática Magna**. São Paulo: Martins Fontes, 2011. Disponível em: http://www.ebooksbrasil.org/adobeebook/didaticamagna.pdf. Acesso em: 20 nov. 2018.

COMTE, Auguste**. Discurso Preliminar Sobre o Espírito Positivo**. Rio de Janeiro: Ed. Ridendo Castigat Moret, 2002. Disponível em: http://www.ebooksbrasil.org/adobeebook/comte.pdf. Acesso em: 21 out. 2018.

CONCEIÇÃO, Juliana Santos da. **Ações de desenvolvimento profissional de professores da educação superior no Brasil e na Argentina**: um estudo comparado entre o GIZ (UFMG) e as assessorias pedagógicas (UBA). Tese (Doutorado em Educação) – Universidade Federal de Minas Gerais-UFMG, 2020.

CONLE, Carola. Anatomía de un currículo narrativo. *In:* RIVAS FLORES, José Ignacio; LEITE MÉNDEZ, Analia Elizabeth; PRADOS MEJIAS, Esther. (coord.). **Profesorado, escuela y diversidad**. Málaga/Espanha: Ediciones Aljibe, 2014.

CONNELLY, F. Michael; CLANDININ, D. Jean. Relatos de experiencia e investigación narrativa. *In:* LARROSA, Jorge *et al.* **Déjame que te cuente**: ensayo sobre narrativa y educación. Barcelona: Editorial Laertes, 1995.

CONSTANTINO, Nuncia Santoro. Teoria da História e reabilitação da oralidade: convergência de um processo. *In:* ABRAHÃO, Maria Helena Menna Barreto. **A aventura (auto)biográfica**: teoria e empiria. Porto Alegre: EDIPUCRS, 2004.

CONTRERAS, José Domingo; QUILES-FERNÁNDEZ, Emma; PAREDES, Adrià. Una pedagogía narrativa para la formación del profesorado. **Revista de Educación de la Universidad de Málaga**, Márgenes, v. 0, n. 0, p. 58-75, 2019. Disponível em: DOI: http://dx.doi.org/10.24310/mgnmar.v0i0.6624. Acesso em: 26 jan. 2021.

CORAZZA, Sandra Mara. Pesquisar o currículo como acontecimento: Em V exemplos. *In:* REUNIÃO ANUAL DA ANPEd, 27., 2004, Caxambu. **Anais** [...]. Caxambu, MG, 2004. Disponível em: http://27reuniao.ANPEd.org.br/gt12/t1211.pdf. Acesso em: 16 jun. 2020.

COUTO, Elza Kioko Nakayama Nenoki do. Pedagogia da narrativa e a narratividade. **Travessias,** Cascavel, v. 5, n. 2, ago. 2011. Disponível em: http://e-revista.unioeste.br/index.php/travessias/article/view/5748. Acesso em: 20 dez. 2019.

CUNHA, Maria Isabel da. Docência na Educação Superior: a professoralidade em construção. **Educação**, Porto Alegre, v. 41, n. 1, p. 6-11, jan./abr. 2018. Disponível em: https://revistaseletronicas.pucrs.br/ojs/index.php/faced/article/view/29725. Acesso em: 9 mar. 2021.

CUNHA, Maria Isabel da. Inovações pedagógicas: o desafio da reconfiguração de saberes na docência universitária. *In:* PIMENTA, Selma Garrido; ALMEIDA, Maria Isabel. **Pedagogia universitária.** São Paulo: Editora da Universidade de São Paulo-Edusp, 2009.

CUNHA, Maria Isabel da. Narrativas e Formação de Professores: uma abordagem emancipatória. *In:* SOUZA, Elizeu Clementino de; GALEGO, Rita de Cássia. (org.). **Espaços, tempos e gerações**: perspectivas (auto)biográficas. São Paulo: Cultura Acadêmica, 2010.

CUNHA, Maria Isabel da. Pressupostos do desenvolvimento profissional docente e o assessoramento pedagógico na universidade em exame. *In:* CUNHA, Maria Isabel da. (org.). **Estratégias institucionais para o desenvolvimento profissional docente e as assessorias pedagógicas universitárias**: memórias, experiências, desafios e possibilidades. Araraquara, SP: Junqueira & Marin, 2014.

CUNHA, Maria Isabel da. Ação supervisora e formação continuada de professores: uma ressignificação necessária. *In:* AGUIAR, Márcia Ângela da S.; FERREIRA, Naura Syria Carapeto (org.). **Para onde vão a orientação e a supervisão educacional?** Campinas/SP: Papirus, 2002.

CUNHA, Maria Isabel da. Verbete. *In:* CUNHA, Maria Isabel; ISAIA, Silvia de Aguiar. (org.). Professor da educação superior. *In:* MOROSINI, Marília (ed.). **Enciclopédia de Pedagogia universitária**: glossário. v. 2. Brasília: Inep, 2006.

DELORY-MOMBERGER, Christine. Abordagens metodológicas na pesquisa biográfica. **Revista Brasileira de Educação**, Rio de Janeiro, v. 17, n. 51, p. 522-536, set./dez. 2012a. Disponível em: http://www.scielo.br/pdf/rbedu/v17n51/02.pdf. Acesso em: 3 fev. 2021.

DELORY-MOMBERGER, Christine. A Pesquisa biográfica: projeto epistemológico e perspectivas metodológicas. *In:* ABRAHÃO, M.H.M.B; PASSEGGI, M.C. (org.). **Dimensões epistemológicas e metodológicas da pesquisa (auto)biográfica**: Tomo I. Natal: EDUFRN; Porto Alegre: EDIPUCRS; Salvador: EDUNEB, 2012b.

DELORY-MOMBERGER, Christine. A pesquisa biográfica ou a construção compartilhada de um saber do singular. **Revista Brasileira de Pesquisa (Auto) Biográfica**, Salvador, v. 01, n. 01, p. 133-147, jan./abr. 2016. Acesso em: 11 jan. 2021.

DELORY-MOMBERGER, Christine. Formação e socialização: os ateliês biográficos de projeto. **Educação e Pesquisa**, São Paulo, v. 32, n. 2, p. 359-371, maio/ago. 2006. Disponível em: http://www.scielo.br/pdf/ep/v32n2/fr_a11v32n2.pdf. Acesso em: 20 set. 2019.

DEWEY, John. **Experiência e Educação**. 2. ed. Tradução de Anísio Teixeira. São Paulo: Companhia Editora Nacional, 1976.

DIAS, Cleuza Maria Sobral; ENGERS, Maria Emília Amaral. Tempos e memórias de professoras-alfabetizadoras. **Educação**, v. 3, n. 57, p. 505-523, 2005. Disponível em: https://revistaseletronicas.pucrs.br/ojs/index.php/faced/article/view/429. Acesso em: 3 fev. 2021.

DILTHEY, Wilhelm. O surgimento da hermenêutica (1900). [DILTHEY. Wilhelm, Die *Entstehung der Hermeneutik* (1900). *In: Gesammelte Schriften*, v. 5, 2. Aufl., Stuttgart: B. G. Teubner; Gotlingen: Vandenhoeck & Ruprecht, 1957, p. 317-38]. Tradução no Brasil: Eduardo Gross, revisão de Luís H. Dreher. **Numen: Revista de estudos e pesquisa da religião.** Juiz de Fora, v.2, n.I, p. 11-32, 1999. Disponível em: https://periodicos.ufjf.br/index.php/numen/article/view/21747. Acesso em: 29 jun. 2018.

DUBAR, Claude. **A socialização**: construções das identidades sociais e profissionais. Porto, Portugal: Porto Editora, 1997.

DUBREUCQ, Francine. **Jean-Ovide Decroly**. Tradução de Carlos Alberto Vieira Coelho, Jason Ferreira Mafra, Lutgardes Costa Freire e Denise Henrique Mafra. Recife: Fundação Joaquim Nabuco/Editora Massangana, 2010. (Coleção Educadores).

DUSSEL, Inês. O currículo híbrido: domesticação ou pluralização das diferenças? *In:* LOPES, Alice Casimiro; MACEDO, Elizabeth. (org.). **Currículo**: debates contemporâneos. 2. ed. São Paulo: Cortez, 2005.

ESTEBAN, Joaquín. La teoría narrativa de Bruner y sus implicaciones en una pedagogía hermenéutica. **Cultura y Educación**, v. 14, n. 3, p. 253-265, 2002. Disponível em: https://doi.org/10.1174/11356400260366089. Acesso em: 26 jan. 2021.

FERRAROTTI, Franco. Sobre a autonomia do método autobiográfico. *In:* NÓVOA, António; FINGER, Matthias. (org.). **O método (auto)biográfico e a formação**. 2. ed. Natal: EDUFRN; São Paulo: Paulus, 2014.

FLICKINGER, Hans-George. **Gadamer & Educação**. Belo Horizonte: Autêntica Editora, 2014. (Coleção Pensadores & Educação).

FRANCO, Maria Amélia Santoro. Para um currículo de formação de pedagogos: indicativos. *In:* PIMENTA, Selma Garrido. (org.). **Pedagogia e pedagogos**: caminhos e perspectivas. São Paulo: Cortez, 2002.

FRANCO, Maria Amélia Santoro. **Pedagogia como ciência da educação**. 2. ed. Revista e ampliada. São Paulo: Cortez, 2008.

FREIRE, Paulo. **Educação como prática de liberdade**. Rio de Janeiro: Paz e Terra, 1967.

FREIRE, Paulo. **Pedagogia da autonomia**: saberes necessários à prática educativa. 56. ed. Rio de Janeiro/São Paulo: Paz e Terra, 2018.

FREIRE, Paulo. **Pedagogia do oprimido**. 64. ed. Rio de Janeiro/São Paulo: Paz e Terra, 2017.

FREYDELL, Guillermo. Configuración de identidad en la narrativa del cuerpo vivido. **Revista Encuentros,** Universidad Autónoma del Caribe. v. 17-01, enero--junio, 2019. Disponível em: DOI: http://dx.doi.org/10.15665/encuent.v17i01.1630. Acesso em: 27 jan. 2021.

FRISON, Lourdes Maria Bragagnolo; SIMÃO, Ana Margarida da Veiga. Abordagem (auto)biográfica: narrativas de formação e de autorregulação da aprendizagem reveladas em portfólios reflexivos. **Educação**, v. 34, n. 2, p. 198-206, 2011. Disponível em: https://revistaseletronicas.pucrs.br/ojs/index.php/faced/article/view/8705. Acesso em: 3 fev. 2021.

GABRIEL, Carmen Teresa. Currículo de história como espaço autobiográfico. *In:* BRAGANÇA, Inês Ferreira de Souza; ABRAHÃO, Maria Helena Menna Barreto; FERREIRA, Márcia Santos. (org.). **Perspectivas epistêmico-metodológicas da pesquisa (auto)biográfica**. Curitiba: CRV, 2016. (Coleção Pesquisa (Auto) biográfica: conhecimentos, experiências e sentidos).

GABRIEL, Carmen Teresa. Objetivação e subjetivação nos currículos de licenciaturas: revisitando a categoria saber docente. **Revista Brasileira de Educação**, v. 23, e230071, 8 de novembro de 2018. Disponível em: https://doi.org/10.1590/s1413-24782018230071. Acesso em: 15 dez. 2020.

GABRIEL, Carmen Teresa; MENDES, Natália Rodrigues. A interface sujeito-agência no campo curricular: que contribuições das pesquisas (auto)biográficas? **Revista Brasileira de Pesquisa (Auto)Biográfica**, Salvador, v. 4, n. 11, p. 714-728, maio/ago. 2019. Disponível em https://www.revistas.uneb.br/index.php/rbpab/article/view/5948. Acesso em: 4 jan. 2021.

GABRIEL, Carmen Teresa; MONTEIRO, Ana Maria. Currículo, ensino de História e narrativa. *In:* REUNIÃO ANUAL DA ANPEd, 30., 2007. Caxambu. **Anais [...]**. Caxambu, MG, 2007. Disponível em: https://ANPEd.org.br/biblioteca/item/curriculo-ensino-de-historia-e-narrativa. Acesso em: 27 dez. 2020.

GADAMER, Hans-Georg. **Verdade e Método**. Petrópolis: Editora Vozes, 1997.

GAMBOA, Silvio Sánchez. **Pesquisa em Educação**: Métodos e Epistemologias. Chapecó: Argos, 2007.

GATTI, Bernadete Angelina; BARRETO, Elba Siqueira de Sá; ANDRÉ, Marli Eliza Dalmazo de Afonso. **Políticas docentes no Brasil**: um estado da arte. Brasília: UNESCO, 2011.

GAUTHIER, Clermont *et al*. **Por uma teoria da Pedagogia**: pesquisas contemporâneas sobre o saber docente. Ijuí: Ed. UNIJUI, 1998.

GHEDIN, Evandro. Hermenêutica e Pesquisa em Educação: caminhos da investigação interpretativa. *In:* SEMINÁRIO INTERNACIONAL DE PESQUISA E ESTUDOS QUALITATIVOS, 2004, Bauru-SP. **Anais** [...]. Bauru: Sociedade de Estudos e Pesquisas qualitativas, 2004. p. 1-14. Acesso em: 29 jan. 2021.

GHEDIN, Evandro; FRANCO, Maria Amélia Santoro. **Questões de método na construção da pesquisa em educação**. São Paulo: Cortez, 2008. (Coleção Docência em formação. Série Saberes pedagógicos).

GIDDENS, Anthony. **Modernidade e identidade pessoal**. Tradução de Miguel Vale de Almeida. Portugal: Celta Editora, 1994.

GILL, Scherto. Reframing the critical. *In:* GOODSON, Ivor; GILL, Scherto. **Critical Narrative as Pedagogy**. Bloomsbury: USA, 2014.

GIRARDI, Isabela Cristina Daeuble; RAUSCH, Rita Buzzi. Contribuições do PIBID à formação inicial de professores: um olhar autobiográfico. **Revista Tempos e Espaços em Educação**, v. 12, n. 30, p. 27-46, 2019. Disponível em: https://doi.org/10.20952/revtee.v12i30.8864. Acesso em: 3 jan. 2021.

GIROUX, Henry A.; McLAREN, Peter L. Por uma Pedagogia crítica de representação. *In:* TADEU-SILVA, Tomaz; MOREIRA, Antonio Flavio. **Territórios contestados**: o currículo e os novos mapas políticos e culturais. 5. ed. Petrópolis/Rio de Janeiro: Vozes, 2001.

GIROUX, Henry A.; SIMON, Roger. Cultura popular e Pedagogia crítica: a vida cotidiana como base para o conhecimento curricular. *In:* MOREIRA, Antonio Flavio; SILVA, Tomaz Tadeu da. (org.). **Currículo, Cultura e Sociedade**. 12. ed. São Paulo: Cortez, 2011.

GIROUX, Henry. Critical pedagogy, Paulo Freire and the courage to be political. **Revista e-Curriculum**, São Paulo, v. 14, n. 1, p. 296-306, mar. 2016. Disponível em http://educa.fcc.org.br/scielo.php?script=sci_arttext&pid=S1809-38762016000100296&lng=pt&nrm=iso. Acesso em: 27 dez. 2020.

GIROUX, Henry. **On Critical Pedagogy**. 2. ed. London/New York/Oxford/New Delhi/Sydney: Bloomsbury Academic, 2020.

GIROUX, Henry. **Os professores como intelectuais**: rumo a uma Pedagogia crítica da aprendizagem. Porto Alegre: Artes Médicas, 1997.

GOLDENBERG, Mirian. **A Arte de Pesquisar**: Como fazer pesquisa qualitativa em Ciências Sociais. Rio de Janeiro: Record, 2007.

GONÇALVES, Y. S.; NOGUEIRA, E. G. D. A educação dos alunos das escolas pantaneiras na perspectiva da educação centrada no aluno. **Educação & Formação**, v. 2, n. 4, p. 87-103, jan./abr. 2017. Disponível em: https://doi.org/10.25053/edufor. v2i4.1922. Acesso em: 20 dez. 2020.

GOODSON, Ivor. **Currículo**: teoria e história. Trad. Attílio Brunetta. Rev. Hamilton Francischetti. Petrópolis-RJ: Vozes, 1995.

GOODSON, Ivor. **O currículo em mudança**: estudos na construção social do currículo. Portugal: Porto Editora, 2001.

GOODSON, Ivor. The Rise of the Life Narrative. **Teacher Education Quarterly**, Fall, 2006. Disponível em: https://files.eric.ed.gov/fulltext/EJ795220.pdf. Acesso em: 5 mar. 2019.

GOODSON, Ivor. Currículo, narrativa e o futuro social. Trad. Eurize Caldas Pessanha e Marta Banduci Rahe. **Revista Brasileira de Educação**, Campinas: Autores Associados, v. 12, n. 35, p. 241-252, maio/ago. 2007. Disponível em: https://www. scielo.br/pdf/rbedu/v12n35/a05v1235.pdf. Acesso em: 1 jan. 2019.

GOODSON, Ivor. **As políticas de currículo e de escolarização**: abordagens históricas. 2. ed. Tradução de Vera Joscelyne. Petrópolis: Editora Vozes: 2013a.

GOODSON, Ivor. Dar voz ao professor: as histórias de vida dos professores e o seu desenvolvimento profissional. *In:* NÓVOA, António (org.). **Vida de professores**. 2. ed. Porto: Porto Editora, 2013b.

GOODSON, Ivor. **Developing Narrative Theory**: Life Histories and Personal Representation. USA: TAYLOR & FRANCIS, 2013c.

GOODSON, Ivor. Ancestral Voices. *In:* GOODSON, Ivor; GILL, Scherto. **Critical Narrative as Pedagogy**. USA: Bloomsbury, 2014a.

GOODSON, Ivor. Developing life themes. *In:* GOODSON, Ivor; GILL, Scherto. **Critical Narrative as Pedagogy**. USA: Bloomsbury, 2014b.

GOODSON, Ivor. **Narrativas em educação**: a vida e a voz dos professores. Porto, Portugal: Porto Editora, 2015.

GOODSON, Ivor. **Currículo, narrativa pessoal e futuro social**. Tradução de Henrique Carvalho Calado. Rev. da tradução de Maria Inês Petrucci-Rosa e José Pereira de Queiroz. Campinas, SP: Editora da UNICAMP, 2019.

GOODSON, Ivor. **Aprendizagem, currículo e política de vida**. Petrópolis, RJ: Vozes, 2020. (Obras selecionadas).

GOODSON, Ivor *et al.* (ed.). **Narrative Learning**. United Kingdom: Routledge, (e-book Kindle), 2010.

GOODSON, Ivor; CRICK, Ruth Deakin. Currículo como narrativa: contos dos filhos dos colonizados. *In:* GOODSON, Ivor. **Currículo, narrativa pessoal e futuro social**. Tradução de Henrique Carvalho Calado. Rev. da tradução de Maria Inês Petrucci-Rosa e José Pereira de Queiroz. Campinas, SP: Editora da UNICAMP, 2019.

GOODSON, Ivor; GILL, Scherto. **Critical Narrative as Pedagogy**. USA: Bloomsbury, 2014.

GOODSON, Ivor; GILL Scherto. **Narrative Pedagogy**: Life History and Learning. Oxford: Peter Lang Publishing, 2011.

GROLLIOS, Georgios. **Paulo Freire and the curriculum**. Translated by Niki Gakoudi. United States: Paradigm Publishers, 2015.

HALL, Stuart. A Centralidade da cultura: notas sobre as revoluções culturais do nosso tempo. **Educação & Realidade**, v. 22, n. 2, 1997. Disponível em: https://seer.ufrgs.br/index.php/educacaoerealidade/article/view/71361. Acesso em: 15 jan. 2021.

HEIDEGGER, Martin. **De camino al habla**. 2. ed. Versión castellana de Yves Zimmermann. Espanha: Grafos S.A, 1990.

HEIDEGGER, Martin. **Ser e tempo**. 10. ed. Tradução revisada e apresentação de Márcia Sá Cavalcante. Posfácio de Emmanuel C. Leão. Petrópolis, RJ: Vozes, 2015.

HERBART, Johann Friedrich. **Pedagogia geral**. 3. ed. Antelóquio de Manuel Ferreira Patricio, prefácio de Joaquim Ferreira Gomes. Tradução de Ludwig Scheidl. Tradução do original alemão intitulado *Allgemeine Padagogik aus dem Zweck der Erziehung abgeleitet,* de Johan Friedrich Herbart, baseado na edição de Hermann Holstein de Verlag F. Kamp Bochum. Lisboa: Fundação Calouste Gulbenkian,

2014. Disponível em: https://gulbenkian.pt/publication/pedagogia-geral/. Acesso em: 12 abr. 2019.

HERMANN, Nadja. **Hermenêutica e Educação**. Rio de Janeiro: DP & A, 2002.

HERNÁNDEZ-CARRERA, Rafael M.; MATOS-DE-SOUZA, Rodrigo; SOUZA, Elizeu Clementino de. Entrevista cualitativa y la investigación en educación de adultos. **Horizontes,** v. 34, número temático, p. 23-36, dez. 2016. Disponível em: https://revistahorizontes.usf.edu.br/horizontes/article/view/379. Acesso em: 15 nov. 2020.

HILGENHEGER, Norbert. **Johann Herbart**. Tradução e organização de José Eustáquio Romão. Recife: Fundação Joaquim Nabuco/Editora Massangana, 2010. Disponível em: http://www.dominiopublico.gov.br/download/texto/me4672.pdf. Acesso em: 30 out. 2020.

IMBERNÓN, Francisco. **Formação docente e profissional**: formar-se para a mudança e a incerteza. 9. ed. São Paulo: Cortez, 2011.

JAPIASSU, Hilton. **Nascimento e Morte das Ciências Humanas**. Rio de Janeiro: Livraria Francisco Alves, 1978.

JAPIASSU, Hilton. Paul Ricoeur: filósofo do sentido. Apresentação. *In:* RICOEUR, Paul. **Interpretação e Ideologias**. 4. ed. Trad. e apresentação de Hilton Japiassu. Rio de Janeiro: Francisco Alves, 1990.

JOSSO, Marie-Christine. Da formação do sujeito... ao sujeito da formação. *In:* NÓVOA, António; FINGER, Matthias. **O método (auto)biográfico e a formação**. Tradução de Maria Nóvoa. 2. ed. Natal, RN: EDUFRN, 2014.

JOSSO, Marie-Christine. **Experiências de Vida e Formação**. Prefácio de António Nóvoa. Faculdade de Psicologia e de Ciências da Educação da Universidade de Lisboa. Lisboa: Formação, 2002. (Coleção Educa).

JOSSO, Marie-Christine. História de vida e projeto: a história de vida como projeto e as "histórias de vida" a serviço de projetos. **Educação e Pesquisa**, v. 25, n. 2, p. 11-23, 1999. Disponível em: http://dx.doi.org/10.1590/S1517-97021999000200002. Acesso em: 25 dez. 2020.

JOSSO, Marie-Christine. A transformação de si a partir da narração de histórias de vida. **Revista Educação**, v. 63, n. 3, p. 413-438, 2007. Disponível em: https://revistaseletronicas.pucrs.br/ojs/index.php/faced/article/view/2741. Acesso em: 25 dez. 2020.

JOSSO, Marie-Christine. Os relatos de histórias de vida como desvelamento dos desafios existenciais da formação e do conhecimento: destinos sócio-culturais e projetos de vida programados na invenção de si. *In:* SOUZA, E. C.; ABRAHÃO, M. H. M. B. (org.). **Tempos, narrativas e ficções**: a invenção de si. Porto Alegre: EDIPUCRS: EDUNEB, 2006.

JOVCHELOVITCH, Sandra; BAUER, Martin W. Entrevista Narrativa. *In:* BAUER, Martin W.; GASKELL, George (org.). **Pesquisa Qualitativa com Texto, Imagem e Som**: um manual prático. 2. ed. Petrópolis, RJ: Vozes, 2002.

LARROSA, Jorge. **Tremores**: escritos sobre experiência. Tradução de Cristina Antunes, João Wanderley Geraldi. Belo Horizonte: Autêntica Editora, 2014.

LEGRAND, Louis, **Célestin Freinet**. Tradução e organização de José Gabriel Perissé. Recife: Fundação Joaquim Nabuco, Editora Massangana, 2010.

LEJEUNE, Philippe. **O pacto autobiográfico**: de Rousseau à Internet. Organização de Jovita Maria Gerheim Noronha. Tradução de Jovita Maria Gerheim Noronha e Maria Inês Coimbra Guedes. 2. ed. Belo Horizonte: Editora UFMG, 2014.

LIBÂNEO, José Carlos. **Democratização da escola pública:** a pedagogia crítico-social dos conteúdos. 2. ed. São Paulo: Edições Loyola, 1985.

LIBÂNEO, José Carlos. Pedagogia e pedagogos: inquietações e buscas. **Educar**, Curitiba, n. 17, p. 153-176, Editora da UFPR, 2001. Disponível em: https://www.scielo.br/j/er/a/xrmzBX7LVJRY5pPjFxXQgnS/?lang=pt. Acesso em: 13 jun. 2018.

LIBÂNEO, José Carlos. **Pedagogia e pedagogos, para quê?** 6. ed. São Paulo: Cortez, 2002.

LIBÂNEO, José Carlos. Que destino os educadores darão à Pedagogia? *In:* PIMENTA, Selma Garrido. (org.). **Pedagogia, ciência da educação?** 5. ed. São Paulo, 2006.

LIBÂNEO, José Carlos; PIMENTA, Selma Garrido. Formação dos profissionais da educação: visão crítica e perspectivas de mudança. *In:* PIMENTA, Selma Garrido (org.). **Pedagogia e pedagogos**: caminhos e perspectivas. São Paulo: Cortez, 2002.

LOPES, Alice Casimiro. Política de currículo: recontextualização e hibridismo. **Currículo sem Fronteiras**, v. 5, n. 2, p. 50-64, jul./dez. 2005a. Disponível em: https://www.curriculosemfronteiras.org/vol5iss2articles/lopes.pdf. Acesso em: 19. maio 2020.

LOPES, Alice Casimiro. Tensões entre recontextualização e hibridismo nas políticas de currículo. *In:* REUNIÃO ANUAL DA ANPEd, 28., 2005, Caxambu. **Anais** [...]. Caxambu, MG, 2005b. Disponível em: http://28reuniao.ANPEd.org. br/?_ga=2.213342417.415615475.1613524908-1274390852.1601502898. Acesso em: 18 dez. 2019.

LOPES, Alice Casimiro. **Políticas de integração curricular**. Rio de Janeiro: EdUERJ, 2008.

LOPES, Alice Casimiro. Teorias pós-críticas, política e currículo. **Educação, Sociedade & Culturas**, n. 39, 2013. Disponível em: https://ojs.up.pt/index.php/ esc-ciie/article/view/311. Acesso em: 15 jul. 2020.

LOPES, Alice Casimiro; MACEDO, Elizabeth. O pensamento curricular no Brasil. *In:* LOPES, Alice Casimiro; MACEDO, Elizabeth (org.). **Currículo**: debates contemporâneos. 2. ed. São Paulo: Cortez, 2005.

LOPES, Alice Casimiro; MACEDO, Elizabeth. **Teorias do currículo**. São Paulo: Cortez, 2011.

LOPES, Alice Casimiro; MACEDO, Elizabeth. The curriculum field in Brazil in the 1990s. *In:* PINAR, William (org.). **International handbook of curriculum research**. Nova Jérsia: Lawrence, Erlbaum Associates Inc. Publishers, 2003. p. 185-203.

LOPES, Alice Casimiro; MENDONÇA, Daniel de (org.). **A Teoria do Discurso de Ernesto Laclau**: ensaios críticos e entrevistas. São Paulo: Annablume, 2015.

LOURO, A. L. Repertórios musicais, práticas pedagógicas e temas de pesquisa: reflexões sobre ensino de pesquisa e música dentro de uma abordagem (auto) biográfica. **Revista da Fundarte**, ano 16, n. 31, p. 8-26, janeiro a junho 2016.

LUCARELLI, Elisa. O assessor pedagógico na Universidade: novas propostas para uma didática universitária. *In:* AGUIAR, Márcia Ângela S.; FERREIRA, Naura Syria Carapeto (org.). **Para onde vão a orientação e a supervisão educacional?** Campinas, SP: Papirus, 2002.

LUCARELLI, Elisa (org.). **El asesor pedagógico en la Universidad**: de la teoría a la práctica en la formación. Buenos Aires, Argentina: Paidós, 2004.

LUCARELLI, Elisa. (org.). **Universidad y asesoramiento pedagógico**. Prólogo de Maria Isabel da Cunha. Buenos Aires, Argentina: Miño y Dávila, 2015a.

LUCARELLI, Elisa. (org.). Las asesorías pedagógicas universitarias en la Argentina. **Educar em Revista**, Curitiba, Brasil, v. 31, n. 57, p. 99-113, jul. 2015b. Acesso em: 7 jan. 2020.

LUCKESI, Cipriano Carlos *et al*. **Fazer Universidade**: uma proposta metodológica. 13. ed. São Paulo: Cortez, 2003.

LYOTARD, Jean-François. **A condição pós-moderna**. 15. ed. Rio de Janeiro: José Olympio, 2013.

MACEDO, Roberto Sidnei. **Currículo**: campo, conceito e pesquisa. 7. ed. atualizada. Petrópolis, RJ: Vozes, 2017.

MACHADO, Liliane Campos. (Re)configuração curricular no processo de formação de professores e suas relações. **Revista Educação** (UFSM), v. 41, n. 2, p. 297-309, maio/ago. 2016. Disponível em: https://periodicos.ufsm.br/reveducacao/article/view/15079. Acesso em: 17 set. 2019.

MALANCHEN, Julia. **Cultura, conhecimento e currículo**: contribuições da Pedagogia histórico-crítica. Campinas, SP; Autores Associados, 2016.

MARCOS, Maria Lucília. Identidade narrativa e ética do reconhecimento. **Études Ricoeuriennes / Ricoeur Studies**, v. 2, n. 2, p. 63-74, 2011. Disponível em: https://doi.org/10.5195/ERRS.2011.92. Acesso em: 20 dez. 2019.

MARTINS, Joel; BICUDO, Maria Aparecida Viggiani. **Estudos sobre existencialismo, fenomenologia e educação**. São Paulo: Moraes, 1983.

MATOS-DE-SOUZA, Rodrigo. A inscrição no mundo: apontamentos sobre história da leitura, hermenêutica e estética da recepção. **Praxis**, Salvador, v. 5, p. 16-27, 2011. Disponível em: https://www.researchgate.net/publication/320014603_A_inscricao_no_mundo_apontamentos_sobre_historia_da_leitura_hermeneutica_e_estetica_da_recepcao. Acesso em: 15 jul. 2020.

MAYO, Peter. **Echoes from Freire for a Critically Engaged Pedagogy**. New York, London: Bloomsbury Academic, 2013.

MAZZOTTI, Tarso Bonilha. Estatuto de cientificidade da Pedagogia. *In:* PIMENTA, Selma Garrido. (coord.). **Pedagogia, ciência da educação?** 5. ed. São Paulo: Cortez, 2006.

McLAREN, Peter. Paulo Freire e o Pós-moderno. **Educação e Realidade**, Porto Alegre, v. 12, n. 1, jan./jun. 1987. Disponível em: http://acervo.paulofreire.org:8080/jspui/handle/7891/1301. Acesso em: 28 set. 2020.

MÈLICH, Joan-Carles. **Filosofía de la finitud**. Espanha: Herder, 2012.

MELO, Hildete Pereira de; RODRIGUES, Ligia M.C.S. Pioneiras da Ciência no Brasil. **Sociedade Brasileira para o Progresso da Ciência** (SBPC), 2006. Disponível em: http://portal.sbpcnet.org.br/publicacoes/pioneiras-da-ciencia-no-brasil/. Acesso em: 30 out. 2020.

MAYORGA MENDIETA, César Augusto; LÓPEZ, Ángela María; ROMERO LANCHEROS, Laura Constanza; MUÑOZ, Karen Alexandra; ARANZAZU PORTILLA, Jhon Alexander. Para la guerra nada: pedagogía, narrativa(s) y memoria(s). **Revista Educación y Ciudad,** n. 33, p. 139-150, 2017. Disponível em: https://revistas.idep.edu.co/index.php/educacion-y-ciudad/article/view/1656. Acesso em: 26. nov. 2020.

MOREIRA, Antonio Flavio; SILVA, Tomaz Tadeu (org.). **Currículo, cultura e sociedade**. 12. ed. São Paulo: Cortez, 2011.

MOREIRA, Antonio Flavio. **Pesquisador de Currículo**. Organização de Marlucy Alves Paraíso. Belo Horizonte: Autêntica, 2010.

MOREIRA, Antonio Flavio; MACEDO, Elizabeth F. Faz sentido ainda o conceito de transferência educacional? *In:* MOREIRA, Antônio Flávio (org.). **Currículo**: políticas e práticas. 13. ed. Campinas, SP: Papirus, 2013.

NÓVOA, António. Formação de professores e profissão docente. *In:* NÓVOA, António (coord.). **Os professores e a sua formação**. 3. ed. Lisboa: Dom Quixote, 1997. p. 13-33.

NÓVOA, António. Os professores e as histórias da sua vida. *In:* NÓVOA, António (org.). **Vida de Professores**. 2. ed. Porto, Portugal: Porto Editora, 2013.

OLIVEIRA, Inês Barbosa de; SÜSSEKIND, Maria Luiza. Das teorias críticas às críticas das teorias: um estudo indiciário sobre a conformação dos debates no campo curricular no Brasil. **Revista Brasileira de Educação**. v. 22 n. 71 e227157, 2017. Disponível em: http://dx.doi.org/10.1590/S1413-24782017227157. Acesso em: 19 nov. 2020.

PALMER, Richard E. **Hermenêutica**. 2. ed. Portugal: Edições 70, 2018.

PASSEGGI, Maria da Conceição. A experiência em formação. **Educação**, v. 34, n. 2, 14 jul. 2011. Disponível em: https://revistaseletronicas.pucrs.br/index.php/faced/article/view/8697. Acesso em: 3 fev. 2020.

PASSEGGI, Maria da Conceição. Narrar é humano! autobiografar é um processo civilizatório. *In:* PASSEGGI, Maria da Conceição; SILVA, V. B. (org.). **Invenções de vidas, compreensão de itinerários e alternativas de formação.** São Paulo: Cultura Acadêmica, 2010. (Série Artes de viver, conhecer e formar).

PASUCH, Jaqueline; FRANCO, Cléria Paula. O Currículo Narrativo na Educação Infantil das Crianças do Campo: Reflexões para um Diálogo Pedagógico. **Caderno Cedes**, Campinas, v. 37, n. 103, p. 377-392, set./dez. 2017. Acesso em: 19 nov. 2020.

PELLAUER, David. Ações narradas como fundamento da identidade narrativa. *In:* NASCIMENTO, Fernando; SALLES, Walter (org. e tradução). **Paul Ricoeur:** Ética, identidade e reconhecimento. Rio de Janeiro: Ed. PUC-RJ; São Paulo: Loyola, 2013.

PIMENTA, Selma Garrido; ALMEIDA, Maria Isabel de. (org.). **Pedagogia Universitária**. São Paulo: Editora da Universidade de São Paulo, 2009.

PIMENTA, Selma Garrido. Formação de Professores: identidade e saberes da docência. *In:* PIMENTA, Selma Garrido (org.). **Saberes pedagógicos e atividade docente**. 8. ed. São Paulo: Cortez, 2012.

PIMENTA, Selma Garrido (coord.). **Pedagogia, ciência da educação?** 5. ed. São Paulo: Cortez Editora, 2006.

PIMENTA, Selma Garrido. **Pedagogia e Pedagogos**: caminhos e perspectivas. São Paulo: Cortez, 2002.

PINAR, William. Currere: Aquel Primer Año. **Revista Investigación Cualitativa**, v. 2, n. 1, p. 55-65, 2017. Disponível em: https://www.academia.edu/33544184/Currere_Aquel_Primer_A%C3%B1o. Acesso em: 21 dez. 2020.

PINAR, William (org.). **Curriculum studies in Brazil**: intellectual histories, present circumstances. New York, EUA: Palgrave Macmillan, 2011.

PINAR, William. **Estudos curriculares**: ensaios selecionados. Seleção, organização e revisão técnica de Alice Casimiro Lopes e Elizabeth Macedo. São Paulo: Cortez, 2016.

PINAR, William. **O que é a Teoria do Currículo?** Portugal: Porto Editora, 2007.

PINEAU, Gaston. A autoformação no decurso da vida: entre hetero e a ecoformação. *In:* NÓVOA, António; FINGER, Matthias (org.). **O método (auto)biográfico e a formação**. 2. ed. Natal: EDUFRN, 2014.

PINEAU, Gaston. Prefácio. Narrativas autobioformativas. *In:* BRAGANÇA, Inês Ferreira de Souza; ABRAHÃO, Maria Helena Menna Barreto; FERREIRA, Márcia Santos (org.). **Perspectivas epistêmico-metodológicas da pesquisa (auto) biográfica**. Curitiba: CRV, 2016. (Coleção Pesquisa (Auto)biográfica: conhecimentos, experiências e sentidos).

PORTA-VÁZQUEZ, Luis Gabriel; BAZAN, Sonia; EZEQUIEL-AGUIRRE, Jonathan. La enseñanza del pensamiento histórico en la formación docente. Una investigación narrativa sobre las prácticas docentes en el profesorado universitario memorable. **Revista Educación**, v. 43, n. 1, 2019. Acesso em: 10 dez. 2020.

PRADO, Guilherme do Val Toledo. Narrativas pedagógicas: indícios de conhecimentos docentes e desenvolvimento pessoal e profissional. **Revista Interfaces da Educação**, v. 4, n. 10, p. 149-165, 2013. Disponível em: https://periodicosonline. uems.br/index.php/interfaces/article/view/537. Acesso em: 7 nov. 2020.

RABELO, Amanda Oliveira. A importância da investigação narrativa na educação. **Educação & Sociedade**, v. 32, n. 114, p. 171-188, 2011. Disponível em: https://doi. org/10.1590/S0101-73302011000100011. Acesso em: 21 out. 2020.

RAIC, Daniele Farias Freire. **Nas tramas da pedagogicidade, a emergência do pedagogo-bricoleur**. Tese (Doutorado em Educação) – Universidade Federal da Bahia, 2016. Disponível em: https://repositorio.ufba.br/ri/handle/ri/18446. Acesso em: 12 abr. 2020.

RIBOULET, Louis. **História da Pedagogia**. Tradução de Justino Mendes. 4. vol. São Paulo: Editora Coleção F.T.D. LTDA, 1951.

RICOEUR, Paul. **Escritos e Conferências 2**: Hermenêutica. São Paulo: Edições Loyola, 2011.

RICOEUR, Paul. **Hermeneutics and the Human Sciences:** essays on language, action and interpretation. Edited, translated and introduced by John B. Thompson. Cambridge University Press, USA, 2016. (Cambridge Philosophy Classics).

RICOEUR, Paul. **Hermenêutica e Ideologias**. 3. ed. Trad. e apresentação de Hilton Japiassu. Petrópolis: Editora Vozes, 2013.

RICOEUR, Paul. **Interpretação e Ideologias**. 4. ed. Trad. e apresentação de Hilton Japiassu. Rio de Janeiro: Francisco Alves, 1990.

RICOEUR, Paul. **O si-mesmo como um outro**. Tradução Lucy Moreira Cesar. Campinas, SP: Papirus, 1991.

RICOEUR, Paul. **Percurso do Reconhecimento**. São Paulo: Edições Loyola, 2006.

RICOEUR, Paul. **Tempo e Narrativa**: a intriga e a narrativa histórica. v. 1. São Paulo: Editora WMF Martins Fontes, 2010a.

RICOEUR, Paul. **Tempo e Narrativa**: a configuração do tempo na narrativa de ficção. v. 2. São Paulo: Editora WMF Martins Fontes, 2010b.

RICOEUR, Paul. **Tempo e Narrativa**: o tempo narrado. v. 3. São Paulo: Editora WMF Martins Fontes, 2010c.

RICOEUR, Paul. **Teoria da Interpretação**: o discurso e o excesso de significação. Portugal: Edições 70, 1976.

ROBLES, B. De la educación lineal secuencial hacia una pedagogía narrativa audiovisual en la era digital. **Cuadernos Del Centro de Estudios En Diseño y Comunicación**. Ensayos, n. 39, p. 19-27, 2012. Disponível em: https://dspace.palermo.edu/ojs/index.php/cdc/article/view/1755. Acesso em: 13 nov. 2020.

RODRIGUES, Alessandra; ALMEIDA, Maria Elizabeth Bianconcini de. Currículo narrativo y tecnologías en la formación docente: reflexiones teórico-conceptuales. **Praxis & Saber**, v. 11, n. 25, p. 205-226, enero-abril 2020. Disponível em: https://revistas.uptc.edu.co/index.php/praxis_saber/article/view/9582. Acesso em: 14 dez. 2020.

RODRIGUES, Nara Caetano; PRADO, Guilherme do Val Toledo. Investigação Narrativa: construindo novos sentidos na pesquisa qualitativa em educação. **Revista Lusófona de Educação**, v. 29, n. 29, p. 89-103, 2015. Disponível em: https://revistas.ulusofona.pt/index.php/rleducacao/article/view/5096. Acesso em: 26 dez. 2020.

ROSENTHAL, Gabriele. **Pesquisa social interpretativa**: uma introdução. Tradução de Tomás da Costa. Revisão de Hermílio Santos. Porto Alegre: EDIPUCRS, 2014.

SACRISTÁN, José Gimeno. **O Currículo**: uma reflexão sobre a prática. 3. ed. Tradução de Ernani F. da F. da Rosa. Porto Alegre: Artmed, 2000.

SACRISTÁN, José Gimeno. O que significa currículo? *In:* SACRISTÁN, José Gimeno (org.). **Saberes e incertezas sobre o currículo**. Tradução de Alexander Salvaterra. Porto Alegre: Penso, 2013.

SANTOMÉ, Jurjo Torres. **Globalização e Interdisciplinaridade:** o currículo integrado. Porto Alegre: Editora Artes Médicas, 1998.

SANTOS, Hermílio; VÖLTER, Bettina; WELLER, Wivian. Narrativas - Teorias e métodos. **Civitas - Revista de Ciências Sociais**, v. 14, n. 2, p. 199-203, 2014. Disponível em: DOI: https://doi.org/10.15448/1984-7289.2014.2.17868. Acesso em: 18 mar. 2019.

SAVIANI, Dermeval. **A história das ideias pedagógicas no Brasil**. 4. ed. Campinas, SP: Autores Associados, 2013a.

SAVIANI, Dermeval. **Pedagogia histórico-crítica**: primeiras aproximações. 11. ed. Campinas, SP: Autores Associados, 2013b.

SAVIANI, Dermeval. **A Pedagogia no Brasil**: história e teoria. 2. ed. Campinas, SP: Autores Associados, 2012.

SAVIANI, Dermeval. Pedagogia: o espaço da educação na universidade. **Cadernos de Pesquisa**, v. 37, n. 130, jan./abr. 2007. Disponível em: https://www.scielo.br/j/cp/a/6MYP7j6S9R3pKLXHq78tTvj/?format=pdf&lang=pt. Acesso em: 12 out 2020.

SAVIANI, Dermeval. Sobre a natureza e especificidade da educação. **Germinal**: Marxismo e educação em debate, Salvador, v. 7, n. 1, p. 286-293, jun. 2015. Disponível em: https://periodicos.ufba.br/index.php/revistagerminal/article/view/13575. Acesso em: 12 mar. 2019.

SCHLEIERMACHER, Friedrich D.E. **Hermenêutica**: arte e técnica de interpretação. 10. ed. Petrópolis, RJ: Vozes; Bragança Paulista, SP: Editora Universitária São Francisco, 2015.

SCHMIED-KOWARZIK, W. **Pedagogia dialética**: de Aristóteles a Paulo Freire. 2. ed. São Paulo: Brasiliense, 1988.

SCHÖN, Donald A. Formar professores como profissionais reflexivos. *In:* NÓVOA, António. (org.). **Os professores e a sua formação**. 3.ed. Lisboa: Publicações Dom Quixote/Instituto de Inovação Educacional, 1997.

SCHÜTZE, Fritz. Pesquisa biográfica e entrevista narrativa. *In:* WELLER, Wivian.; PFAFF, N. (org.). **Metodologia da pesquisa qualitativa em educação**: teoria e prática. Petrópolis: Vozes, 2010. p. 210-222.

SILVA, Carmen Silvia Bissolli da. **Curso de Pedagogia no Brasil**: História e Identidade. 2. ed. rev. atual. Campinas, SP: Autores Associados, 2003.

SILVA, Francisco Thiago. **Currículo integrado, eixo estruturante e interdisciplinaridade**: uma proposta para a formação inicial de pedagogos. Brasília: Editora Kiron, 2020.

SILVA, Kátia Augusta C. P. Curado da. A formação de professores na perspectiva crítico-emancipadora. **Linhas Críticas**, *[S. l.]*, v. 17, n. 32, p. 13-32, 2011. Disponível em: https://periodicos.unb.br/index.php/linhascriticas/article/view/3668. Acesso em: 15 jul. 2020.

SILVA, Tomaz Tadeu da. **O currículo como fetiche**: a poética e a política do texto curricular. 1. ed. 4. reimp. Belo Horizonte: Autêntica Editora, 2010.

SILVA, Tomaz Tadeu da. **Documentos de identidade**: uma introdução às teorias do currículo. 3. ed. Belo Horizonte: Autêntica Editora, 2017.

SILVA, Tomaz Tadeu da; HALL, Stuart; WOODWARD, Kathryn. **Identidade e diferença**: a perspectiva dos estudos culturais. 15. ed. Organização de Tomaz Tadeu da Silva. Petrópolis, RJ: Vozes, 2014.

SILVA, Tomaz Tadeu da. **Identidades terminais**: as transformações na política da pedagogia e na pedagogia da política. Petrópolis, RJ: Vozes, 1996.

SIMÃO, Ana Margarida; FRISON, Lourdes Maria Bragagnolo; ABRAHÃO, Maria Helena Menna Barreto. (org.). **Autorregulação da aprendizagem e narrativas autobiográficas**: epistemologia e práticas. Natal: EDUFRN; Porto Alegre: EDIPUCRS; Salvador: EDUNEB, 2012. (Coleção Pesquisa (Auto)biográfica e educação, v. 10).

SOKOLOWSKI, Maria Teresa. História do Curso no Brasil. **Comunicações**, Piracicaba, Ano 20, n. 1, p. 81-97, jan./jun. 2013.

SPEAKES, Neusely Fernandes Silva. **Rebeldes com causa**: narrativa construída na formação colaborativa de professores na escola. Tese (Doutorado em Educação: História, Política e Sociedade) – Programa de Estudos Pós-Graduados em Educação, Pontifícia Universidade Católica de São Paulo (PUC-SP), 2017.

SOUZA, Elizeu Clementino de. Acompanhar e Formar – mediar e iniciar: pesquisa (auto)biográfica e formação de formadores. *In:* PASSEGGI, Maria da Conceição; SILVA, V. B. (org.). **Invenções de vidas, compreensão de itinerários e alternativas de formação**. São Paulo: Cultura Acadêmica, 2010. (Série Artes de viver, conhecer e formar).

SOUZA, Edvone da Silva; ANGELIM, José Aurimar dos Santos. A escrita de si como contexto formativo de uma professora na construção de sua identidade professoral. **Colloquium Humanarum,** *[S. l.]*, v. 15, n. 2, p. 95-112, 2018. Disponível em: http://journal.unoeste.br/index.php/ch/article/view/2166. Acesso em: 3 fev. 2021.

STENHOUSE, Lawrence. **Investigación y desarrollo del curriculum**. 5. ed. Madri, Espanha: Ediciones Morata, 2003.

TARDIF, Maurice. **Saberes docentes e formação profissional**. 17. ed. Petrópolis, RJ: Vozes, 2014.

TAVARES, Amanda de Andrade Dias. **Identidade e prática laboral das pedagogas técnico-administrativas em educação da Universidade de Brasília**. Dissertação (Mestrado em Educação). Faculdade de Educação, Universidade de Brasília, 2019. Disponível em: https://repositorio.unb.br/handle/10482/38237. Acesso em: 18 fev. 2021.

TEIXEIRA, Anísio. **Pequena introdução à Filosofia da Educação**: a escola progressista ou a transformação da escola. 7. ed. São Paulo: Nacional, 1971.

TRIVIÑOS, Augusto Nibaldo Silva. **Introdução à pesquisa em ciências sociais**: a pesquisa qualitativa em educação. 1. ed. 17 reimpr. São Paulo: Atlas, 2008.

VEIGA, Ilma Passos A. Projeto político pedagógico da escola: uma construção coletiva. *In:* VEIGA, Ilma Passos A. (org.). **Projeto político pedagógico da escola**: uma construção possível. 23. ed. Campinas, SP: Papirus, 2007. (Coleção Magistério: Formação e Trabalho Pedagógico).

VEIGA, Ilma Passos A. **Educação básica**: projeto político pedagógico; **Educação superior**: projeto político pedagógico. Campinas, SP: Papirus, 2004. (Coleção Magistério: Formação e Trabalho Pedagógico).

VEIGA, Ilma Passos A.; SOUZA, Maria Helena Viana; GARBIN, Neuza. O currículo como expressão do projeto político pedagógico nos cursos de graduação: teoria e prática. *In:* RAMOS, Kátia Maira da Cruz; VEIGA, Ilma Passos A. **Desenvol-**

vimento profissional docente: currículo, docência e avaliação na educação superior. Pernambuco: Editora UFPE, 2003.

VIEIRA, André Guirland; HENRIQUES, Margarida Rangel. A construção narrativa da identidade. **Psicologia**: Reflexão e Crítica, v. 27, n. 1, jan. 2014.

VIGOTSKI, L. S. Lev S [1929]. Vygotsky: Manuscrito de 1929. **Educação & Sociedade**, n. 71, p. 21-44, 2000. Disponível em: https://www.scielo.br/pdf/es/v21n71/a02v2171.pdf. Acesso em: 21 maio 2018.

WELLER, Wivian. Aportes hermenêuticos no desenvolvimento de metodologias qualitativas. **Revista Linhas Críticas**, v. 16, n. 31, p. 287-304, 2010. Disponível em: https://doi.org/10.26512/lc.v16i31.3617. Acesso em: 18 jun. 2019.

WELLER, Wivian. Tradições hermenêuticas e interacionistas na pesquisa qualitativa: a análise de narrativas segundo Fritz Schütze. *In:* REUNIÃO ANUAL DA ANPEd, 32., 2009. Caxambu. **Anais** [...]. Caxambu, MG, 2009. Disponível em: http://32reuniao.ANPEd.org.br/arquivos/trabalhos/GT14-5656--Int.pdf. Acesso em: 18 jun. 2019.

XAVIER, Amanda Rezende Costa. **Contextos curriculares da Universidade Nova e do Processo de Bolonha: a Assessoria Pedagógica Universitária em questão**. Tese (Doutorado em Educação) – Universidade Estadual Paulista/Unesp-Rio Claro, 2019.

YOUNG, Michael F. D. **Conhecimento e currículo**: do socioconstrutivismo ao realismo social na sociologia da educação. Portugal: Porto Editora, 2010.

YOUNG, Michael. O futuro da educação em uma sociedade do conhecimento: o argumento radical em defesa de um currículo centrado em disciplinas. **Revista Brasileira de Educação**, v. 16, n. 48, set./dez. 2011. Disponível em: https://www.scielo.br/j/rbedu/a/WRv76FZpdGXpkVYMNm5Bych/. Acesso em: Acesso em: 10 mar. 2019.

YOUNG, Michael. Por que o conhecimento é importante para as escolas do século XXI? **Cadernos de Pesquisa**, v. 46, n. 159, p. 18-37 jan./mar. 2016. Disponível em: https://www.scielo.br/j/cp/a/qjWsWsQZNLtJbGYjhyhYfXh/abstract/?lang=pt. Acesso em: 10 mar. 2019.

YOUNG, Michael. Teoria do Currículo: o que é e por que é importante. **Cadernos de Pesquisa**, v. 44, n. 151, p. 190-202, jan./mar. 2014. Disponível em: https://

www.scielo.br/j/cp/a/4fCwLLQy4CkhWHNCmhVhYQd/?lang=pt. Acesso em: 10 mar. 2019.

YUNES, Eliana. O eu, o outro e o mundo - reconhecer para conhecer-se: Identidade, narrativa e ética em Paul Ricoeur. **Teoliterária**: Revista Brasileira de Literaturas e Teologias, v. 2, n. 4, p. 253-263, 2012. Disponível em: https://doi.org/10.19143/2236-9937.2012v2n4p253-263. Acesso em: 20 out. 2019.

ZEICHNER, Kenneth M. **A formação reflexiva de professores**: ideias e práticas. Lisboa: Educa, 1993.

ZEICHNER, Kenneth M. Uma análise crítica sobre a "reflexão" como conceito estruturante na formação docente. **Educ. Soc.**, Campinas, v. 29, n. 103, p. 535-554, maio/ago. 2008. Disponível em: http://www.cedes.unicamp.br/. Acesso em: 12 jun. 2019